U0730741

普通高等学校学前教育专业系列教材

关爱与方法：
幼儿行为观察案例分析

沈雪梅　主编

复旦大学出版社

内容提要

　　本书汇聚了来自幼儿园教育实践、幼儿日常生活中发生的案例，并从心理学、教育学、教学法、卫生学等专业角度对这些案例进行分析。案例内容主要涉及对幼儿行为的观察解读、根据幼儿身心发展的年龄特征与个体差异给予指导、环境的创设与利用、一日生活的组织与保育、游戏的支持与引导、教育活动的计划与实施、对幼儿的激励与评价等。此外，本书还对如何进行案例分析进行了详细说明。

　　本书内容架构如下：

　　1.绪论部分。主要讲解什么是案例分析、为什么要进行案例分析、如何进行案例分析、案例分析的评价标准以及案例分析的备考技巧。

　　2.案例分析部分。共呈现181篇案例，并从专业理论角度对这些案例进行分析。依据案例分析时运用到的专业理论领域，将这些案例分为三类：心理类案例、教育类案例、幼儿卫生类案例。每个案例由"案例描述""问题""案例分析"三个部分构成。

　　本书案例丰富，贴近幼儿教育实践，专业性强。可用作学前教育专业的学生进行专业学习的参考书，也可作为教师资格证考试的考前复习与备考使用，还可以用作教师开展案例教学的教学用书。

编写人员

主 编

沈雪梅

副主编

沈文瑛　詹文燕　王晓菁

编 者

天津师范大学学前教育学院

沈雪梅　乌焕焕　张冬瑞　庞泰梅

天津市幼儿师范学校附属幼儿园

沈文瑛　王　冰　尹　萌　原　帅　张　颖　赵颖颖　支　娜　杨　杨
孙　静　魏　冬　陈　露　张　妍　周　蕾　杨　珺

天津市和平区第十一幼儿园　华夏未来双语幼儿园

詹文燕　王晓菁　张　涓　王漫颖　王　玲　王嘉弘　孙美群　郑立虹
孙文泓　李　娟　赵云超　温　佳　谷　炎　刘　娟　刘山三　范　蕊
张　纯　刘　乐　杨　竹　刘　蕾

前 言

《幼儿园教师专业标准》是国家对合格幼儿教师专业素质的基本要求,"能力为重"是其倡导的基本理念之一,强调并确定了幼儿教师必备的教育教学实践能力。为了贯彻《幼儿园教师专业标准》的精神,帮助学生将理论与实践结合起来,提高自身的教育教学实践能力,我们编写了这本案例集。书中的案例涉及:对幼儿行为的观察解读、根据幼儿身心发展的年龄特征与个体差异给予的指导、环境的创设与利用、一日生活的组织与保育、游戏的支持与引导、教育活动的计划与实施、对幼儿的激励与评价等基本专业能力。

学生的学习不能仅仅停留于对书本知识的掌握,还需要将书本知识与生活实际联系起来。如何将理论知识运用到实际当中,利用案例进行学习是一个很好的途径。案例分析是一种行之有效的学习方法,与其他学习方法相比,案例分析的最大特点是能够将理论与实践紧密地联系起来。案例分析就是对实际情境中的典型事件进行剖析,并找到事物之间的相互关系,从而提出解决问题方法的过程。本书中涉及的案例分析有两个含义:一是从真实的场景加以典型化处理,形成供学生思考分析和决断的具有代表性的事例,通过独立研究和相互讨论的方式,来提高同学们的分析及解决问题的能力的一种学习方法;二是为训练、检测学生综合能力的一种教学方法和考试方法,让学生在大量的案例分析训练过程中,练习运用理论知识解读幼儿的身心发展、解读教师的教学教育行为、解读家长的教育行为,练习运用理论知识解决实际生活中出现的问题、提出有效的教育指导策略。

本书内容架构如下。

1. 绪论部分。主要讲解什么是案例分析、为什么要进行案例分析、如何进行案例分析、案例分析的评价标准以及案例分析的备考技巧。

2. 案例分析部分。呈现经过精心挑选出来的181篇案例,以及从专业角度对这些案例的分析。这些案例分为三类:心理类、教育类、幼儿卫生类。每个案例由"案例描述"、"问题"、"案例分析"三个部分构成。

【案例描述】 本书筛选的案例分为两类:一类是对现实生活中发生的事件的真实记载,是对其发生过程的客观描述,包括幼儿园生活、家庭生活、幼儿发展过程中常见的、具有代表性的事件;另一类是对真实的、具有一定代表性的事件进行典型化处理,为专业理论知识的学习专门设计的案例,这些案例具有一定的普遍性、代表性和说服力,能反映幼儿发展特点和规律、幼儿教育教学规律,是理论知识在现实生活中的具体表现。

【问题】 "问题"是针对案例描述创设的特定问题情境,以引导学生从专业角度进行分析。

【案例分析】　围绕提出的问题，从心理学、教育学和教学法、卫生学等角度，对案例描述的事件进行分析。本书所提供的案例分析不是唯一答案，它们只是从某个特定视角对案例进行解读，目的是：帮助学生深化理解理论知识；提升学生分析问题、解决问题的能力；引发学生思考，激发学生学会从不同视角进行分析，从而进行深度学习、提升知识综合运用能力。此外，有些案例分析还呈现出从实践中总结出来的经验和教训，通过对这些案例分析的学习，学生能够弥补实践经验的不足，为今后的岗位工作提供参考和借鉴，有助于提升职业能力和实际操作能力。

本书充分体现了《幼儿园教师专业标准》中"能力为重"的指导精神，将理论与实践紧密地结合在一起，不仅为学生提供了大量、真实、鲜活的案例，而且从专业角度呈现了对案例进行分析的范例。本书可用作学前教育师范院校的学生进行专业学习的参考书，也可作为幼儿园教师资格考试的考前复习与备考使用，还可以用作教师开展案例教学的教学用书。

编　者

2014 年 5 月

目　录

模块二　　教育类案例

模块三　幼儿卫生类案例

绪　论

一、案例分析的含义

案例，英文 case，在汉语中有"个案、实例、事例"等意思。案例源于医学，其原意是指个别病案或医案。医疗部门对病情诊断结果和处理方法有所记录，以便备案可查，并可供进一步治疗或推广至其他病例或医案的诊治。这种用于分析治疗、具有一定典型性的病例资料，被称作案例。此后，案例被广泛应用于法学、管理学、社会学、教育学、心理学等不同的领域，成为这些学科开展研究和教学的一种重要工具。本书中的案例是指基于对社会生活的观察，对典型的或真实事件的记录，以叙述的方式对现实生活中的事件或现象进行的客观描述，这些描述具有一定的典型意义或教学意义，其涉及的范围包括儿童、教师、家长的行为、思想、情感在内的故事或事件。

分析，英文 analysis，源自希腊语，本意是"溶解"，它有两个含义：一是把整体分解为若干组成部分；二是研究部分与整体间的关系。在汉语中"分析"一词是指把一件事物、一种现象、一个概念分成较简单的组成部分，找出这些部分的本质属性和彼此之间的关系。从心理学视角看，分析是人的思维过程之一，分析的过程是解决一切问题的出发点，通过分析才能找到解决问题的途径和方法。

案例分析就是对实际情境中的典型事件进行剖析，从案例情境中识别出重要信息，并寻找出信息之间的内在联系，从而进一步将它们整合起来，提出解决问题方法的过程。本书中的案例分析是指通过对现实生活中具体的儿童日常行为表现、家长的家庭教育行为、幼儿园教师的教育教学行为，运用心理学、教育学的理论知识进行剖析，从中发现问题产生的原因，进一步提出解决的策略。

二、案例分析的意义

案例分析是一种行之有效的学习方法。与其他学习方法相比，案例分析的最大意义在于能够将理论与实践紧密地结合起来。理论知识只有使用才有价值，要想学会知识的运用，光靠听课远远不够，案例分析可以提供一个非常好的学习知识运用的机会。

运用案例进行学习，其具体的意义如下。

（1）加深对知识的理解。

本书所有案例都是精心挑选且源自日常生活，其中蕴含着儿童发展、教育教学的理论知识与规律。读者从书本上学得的理论知识是科学家通过对生活中的现象进行科学研究，并将之概括抽象为理论，是从具体到一般；而案例分析则是将这些理论具体化，也就是将头脑中概括化的知识运用于具体情境，即从一般到具体。读者在大量的案例分析练习过程中，逐渐学会识别现象中蕴含着的儿童身心发展的年龄特征和教育教学规律，通过分析自己得出结论，从而达到深层学习的效果，加深对理论知识的理解。

（2）锻炼思维能力、特别是专业思维能力。

案例是一种重要的学习工具，案例分析的最终目的不是为了寻找答案，而是锻炼一种分析问题、解决问题的能力，实际上是一种思维训练，训练一个人的逻辑思维能力、归纳能力、推理能力。本书中的案例分析要求用专业的视角进行思考，通过透视案例的现象描述，去发现现象背后的问题，运用专业知识去解决这一问题，从而训练并形成专业的思维方式，这种专业思维能力是今后从事学前教育工作的必备能力。

（3）弥补实践经验的不足。

经过精心挑选和编写的案例都是反映现实生活、描述真实情境的，对于没有足够实践经验的学生来讲，案例分析可以作为直接经验的替代，案例营造的是一个真实场景，案例学习者仿佛身临其境，亲自参与发现问题、分析问题、解决问题的过程，对这些案例进行分析能够弥补实践经验的不足。案例分析对于提高解决问题能力是一个非常有效的方法。

（4）提升综合能力。

案例分析没有一条固定的途径，每个人都可以从不同角度进行解读，这种分析能够帮助学生从理论的高度、整体的角度、多层面多角度进行深度学习，不仅有助于理论知识的理解和掌握，而且更重要的是提升知识综合运用的能力。此外，从案例中总结出来的经验教训，对今后的教育工作给予参考和借鉴，起到示范和引领的作用，对实际操作能力的形成起到一定的作用。

三、案例分析的过程

如何对案例进行分析？以下列出了案例分析的过程，这个过程的 7 个步骤尽可能给出案例分析的思维过程，这个过程可以用本书提供的大量案例进行练习，随着练习次数的增加，案例分析能力就会逐步得到提高。

1．前期准备

案例分析，无论对学生还是老师，要求都是很高的，它需要分析者具备一定的理论知识、一定的逻辑思维能力、主动性和创造性以及分析技巧等方面的准备。

2．阅读案例

拿到案例后，至少要将案例阅读 2 遍：泛读而知其概貌，精读而究其细节。第一遍泛读浏览，对案例有一个概览性了解，了解案例的框架或梗概；第二遍精读，对案例中的各个细节仔细研究，做到了如指掌。案例描述一般呈现的是一个故事情境，精读时要将事实和观点分开，还要分清人物说的和实际做的。不但要注意人物说过什么、做过什么，还要注意他们有哪些应该说而没说、应该做而没做的。特别应当注意的是，要对案例中人物所表达的观点和结论始终保持问题意识，要多问几个"为什么"。为了弄清案例发生背景和来龙去脉，可以采用 5W2H 的方法。即 Who（何人），When（何时），Where（何地），What（何事），Which（何物），How（如何做），How did（发生的过程）等一连串的疑问，即从时间、空间、人物、过去、现在与未来等多维度、多视角提出问题。只有对提出的问题逐一准确回答，才能真正把握案例实情。

3．寻找关键点

确定分析点。所给的案例，有的平铺直叙，而有的却问题隐含。因此，要对案例进行分析，必须学会从案例描述中识别案例情境中的关键信息和核心问题，并弄清它们对整体情境的意义。换句话说，就是发现问题所在，确定你所要分析的问题。本书在每个案例描述的后面，都提出了 1—2 个问题，它实际上帮助你去确立、发掘案例中的关键点。接下来，围绕关键点，找出案例描述的各个现象或人物之间的主次关系，并将之作为逻辑分析的依据。要做到这一点，只阅读案例还不够，还要进行思考。案例分析的关键在于思考，而非阅读。

4．对应相关理论

从所学的理论知识中寻找对应的原理。一方面，案例都是经过精心筛选和设计的、典型的、具有一定代表性的案例，蕴含着学前儿童发展特点和规律、教育教学规律。这些案例肯定会与某些概念、理论或原理相对应。在初步浏览过案例之后，主要是辨识这个案例与已学课程的哪些内容相联系，并找出该案例中的关键问题，以确定能应用的基本理论和分析的依据。另一方面，一个案例一般包含着某个特定范围内的若干个知识点,换句话说,一个案例中的分析点不止一个。所以,对同一个案例不会只有一种分析方法或途径,而是可以从不同角度进行分析,不同的理论观点会沿不同的思路展开分析。这时要做的就是从所学理论中寻找最贴切的理论作为分析工具。

5. 分析案例

运用该原理紧紧围绕案例本身进行分析。分析必须以事实为依据,要充分利用案例中已有的信息;进行案例分析时,一定要将主要精力集中在案例的关键问题和分析案例所需要的关键信息上面;提出的建议要符合案例中的具体情况,要有明确的针对性,防止出现空泛的口号和模棱两可的观点以及含糊不清的语句。无论你提出什么观点和建议,都要有充分的论据来支持。这些论据可以是案例中提供的信息,也可以是其他可信的事实,或者是个人工作的经历。分析时要把握:发生的背景、隐含的问题、文中的细节、事件的症结所在。

6. 提出观点

提出个人的观点,阐明自己的见解。儿童发展与学前教育中的实际问题没有标准答案,而是应该有多种解决办法。案例分析的关键点不是得出结论而是分析的过程,每个人都可以从不同视角提出自己的观点,但分析的过程要符合逻辑,对所提出的观点和建议方案要有充分的信息支持和必要的论证,并进行合理的比较。

7. 文字表达

选择恰当的语言,清晰地表达你的观点。前面的 6 个步骤可以说是思考的过程,而这第 7 个步骤则是将你的思考外化。案例分析必须将你的思考过程及结论以简洁、严谨的方式表达出来。文字表达要开门见山、言简意赅、推理符合逻辑、论述充分。对案例分析的文字表述没有统一的模板,但可以围绕 3 个简单问题展开:是什么? 为什么? 怎么办?"是什么"就是要表明你的立场观点,"为什么"就是要对你的观点进行论证,"怎么办"就是提出相关解决措施。观点用 1—2 个主题句表明即可,然后用陈述性语句支持该主题句。这样的表达会让人感到思路清晰、逻辑性强、便于理解和接受。

四、案例分析备考技巧

案例分析不仅可以作为提高学生分析及解决问题能力的一种学习方法,还常常作为检测学生综合能力的一种考试方法。以下介绍基本的案例分析备考技巧。

1. 将个别现象放到整体中

在对案例进行分析时,不能孤立地看待案例中描述的现象或行为,而应将分析的对象放到其原来错综复杂、多因素的环境中去认识,因为行为的发生都不是孤立的事件,儿童当下的特定行为绝不是一个孤立的行为,而是其整体发展的一部分,所以一定要放在其总体生活经历中去了解。

2. 过程性原则

强调分析过程而非标准答案。案例分析没有标准答案,更没有唯一答案,案例分析的关键是对问题的分析是否符合逻辑,注重的是分析过程而非结论。虽然本书中的每个案例都有案例分析,但你在使用这些案例时,建议不要先看案例分析部分,而是先自己独立进行分析。案例学习不是为了寻找正确答案,而是为了训练自己的思维能力。此外,不要害怕出错,在进行案例分析时犯错误反倒给人以启发,所犯的错误往往是有价值的,通过犯错才能更好地理解案例分析的思维过程。只有经过长期、大量、独立的案例分析练习,这种能力才能逐渐形成。

3. 开放性原则

案例分析没有标准答案,只有参考答案。本书中的"案例分析"部分也只是提供一个参考,其作用是为了引发你的思考。案例分析可以是多方位、多视角的,解决方案也是多种多样的,每个人都可以提出不同于他人的观点,只要这种观点符合逻辑、论据充分。当你用一个视角对案例进行分析后,还可以变换另一种视角,对同一案例进行分析。

4. 三结合原则

(1) 结合案例本身。

在进行案例分析时,必须结合案例描述所提供的材料,紧紧围绕材料所提供的内容。从案例描述出发，根据给出的案例情节，以事实和数据为依据，综合运用所学的理论知识进行分析。切忌空泛议论。

（2）结合所提问题。

案例中所提出的问题往往是根据具体案例和有关原理进行设计的，它为你点明了重点，是进行分析和解决问题的关键，所以分析时一定要紧紧围绕问题本身进行，切忌所答非所问。

（3）结合有关理论。

考核中的案例分析题具有一定的典型性，并与所对应的理论知识或职业技能有一定的关系。所对应的理论知识是案例本身所拥有的中心议题，也是进行案例分析的分析点。把所学的理论知识当作你的分析工具，它会给你提供分析的思路与方法。在分析时，应该综合运用相关理论，因为解决问题时用到的理论不止一个。此外，在结合理论时，一方面要明确指出案例所涉及的有关原理；另一方面，要注意不能简单地套用某一原理，因为一些案例往往综合地反映了教育的问题，不能简单地生搬硬套。

5. 进入角色

案例分析时，必须站到案例中的人物的角色立场上去观察和思考，设身处地地去体验、去思考。

五、案例分析的评价标准

案例分析并没有统一的评价标准，当你做完一个案例分析后，不妨从以下几个方面对自己的案例分析进行自评，这些自评标准是与前面讲到的案例分析意义及案例分析过程相对应。

1. 运用所学理论知识的针对性和适用性。
2. 分析的系统性和深入性。
3. 思路上的逻辑性和清晰性。
4. 语言表达的准确性和流畅性。
5. 层次结构的条理性和严谨性。

模块一 心理类案例

1. 没长性的明明

案例描述

明明今年三岁半了,是一个非常聪明、活泼、好动的女孩子,是全家的掌上明珠。家庭条件比较优越,家里有很多的玩具和图书。

一天放学后,明明的妈妈向老师诉说:"王老师,明明在家做什么事情都没有长性,积木搭不了十分钟又去玩拼图,拼图没玩几分钟又去抱娃娃……有时磨着我们给她讲书,可是没讲几页她又不想听了,要去玩汽车。您说,这可怎么办呀?"

? 问题

1. 请运用心理学知识,分析明明为什么做事没有长性?
2. 如果你是老师,你会给家长哪些建议?

案例分析

明明做事没有长性,与其注意发展有关。3岁左右的孩子,无意注意占明显优势,很容易被新奇、强烈、运动变化、感兴趣的事物所吸引,容易转移到别的活动中去;这个年龄的孩子注意力持续的时间较短,易受外界因素的干扰。明明频繁转换活动内容的行为对于3岁左右幼儿来说也是比较常见的。

我们可以建议家长从以下三个方面促进孩子注意力的发展:(1)减少无关刺激的干扰。幼儿常常会因为无关刺激物的干扰出现注意分散现象,因此要清除环境中可能分散注意力的事物。家长可以为孩子准备一个整理箱或抽屉,将孩子的玩具、图书摆放其中。每次孩子游戏前和孩子商量好,只拿一个玩具出来。这个玩具不玩了,收放好,再换另一个。在孩子搭积木、拼拼图的时候,家长最好不要看电视,以免分散孩子的注意力。这样可以减少因无关刺激的干扰,降低幼儿注意分散的概率。(2)明确游戏的目的。有意注意是一种有预定目的并需要一定意志努力的注意,在注意活动中占主导地位,是一种最有效的注意，要培养这一注意，必须首先使幼儿明确任务，能控制自己的行为，并使行为服从于活动的目的以及要求注意的事项，使孩子不断积极、主动、自觉地保持注意。家长可用简短、明确的语言帮助幼儿明了此次游戏所要达到的目标。例如，孩子选择了拼图，家长可以这样引导："你是想将这些拼图都拼好吗？"（3）培养幼儿的坚持性。注意力的形成和发展与意志密切相关。因此，意志力强、坚持性比较长久的幼儿，其有意注意保持的时间也会相对长一些。例如，拼图没有拼完，孩子就不想拼了，家长可以这样引领孩子："你刚才说要把这些拼图都拼好，现在还有两块没拼上。你的任务还没有完成呢，继续把它拼完吧！"如果孩子不肯，家长可以试着这样说："我们一起把它拼完好吗？"尽量引领幼儿将事情做完。

2. 明　天

案例描述

　　小班的孩子自理能力有限，冬天午睡起床后穿衣服时为避免孩子们着凉，老师都会给孩子们帮帮忙。在帮孩子们穿衣服的过程中，师幼间的交谈不仅可以增进老师与孩子之间的情感，有时还能了解幼儿的发展水平。

　　一天午睡起床后，王老师帮助幼儿穿衣服时，看到嘟嘟的手上有一块青了的伤痕，问他是怎么磕的，他回答说自己不小心磕到桌子边上了。王老师又问道："什么时间磕的？"嘟嘟回答说："明天。"

问题

1. 嘟嘟的回答反映出幼儿认知发展的什么特点？
2. 如果你是老师，你会怎么做？

案例分析

　　嘟嘟的回答反映出小班儿童时间知觉的发展特点。时间知觉是对客观现象的延续性、顺序性和速度的反映。对于时间的知觉，很难直接凭借个体的自身来完成。通常人们借助一些媒介来衡量时间，并以此对时间进行知觉。小班幼儿已经有了初步的时间概念，但这只是时间知觉的萌芽。幼儿的时间概念是与幼儿特别熟悉的事情紧密相关联的。例如，"早晨"就是天亮起床的时候；"晚上"就是脱衣服睡觉的时候。三岁左右的幼儿对昨天、今天、明天等相对性的时间概念还难以掌握。

　　幼儿的时间知觉需要在日常生活中培养，有规律的幼儿园生活能帮助幼儿建立一定的时间概念。对于幼儿来说，时间计算的标准点就是今天，他们对于时间的计算，是从今天的生活开始的。所以，教幼儿认识时间要从今天开始。此外，我们可以结合生活中具体的事件，帮助幼儿区分昨天、今天和明天。经常告诉孩子今天是星期几，是几月几日。我们不妨采取这样的具体方法：（1）我们可以借助日历，将今天发生的主要事件，用孩子能懂的符号记录在日历上。第二天和孩子一起看着日历回忆，告诉孩子因为昨天晚上天黑了，我们睡了一大觉之后，这件事就变成昨天发生的事情了。这样可以帮助孩子理解昨天与今天的时间关系。（2）周五晚上睡觉前告诉孩子，今天是周五，宝宝去幼儿园了。睡醒觉就是明天了，明天是周六，宝宝不用去幼儿园，妈妈带你去动物园玩，这是明天将要发生的事情。帮助孩子理解今天和明天的关系。

3. 时代奥城

区域活动是幼儿最喜欢的活动形式之一。在区域活动时间孩子们可以按照自己的意愿选择游戏的材料和内容。区域活动时也最有利于教师对幼儿进行个案观察,了解幼儿的发展水平和特点。

一天区域活动时,小二班的大宇选择了桌面材料——小型积木。大宇搭建好上面的作品后,一边拉着王老师的手,一边指着他搭建的建筑物说:"王老师,快来看,时代奥城。""你去过时代奥城吗?""去过!是妈妈带我去的,时代奥城就是这个样子的。"

晚上大宇妈妈来接他时,王老师向她讲起这件事情,妈妈说两周前确实带他去过时代奥城。

问题

1. 以大宇为例,分析小班幼儿的记忆特点。
2. 如何在活动中促进幼儿无意识记和有意识记的发展?

案例分析

此案例体现了小班幼儿的记忆特点:无意识记占优势,以形象记忆为主。(1) 人在出生后的三年内,记忆基本上是无意识记,无意识记是指事前没有预定的目的、自然而然发生的识记。妈妈带大宇去时代奥城时并没有特意给他讲解时代奥城的建构特点,也没有要求他识记。因此,大宇对时代奥城的记忆属于无意识记。妈妈是两周前带他去的时代奥城,现在他还能记得这件事,说明他能将这些信息保留较长时间,具有较好的信息保存能力。(2) 幼儿期以形象记忆为主。形象记忆是借助具体的形象来记忆某种材料的记忆。大宇对时代奥城的记忆就属于形象记忆。通过搭建的形式创造性的再现了他所经历过的事情。

幼儿期无意识记占优势,有意识记开始出现并逐步发展。幼儿的记忆带有很大的无意性,他们所获得的许多知识都是通过无意识记得来的。心理学研究表明,凡是儿童感兴趣的、印象鲜明强烈的事物容易记住。也就是说,符合儿童兴趣需要的、能激起强烈情绪体验的事物,记忆效果较好;直观、具体、生动、形象和鲜明的事物,记忆效果好;要记住的东西能成为儿童有目的活动的对象或活动的结果,记忆效果较好;与儿童活动的动机、任务相联系的对象,记忆效果较好。针对上述幼儿记忆特点,可以采取以下措施:(1) 教师应通过多种活动方式,调动幼儿的多种感官参与活动,让幼儿看看、听听、摸摸、动动等,提高无意记忆的有效性。(2) 教师通过学唱歌曲、诵读儿歌、复述故事、回想问题、强调游戏规则等方法,促进幼儿有意识记的发展。(3) 有意识记的效果主要取决于幼儿是否意识到要记住的任务,活动的动机对幼儿记忆的有意性和积极性有很大影响,所以,要加强幼儿言语系统的调节机能,经常提出明确的有意识记的要求,并且注意发展幼儿积极的活动动机,促进他们有意识记能力的提高。

4. 学儿歌

案例描述

一天，李老师只是通过语言教孩子们学习儿歌《小雨和小草》，由于这首儿歌本身语言比较形象生动，篇幅比较短小，因此不到二十分钟孩子们就能背诵这首儿歌了。之后，李老师就没再带领孩子们进行复习。一周后，当李老师请孩子们重新背诵这首儿歌时，小朋友们面面相觑，没有人能记起儿歌的内容。

问题

1. 请运用记忆理论分析，是什么原因导致幼儿的遗忘。
2. 结合案例，说一说作为教师如何依据幼儿学习和记忆特点组织教学活动以提高幼儿的记忆效果。

案例分析

根据艾宾浩斯遗忘规律，遗忘的进程不是均衡的，在记忆的最初阶段，遗忘的速度很快，后来就逐渐减慢了，过了相当长的时间后，几乎就不再遗忘了。从这个原理，我们可以知道，幼儿记忆的最初阶段遗忘的速度很快，学得的知识在一天后，如不抓紧复习，就会被遗忘。案例中的李老师由于在幼儿学会儿歌后，没有进行及时有效的复习，因此一周后幼儿已经不能回忆起儿歌的内容。

根据幼儿学习和记忆的特点，如果教师这样组织活动，幼儿的记忆效果可能会好一些：（1）学儿歌前，教师带领幼儿观察小草和小雨，让幼儿对这两种事物获得感性认知。因为，幼儿形象记忆占优势，幼儿观察过小草和小雨，在头脑中形成鲜明的记忆表象，在学习儿歌时就能回忆起观察过的现象，帮助幼儿记忆。（2）根据学习内容，在班里创设与学习内容相关的环境。环境材料的选取与制作要考虑幼儿的兴趣、生活经验以及生动形象性。因为，幼儿无意识记占优势，有意识记逐渐发展。幼儿的记忆带有很大的无意性，他们所获得的许多知识都是通过无意识记得来的。心理学研究表明，凡是儿童感兴趣的、形象鲜明强烈的事物就容易记住；符合儿童兴趣需要的、能激起强烈情绪体验的事物，记忆效果较好；直观、具体、生动、形象、鲜明的事物，记忆效果较好。（3）根据儿歌的内容，准备相应的色彩鲜艳的图片或课件，结合图片讲解儿歌内容，帮助幼儿理解。幼儿机械识记占优势，意义识记逐渐发展。由于幼儿经验少，理解能力不高，缺乏记忆的方法，所以只能以机械识记为主。但研究表明，幼儿的意义识记效果优于机械识记效果。也就是说，幼儿对可理解材料的记忆效果，要比无意义的或不理解材料记忆效果好得多。因此，教师帮助幼儿理解儿歌内容后，幼儿的记忆效果会好一些。（4）运用多种感官进行记忆。为了提高幼儿记忆的效果，可以采用协同记忆的方法，在幼儿识记时，让多种感觉器官参与活动，在大脑中建立多方面联系，加深幼儿的记忆。例如，教师可以让幼儿边说儿歌边表演。（5）及时复习。老师可以利用进餐前等生活活动过渡环节帮助幼儿进行复习，将短时记忆转变成长时记忆。

5. 学 新 歌

案例描述

　　一天,王老师正在教幼儿学唱一首新歌,刚刚教过几遍,孩子们还没学会演唱,这时保健老师来通知轮到该班孩子做口膜了。于是,王老师停止了教学活动,带着孩子们去做口膜了。第二天,王老师继续教唱这首歌时,发现在老师第一次示范演唱时,已经有孩子能跟着老师一起演唱了。

问题

1. 请运用心理学知识,分析这是什么现象。
2. 请解释分析此现象,并提出相应的教育指导策略。

案例分析

　　这个现象是"记忆恢复"现象。"记忆恢复"是指学习后间隔一定时间测得的保持量比学习后立即测得的保持量还高的现象。它最早是美国心理学家巴拉德在1913年发现的。

　　对于"记忆恢复"现象产生的原因有2种假说:一种假说认为,学习后经过一定时间,学习者把材料经过加工组成了一个统一的整体;另一种假说认为,识记时有积累的抑制,影响识记的记忆效果,过了一段时间,抑制解除,便表现出记忆恢复。儿童的"记忆恢复"现象较成人普遍,是幼儿心理的一种正常现象。幼儿由于神经系统发育很不成熟,活动时间稍长就易引起疲劳,这样就可导致记忆中的抑制,使得当时记忆效果并不是最好,过了一段时间抑制一旦解除,记忆便能够恢复。案例中学唱的歌曲有一定难度,幼儿学习几遍后,大脑皮层会产生疲劳,于是产生了抑制。幼儿经过休息,抑制解除了,便恢复了对这首歌的记忆。

6. 找 不 同

案例描述

　　在组织幼儿进行"找不同"的活动中,王老师先请孩子们看看这两幅画面是否一样。开始时有孩子答道:"一样。"王老师引导道:"你们仔细看看这两幅画面有不一样的地方吗?""没有蝴蝶";"裤子不一样";"没有花";"衣服上没有带子"……孩子们七嘴八舌的在下面喊着。"你们说得很对!一下子就发现了这么多不一样的地方。你们再仔细看看还有什么地方不一样。"过了一会儿,甜甜回答说:"蝴蝶结不一样。""甜甜真棒,又发现了一个不一样的地方。还有不一样的地方吗?看看谁最聪明能够找到。"过了一会儿达达说:"一只小猪有圈圈,一只没有。"老师不明白他的意思,请他上来指一指。(见图中圈圈部分。)"原来你发现了这里不同。快给他拍拍手。""还有吗?"孩子们都在认真观察,努力寻找,但过了好一会儿还是没有孩子能找到。

问题

1. 此案例体现了小班幼儿观察力发展的哪些特点？
2. 此时王老师该如何引导幼儿发现这个不同之处？

案例分析

观察是一种有目的、有计划的、比较持久的知觉。这个案例主要表现了幼儿观察力发展的以下四个特点：（1）从观察的有意性来看，幼儿还不善于自觉和有目的地进行观察。在没有其他刺激干扰的情况下，能根据成人要求进行观察。（2）从观察的顺序性来看，小班幼儿观察时，往往碰到什么就观察什么，顺序紊乱，前后反复，也多遗漏。表现在这个案例中就是，孩子们先看到的是蝴蝶，再是裤子颜色的不同，再是没有花，然后又发现一只小猪没有带子，最后才是小猪头上的蝴蝶结不同。（3）从观察的细致性看，小班幼儿往往只能观察到事物的粗略轮廓，做不到全面细致。只看到面积大的和突出的部分，很少注意细小的和不十分惹眼的部分，所以他们不能发现这个细小部位的不同。（4）从观察的理解性看，小班幼儿往往只能看到孤立的事物或事物的表面现象，因而他们大多叙述孤立的单个事物、看不到各个事物之间的关系。在此案例中孩子们看到的是一只小猪身上没有袋子，而另一只有；一只小猪没有圈圈，而另一只有。但是，他们不能看出这条带子和这个圈圈组成的是一个书包。

正是由于小班幼儿观察缺乏顺序性和细致性，因此他们才没有发现小猪嘴巴不同这个细小之处。教师可以教给幼儿观察的方法，引导幼儿进行有顺序的观察。在此案例中老师可以这样做："现在我们一起来从上到下观察小猪的头部。小猪头上戴的蝴蝶结一样吗？小猪的两只耳朵一样吗？眉毛一样吗？眼睛一样吗？鼻子一样吗？嘴巴一样吗？"在老师的引领下孩子们看到了小猪的嘴巴不同。如果孩子们还是不能找到，老师可以将小猪的头部放大，以便幼儿能更清晰地看到。正是由于小班幼儿观察的理解性不强，所以孩子们都没有看到小猪身上的书包，这时教师可以引导幼儿将带子和圈圈连起来看是什么，帮助幼儿发现原来是一个书包。总之，教师可以在教育教学活动和日常生活中为幼儿提供观察的机会，选择幼儿容易理解的事物，引导幼儿学会观察的方法，发展他们的观察能力。

7. 娃娃家的小风波

案例描述

区角活动开始了，孩子们迫不及待地向娃娃家跑去。显然，他们都喜欢这个可以装扮自己，快快把自己变大的地方。由于某种原因，然然没能拿到进入娃娃家的进区胸卡，因此她站在区域门口有些不开心。

"牛牛，你出来让我玩。"然然霸道地叫着。

"你没有牌，你不能玩。"牛牛解释道。

"可是我很想玩。"然然意识到强硬的不行，于是缓和了自己的语气，并用求助的眼光看着老师，希望得到老师的帮助。

可是，这时老师并没有介入，等待着牛牛的反应。

"那我也很想玩。"牛牛看了看手中的玩具，接着说："那等我再玩一会儿，我们再交换，你先玩其他的好吧？"

"不要赖皮。"然然心满意足地走开，并去玩了其他的东西。

过了一会儿，两个孩子自觉地进行了交换，又开始了新的游戏。老师这时及时在全班小朋友面前表扬了牛牛和然然。

问题

1. 从心理学的视角,分析角色游戏的重要性。
2. 从社会性发展视角,分析案例中孩子们的游戏行为以及教师的指导策略。

案例分析

角色游戏是幼儿园区域游戏的重要组成部分。角色游戏是指幼儿以模仿和想象,通过扮演角色创造性地反映周围生活的游戏,是幼儿最主要的游戏活动之一。角色游戏是促进幼儿全面发展的重要途径:(1)角色游戏能够促进幼儿的社会性发展。角色游戏为幼儿提供了充分的同伴互动机会,在游戏过程中学习如何与同伴交往。同时,幼儿通过角色扮演,理解角色的社会规范,学习角色的社会行为。(2)角色游戏能够促进幼儿语言的发展。角色游戏可以提高幼儿说话的积极性,丰富幼儿的词汇,促进幼儿口头语言能力的发展。(3)角色游戏促进幼儿情绪情感发展。游戏过程中,幼儿能够强烈地体验到角色的态度与情感,有助于发展同理心;角色游戏要求幼儿模仿社会期望的角色行为和态度,有助于增强幼儿的辨别能力。(4)幼儿还可以在游戏中释放自己消极的情绪,实现在现实生活中不能实现的愿望,有利于其身心健康发展。

从孩子们的对话中,可以发现孩子们已经有了分享和谦让的意识,并逐渐懂得了如何去用自己的理由说服对方(如牛牛用胸牌来说服然然她不能游戏的原因),以及在彼此都很渴望游戏的时候来尝试轮流游戏,这样既满足了自己又考虑了他人。在活动中,两个孩子对能否进入娃娃家游戏产生了对话和小议论,教师没有强行介入,而是让孩子们尝试自己处理小分歧。教师在这个案例中承担了观察者的角色,当幼儿在活动中出现问题时,教师没有立即给予成人式的解决方法,而是等待幼儿自己解决,这样有助于促进幼儿社会性交往。另外,当教师发现幼儿间找到了适宜的解决方式时,及时给予鼓励和支持,肯定幼儿的行为,这样可激发其他幼儿的效仿,使孩子们更加懂得彼此谦让和分享。

8. 静静的变化

案例描述

静静是个很热情的女孩,平时很喜欢帮助别人,也非常喜欢和别的小朋友一起玩。可是如果她不高兴的时候,就会大声地冲着别人说讨厌,有时还会用手打别人。此时,如果教师或小朋友直接指出她的错误,她就会生气地跺跺脚,或是把头转向一边,而不听劝解。

静静是一个性格直爽的女孩,但是她在如何表达情绪情感这一方面还存在欠缺。杨老师开始尝试用新的方法来帮助她。如果静静的情绪处于难以控制的情况下,杨老师会跟静静说些其他的事儿或者让她做些其他的事情来分散注意力,等到她情绪好转时再耐心地和她谈。杨老师问静静为什么会生气,自己生气时是怎样做的?静静起初会站在那里不理睬老师,有时还会自己坐在椅子上大哭,不愿意和别人交流。不过,杨老师并没有放弃,而是继续坚持以耐心的态度来对待她,询问她生气的原因。慢慢地,她开始回答杨老师的问题了。接下来,杨老师又继续问她,是打小朋友好还是慢慢和小朋友们说清楚好?借此来引导她对自己的交往行为有正确的认识。

经过沟通交流后杨老师发现:静静并不是一个爱攻击别人的孩子,只是由于她的自尊心很强,而且性子比较急,性格也比较倔强。如果别人做了什么使她生气,她就会觉得那是别人故意欺负她,她的自尊心也受到了伤害。了解静静这一特点以后,杨老师又尝试安排一些需要耐心的活动交给静静完成,比如让静静去图书区看看书,鼓励她去进行拼图等等,通过这些活动使静静变得更有耐心。

一段时间后,静静愿意主动和老师说她为什么不高兴,最近发生什么事情等,更多的幼儿和静静成了朋友,静静在幼儿园的生活也变得更加快乐。看着静静的转变,杨老师感到非常开心,也为静静的进步感到自豪。

1. 请结合幼儿情绪情感发展的特点，分析案例中教师的教育行为。
2. 请运用心理学知识，说一说如何帮助幼儿调控情绪。

案例分析

《3—6岁儿童学习与发展指南》(以下简称《指南》)中鼓励教师不仅要为幼儿创造温暖、宽松的心理环境，使其保持良好的情绪状态，还要帮助幼儿用恰当的方式表达情绪，学会与他人分享自己的情绪。案例中，静静小朋友在表达情绪情感的方式上存在欠缺，需要教师的进一步引导。案例中的杨老师关注静静的情绪反应，并及时地采取有效措施帮助静静小朋友学会控制自己的情绪。幼儿相比于成人而言易冲动，对自己的控制能力也比较低，这是幼儿情绪的特点。案例中的静静就表现出这样的特点。杨老师并没有以直接的方式去制止静静的不良行为，而是一步步引导静静认识自己的情绪反应、学会合理恰当地表达自己意愿、学会和别人分享自己的情绪体验、从心底明白自己怎样做才是正确的。结果证明，这样的引导是有效的。

情绪调控是指监控、评价和调节情绪反应的外部和内部过程，帮助幼儿调控情绪可以从内、外两条途径进行：(1)外部途径。对于年幼的孩子，通常需要成人通过外部途径帮助他调控情绪，主要的方法有转移法、冷却法、消退法。案例中杨老师运用的就是转移法。(2)内部途径。心理学研究表明，孩子从2岁起就应该开始学习情绪的自我调控了，其关键在成人，幼儿学会情绪调控的过程实际上是一个不断观察与学习的过程，成人应当树立一个良好的控制情绪的典范。对于一些不良情绪表现，成人的教导要及时，处理要宽容，不要急躁，更不能体罚。另一方面，成人应多与幼儿交谈，其目的是在交谈过程中，让幼儿宣泄情绪体验，指导他们形成新的认知方式，学会符合社会规范的情绪表达方式。培养幼儿情绪能力的方法不是对他们批评指责，而是多与他们讨论其情绪感受，理解他们的情感，帮助他们解决情绪上的困惑，指导他们在情绪不佳时做出正确的选择，而不是一味地攻击或退缩。

9. 喜欢拿别人东西的满满

案例描述

场景一：

班里年龄最小的壮壮来园后，就迫不及待地向小伙伴们展示爸爸新买的高级玩具"汽车人"。晚上离园时，壮壮手里却在摆弄着一个旧的塑料小推土机。孙老师询问"汽车人"到哪去了？壮壮说："在满满那儿，他非要和我交换玩具，我不想换，但是满满说如果不换，他就让所有小朋友都不跟我玩！"这时，满满将"汽车人"从自己的书包里掏出来，放在壮壮的怀里，并一把将自己的小推土机从壮壮手里夺回来，放进书包里，回到座位上不再看老师和壮壮这边。

场景二：

午睡前，园园将一个小鸟型的水钻头饰放在了窗台上，起床后，便发现头饰不见了。当时小朋友们都在吃午点，孙老师询问"谁看见一个小鸟样的头饰"时，大家都从容地摇摇头表示没看到。但是，孙老师却从满满紧张的眼神中得到了答案。于是，便用平和的语气说："可能是'小鸟'趁小朋友午睡的时候飞出去玩了，现在迷路了，如果哪位小朋友遇见'小鸟'了，就请帮助它回到园园的更衣柜里去吧！"户外活动时，孙老师发现，满满悄悄回了趟大三班，离园时园园高兴地说："小鸟找到了。"

? 问题

1. 请对满满爱拿别人东西的心理进行分析。
2. 结合本案例,提出促进幼儿良好社会性发展的指导策略。

案例分析

从儿童心理学来分析,孩子喜欢拿别人的东西是由两种心理因素引起的:一是孩子有一种强烈的占有欲,他对自己没有玩过的东西,既好奇又想获得,而且企图马上获得,在私欲的驱动下,他便强行将别人的东西据为己有;二是孩子有一种异乎成人的冒险心理,他们心想,我拿了别人的东西,只有自己知道,别人却不知道,这是多么刺激和神秘呀。作为大班的孩子虽然能在成人提示下懂得遵守一些行为规范,但是还不能独立地明辨物品所属权等概念,不能很好地控制自己的行为,需要成人注意在这个方面进行正确的引导和教育。

指导策略:(1)在对孩子进行此方面的教育时,一定要掌握方式方法,不能单纯地责备,要做到不伤害孩子的自尊心,否则,"小偷"的标签会深深地印刻在孩子的脑海里,成了挥之不去的心理阴影,进一步会使之产生对抗与报复心理,或产生对自身的厌恶,从而失去自信心。(2)如果教师在幼儿园发现孩子偷拿别人东西的行为,要考虑周全,如何婉转适宜地与家长进行沟通,既顾及家长的面子又能使家园协商出有效的教育措施。(3)适度满足孩子的物质和精神需求,不要让他再去通过这种方式来填补匮乏的心理;在家在园都帮助孩子认识生活中的物品所有权问题;创造一个不让孩子做坏事的环境比揪出谁是"小偷"更有意义。(4)3—6岁孩子出现"偷拿"别人东西的情况是可以原谅的,但是,同样也需要教师和家长重视这个问题,因为这个阶段正是孩子好品行和好习惯塑造的奠定期,如果孩子到了童年期和青春期还出现这个问题,那问题就不会这么简单了。因此,坏习惯一定要遏制在萌芽阶段。

10. 不喜欢绘画的小金金

案例描述

王老师新接的小班中,有一个害怕画画的小金金,平时聪明、伶俐、乖巧,特别招人喜欢,可她偏偏不喜欢画画,只要班里一开展绘画活动,就会有一阵阵"哭声圆舞曲"奏起,因为小金金总会哭泣着拒绝拿起画笔。是不喜欢绘画的孩子发展水平就低吗?细心的王老师通过对金金在园的一日活动观察和分析,发现了一些有意思的现象。

比如,在拼插玩具时,她的动作迅速而灵活;使用剪子时,她特别自信,小剪刀用得还挺灵活,能够较流畅地剪简单的造型。这说明小金金有着一双灵巧的小手,手部的小肌肉动作发展水平较高。

再比如,上课时她可喜欢回答问题和提问题了,头脑灵活,比较聪明。但是,犯错后老师刚刚询问就会大哭,情绪特别容易激动,不能够正视自己的错误或弱点,自尊心较强,而自信心不足。

细致的观察,让王老师更加全面地关注到金金的发展情况,这不应当是一个存在绘画困难的孩子呀?是什么原因导致了问题的产生?作为教师有应当如何帮助金金解决遇到的问题?

王老师发现,金金很擅长使用剪刀,就引导她用剪刀代替了画笔,作为她表达自己的想法和感受的独特方式。时间长了,不仅金金进步了,其他的孩子也受到她的影响,在使用剪刀方面有了很大的进步。后来王老师让她拓印自己的剪纸作品,渐渐地金金不再拒绝绘画了。

问题

1. 请分析案例中金金拒绝绘画的原因。
2. 从理论与实践相结合的角度，提出促进幼儿良好情绪情感和自信心的指导策略。

案例分析

通过王老师的观察，我们可以看到，聪明、伶俐、心灵手巧的金金并不存在绘画能力方面的困难。但是犯错后情绪的过于激动，也正显示了她自尊心较强，而自信心不足的心理特点。敏感而好强的金金一再拒绝绘画，正是由于自信心不足，产生了对绘画的抵触情绪。

情绪情感如同河流，不能堵截只能疏通宣泄。幼儿情绪的自我调节能力很低，需要成人的帮助、引导、建立安全感。王老师从帮助金金体验到表达和表现的乐趣入手，通过用剪刀代替画笔、再到拓印自己的作品、再到体验小伙伴们的赞扬（使用剪刀），帮助金金逐步摆脱了绘画时紧张、焦虑的情绪体验，体验到美术活动的乐趣，从而获得了参与绘画的自信心。

11. 沾上口水的大鲨鱼

案例描述

一次小班的美工活动，绘画各种各样的鱼。苑苑在图画纸上剪了一条长长的口子，骄傲地举起作品大声说："大鲨鱼、大鲨鱼！"一边用两只手合作开合着画纸的裂缝，就好像鲨鱼的大嘴巴在一张一合。在他的解释下，王老师也惊喜地意识到这是一幅多么逼真而又生动、充满童趣的作品呀，只可惜少了眼睛！

苑苑接受了王老师的建议，打算在鲨鱼大嘴的旁边添画眼睛，大概是表扬发挥了效力，苑苑格外认真，像是要把全身的力气都要使出来，用力地戳画着直至画纸快要破了，由于用力过度，一些口水从他的嘴里流了出来，正好落在鲨鱼的脸上。不知为什么他用画笔在口水上来回涂抹，致使画面很快就脏了。看见王老师在注意他，慌忙用身体挡住了作品。

此时，王老师很快就意识到孩子的需求，并及时进行了处理："是想把口水擦掉吗？用这个一沾就可以了，你也试试。"王老师拿出一张餐巾纸边说边示范，满足了苑苑保持画面整洁干净的愿望。

问题

1. 请从幼儿心理发展和动作发展角度，分析案例中苑苑的行为。
2. 案例中王老师的做法是否适宜？为什么？

案例分析

对案例中幼儿的分析：（1）处于小班年龄的苑苑想象力是极为丰富的。他从一开始无意识的操作，逐渐到在画纸上偶得的裂缝中展开丰富的联想——大鲨鱼，充分表现出小班孩子想象的无意性和偶然性，但却极为大胆而有趣。（2）3—4岁幼儿身体的协调能力和脑对身体的支配能力较差，在画圆形图案上他还是存在一定困难的，所以会调动身体所有的器官参与活动——绘画一个小圆球。由于嘴也一起用力，对于小班的孩子难免会流出口水。（3）那么，苑苑用身体挡画，又说明了什么？这说明他很在意成人的评价或是批评,这时成人要思考是否给孩子提供了一个安全、信任、支持的学习环境。

案例中王老师的做法是适宜的。教师对幼儿行为分析的正确与否,将直接影响到老师采取什么样的教育行为。当发现苑苑弄脏了画面,王老师没有说"这么好的作品,随便的涂抹,多可惜",而是选择了最恰当的指导策略——用语言"是想把口水擦掉吗?用这个一沾就可以了,你也试试"引导苑苑,同时拿出一张餐巾纸边说边示范,有效地对苑苑的绘画进行了处理。认真分析,我们不难发现:孩子用笔涂抹是为了解决问题,但由于缺乏经验,错用了图画笔来擦拭口水,结果将作品越弄越脏,而非有意识的破坏作品。所以,案例中王老师的做法是适宜的。在实际的教学中,需要教师在刹那间做出迅速的判断,并采用适宜的措施,几乎没有思考的时间。因此,教师要在日常中注重观察幼儿,解读幼儿的行为,积累经验,才能迅速而准确地做出判断。

12. 电子读物的利与弊

案例描述

虎虎是个阳光、活泼的小男孩,爸爸妈妈的现代感极强,全家人都非常喜欢使用移动互联网。爸爸、妈妈看新闻,虎虎玩游戏;爸爸、妈妈听网络音乐,虎虎看电子读物。家里的电视机好几天都不一定打开一次,但是手机、iPad却始终不离手。

爸爸妈妈的朋友聚会,总会带上小虎虎,但是每当饭局过半的时候,家长们的烦恼就来了。小孩儿吃得少,总会很快就吃完,吃完之后就无事可做,这时饭桌上的"半壁江山"就成了手机、iPad的展示大会了。家长们继续聊天,小伙伴们分享自己移动设备里的诸多作品,"谁的故事能够中英文同步""谁的文学作品朗朗上口""谁的故事作品中附带着游戏"等等,这是好开心、好愉悦的朋友交往啊。

每晚临睡前,虎虎都会听故事,打开"儿童睡前故事"软件,清晰的目录、温馨的背景音乐、便捷的操作提示引领着他的阅读兴趣。打开每一个文学作品的链接,逼真的人物形象让他仿佛来到了奇妙的故事情境里,夸张的对白让他感受着故事现场的紧张气氛,帮助他很快理解了故事的情节发展与寓意。

问题

1. 请从幼儿认知发展特点的角度,分析电子读物的利弊。
2. 请给家长提出利用电子读物促进幼儿发展的指导策略。

案例分析

电子读物因其精彩、绚丽、动态、灵活的特点备受幼儿的喜爱。传统的纸媒读物限于体裁特点,所展示的阅读路径是线状的。电子出版物的特点,使得它能提供放射型的树状或网状阅读路径,读者可以根据需要进行直线阅读、比较阅读和寻找阅读等不同形式。在阅读电子读物过程中,幼儿可以依据自己的情况自选阅读路径、顺页次阅读或者跳跃阅读,还有的电子读物可以自由选择听取其中的某一段,极大限度地满足了幼儿的发展需要。电子读物是一种自助式认知工具,它将大部分的阅读自主权交给幼儿。其开放式的环境,让幼儿思维容易处于活跃的状态,长此以往,有助于形成开放式的思维习惯,使认知能力跨上一个新的台阶。

与此同时也要看到,电子读物对幼儿的认知发展是有一些不利影响的。比如:伴随着电子读物的泛滥,会使儿童在认知发展中更加依赖图像,疏于文字;依赖口语,疏于书面表达;依赖形象,疏于逻辑思考等。还有，由于电子读物提供了广泛、快速的信息获取的路径，读者可以不假思索地得到自己想要的各种答案，如拼错的单词马上会有提醒显示；回答不出的问题，随时会有正确答案供挑选使用……在这一过程中，容易形成思维的怠惰。正因为如此，有人指出，电子读物更适合浅层阅读，对应的是碎片性思维。这些问题对于成年人也许不很突出，但对于正处在学习掌握语言阶段，抽象逻辑思维尚未充分发展的学前儿童，就会产生十分明显的负面影响。更何况，一旦电子读物浏览时间过长，还会影响幼儿的视力发展。

现代儿童借助于各种电子传媒获得的认知能力，打上了电子时代的烙印。家长作为儿童健康成长的引导者、促进者，也应该更加认真地反思我们给孩子提供的物质条件是否真的有益于孩子的成长。针对电子读物的使用，建议如下：(1) 关注电子读物的使用过程。在孩子使用电子读物的过程中，家长应全程关注。要关注孩子浏览电子读物的内容，关注伴随浏览过程中的学习方法，关注浏览过程中对于内容本身的理解等。可以通过交谈、提问的形式，引发孩子对浏览内容的进一步思考，从而达到促进孩子阅读理解能力提高的目的。(2) 严格控制电子读物的使用时间。幼儿的视觉正处在发展的过程中。一般而论，3—4 岁幼儿的视力大致达到 0.5，4—5 岁幼儿的视力大致达到 0.6，5—6 岁幼儿的视力大致达到 0.8。过长时间浏览电子读物，会直接影响孩子的视力发展。因此，为了保护幼儿的眼睛、避免影响幼儿的视力发展，一定要将电子读物的浏览时间控制在 1 小时（每天）之内，且每次使用不超过 20—30 分钟。有时，一些孩子比较执拗，到了规定时间还不愿意放手，家长拗不过孩子便只好迁就，这对孩子眼睛的保护以及思维的发展都是不利的。对于年龄较小的孩子，可以通过利用更加新颖、丰富的活动来转移孩子的注意力，缩短电子阅读的时间，如拼插结构游戏、娃娃家、泥工绘画、纸介图书阅读等。对于年龄稍大的孩子，可以通过事先约定、制定家庭活动计划书等形式，来约定电子阅读的时间。这样一来，既控制了电子阅读的时间，又渗透了自制、诚信等良好行为习惯的培养。(3) 重视纸介读物的重要作用。纸介阅读对于孩子逻辑思维能力、想象力、创造力的培养具有特殊的优势，必须给予足够的重视。在这方面，亲子共同阅读色彩鲜明、形象生动、内容丰富的绘本是一个好办法。

13. 亮亮口吃怎么办？

案例描述

亮亮，男，5 岁，幼儿园中班。智力发展水平一般，消瘦，家庭生活宽裕，深得父母的宠爱，爱撒娇。性格外向，情绪不稳定，好动，不能很好地约束自己的行为。爱思考问题，表现欲强，发言积极，可说话时却有语言表达障碍，严重影响了语言表达，让人听起来很费劲。一次，张老师提问："你在图画中看到了哪个季节的景色?"亮亮"我、我、我……"地说了半天，也没说出自己的想法。

问题

1. 请用幼儿言语发展的有关知识，对亮亮的言语进行分析。
2. 在分析的基础上，提出干预的教育指导策略。

案例分析

亮亮的表现属于口吃。口吃是指说话时以言语中断、重复、不流畅为主要症状的语言障碍，在儿童中比较常见，患病儿童约占儿童总数的 5%。大约一半的口吃儿童是在 5 岁以前发病的。口吃多在幼儿期形成，也最容易在幼儿期纠正，如果得不到纠正，则可能伴随终身。

口吃症是由于心理原因所导致的言语障碍。形成原因有以下几点：(1) 因模仿而导致口吃。口吃的感染性很强,由于儿童的语言机能还不完备,容易受其他口吃的人影响,如孩子们之间的模仿,经常和口吃的人接触均可能导致口吃。(2)父母在儿童学说话阶段要求过急,孩子发音不准或咬字不清楚时,父母急于做过多的矫正,甚至在孩子一句话还没说完的时候就经常打断进行矫正,使孩子在心理上造成压力,在说话的时候出现紧张,害怕说错。越怕说错,心理压力越大,精神越紧张,失去说话的信心,而导致口吃。(3)突然的精神刺激,如受惊吓、环境突然改变等造成心理紧张而没有得到有效的缓解,也可能导致口吃。(4)遗传因素。口吃与大脑两半球优势或某种脑功能、语言器官功能障碍有关。

针对上述原因分析,对待口吃的孩子的态度应该:(1)以平常心对待。如果你紧张了,说话的语速、语调会流露出来,孩子受到暗示也会紧张,说话就更不流利了。(2)绝对不要取笑、表示厌恶、恐吓,甚至打骂孩子。(3)孩子在场时,不要和别人议论他,不要模仿他的口吃,要保护他的自尊心。(4)对孩子讲话时,成人要放慢速度,每个字说清楚,同时也要求孩子讲得慢,不要着急。但是,当他讲话有些拖长音或者重复,你就听着,不要重复学他,等他讲完,过一会儿让他再说一遍,有了每一次的经验,第二次再讲同一句话,就会好得多。(5)让孩子在说话之前先唱歌,这是日本育儿之神内藤寿七郎博士提倡的矫治口吃的方法。这种方法曾对许多口吃的孩子有所帮助,效果很好,孩子说话有了不口吃的体会,就会对说话产生自信,经过多次练习,就能治愈。(6)当孩子有一点改进时,就大大表扬,这可增加他说正常话的信心。

14. 怎样鼓励孩子爱说话?

案例描述

　　幼儿园的活动区活动是小朋友最自然、最高频发生言语交流的环节,孩子们随着游戏的进展可以尝试各种新鲜的词汇,更加用自主的语言来表达自己的想法。其中语言区与阅读区更是孩子们大胆表达自己的绝好良机。角色区里,几个三岁的孩子在玩过家家的游戏,一个小朋友当妈妈,给娃娃做饭吃:"你们(要)那个三明治吗?"另一个小朋友说:"有啦,三明治他们有啦。"美工区里,小朋友兴高采烈地展示自己的作品:"张老师,我一个画完了。"语言区里,恬恬小朋友第一次听《猜猜我有多爱你》,老师看她认真、稚嫩的样子好可爱,就在她耳边轻问:"猜猜我有多爱你?"恬恬认真地说:"&*※……空调……我就有多爱你。"(形容词说不出)老师笑、又问一遍:"猜猜我有多爱你?"恬恬唔哩唔地:"&*※……镜框……我就有多爱你。"老师笑着走开,她自己还在继续:枕头、灯泡……

　　3岁的恬恬,个性活泼开朗,妈妈每天早上送去幼儿园后还要赶去上班,所以时间很紧张,才刚3岁的恬恬经常是没有睡醒就被妈妈叫起来。这一天放学回家路上,恬恬和妈妈乘坐的出租车经过海河,恬恬兴奋地说了长长的一连串话:"&¥%……*&……赶集……"妈妈一般会在恬恬自主表达意思的时候非常高兴地鼓励她:"哦,恬恬懂得什么叫赶集了,好棒啊。"说完,妈妈又想,女儿怎么会突然提到"赶集"的事情呢,担心孩子没有完全理解,就讲开了:"恬恬真棒,是老师给恬恬讲的赶集的事情吗?""集市一般都在乡村,因为没有城市里的超市、商店,所以大家都把要卖的东西聚集在一起……"恬恬最后急了:"我说的不是这个……""我是说早晨 ganji 过海河……"哈哈哈,妈妈终于明白了:"恬恬,那是赶不及。"

问题

1. 请用幼儿言语发展的有关知识,分析案例中孩子们的言语。
2. 从理论与实践相结合的角度,提出促进幼儿言语发展的指导策略。

案例分析

几个小片段中孩子的语言都体现了语序的问题："你们(要)那个三明治吗?"中"要"这个动词的省略、"张老师,我一个画完了"其中"画完"与"一个"的颠倒,还有"＊＊有多＊＊,我就有多爱你"句式中孩子的语序错乱。但无论教师还是家长都没有呵斥或者笑话孩子,而是鼓励孩子大胆表达,建立在"敢说"的基础上再引导幼儿正确的表达,这就是幼儿语言发展中的重要原则之一——"敢说先于正确"。在孩子言语发展的进程中,几乎每时每刻都会接触新词、新句子,孩子们的积极性很高,经常也会指着不同的物体、不同的事件说出自己的想法。虽然难免有错误的发生,但也体现了孩子的学习与练习。这些都体现了孩子在学习语言过程中不断实践、不断发生问题、不断调整、再不断完善的过程。恬恬跟妈妈在一起说话是很高兴的事情,听到这样的张冠李戴真是好笑,但也体现了词义理解在幼儿言语发展过程中的重要性。恬恬没有完全表达清楚、妈妈也没有完全理解,但是还好,活泼、开朗的恬恬最终向妈妈提示了理解的差异。恬恬对"赶及"或"赶不及"这样比较抽象的词语,最初是保留了自己的模仿,但却不知其深入内涵。

鼓励孩子说话,可以采取以下策略:(1)家长应以鼓励孩子具有表达自己想法的意愿为主要目标,为孩子创造良好的语言表达环境。如:家庭成员日常生活中聊天、沟通的情境,都对孩子大胆表达自己的想法有所帮助。(2)了解孩子言语发展的特点。幼儿的口头语言发展除了有"语言不完整""词义笼统"等特点外,还会出现"词序颠倒""词意理解不准确"的现象。3—6岁儿童,对词义的理解会表现出两个特点,一是从理解具体意义的词到理解抽象意义的词,二是从理解词的具体意义到理解词的抽象意义。因此,成人在与儿童沟通或是帮助儿童言语发展的过程中,应该注重对词义的讲解。在这个案例中,显然妈妈前期对"赶不及"的解释不够全面,造成了后来孩子使用情境的不明确。日常生活中,家长应使用准确、简练的语言与幼儿进行交流,避免幼儿养成不良的语言习惯或用词习惯。尤其要避免讲粗口、攻击他人等不良语言习惯的衍生。成人应该用自己的丰富词汇、变化语调和灵活的表达方式来帮助幼儿积累语言表达经验,更要鼓励幼儿在日常生活中的大胆练习与实践。(3)在与孩子交流的过程中,坚持"敢说先于正确"的原则。当孩子说话出现错误时,家长一定不要指责其使用词汇的歧义与失策,更不要嘲笑孩子的语言表达失误,而要首先肯定孩子敢于表达的勇气,鼓励孩子表达的愿望与想法,然后再用自然、可亲的准确方式表达给孩子听,引导孩子逐步积累正确的词汇、语序与表达方式。对于词语的使用,我们应该抓住初用和自主使用两个时期的不同指导策略。在初用的时候,家长应将词义乃至不同的使用场景和特定的含义讲给儿童听,讲的时候一定要转换成为3—4岁幼儿能够理解的语言。在自主使用的时期,家长应根据幼儿使用的场景和具体情况给予不同的分析与讲解,明确使用的方法和不同的含义。

15. 讲故事做动作

案例描述

王老师在幼儿园教学中使用大量直观形象的教具,以帮助幼儿理解教学内容,在给孩子讲故事时,讲到"大象用鼻子把狼卷起来"时,总是用手做出"卷"的动作,说到"大象把狼扔到河里去",又用手做出扔的样子,孩子们也学着王老师的样子做出相应的动作,脸上会露出会意的笑容。

问题

1. 此案例体现了幼儿思维发展的什么特点?
2. 案例中王老师的教学方法适宜吗?为什么?

案例分析

案例体现了幼儿的思维发展具有具体形象性的特点。幼儿期,儿童的思维主要是依靠表象,即依靠事物在头脑中的具体形象的联想进行的。这种思维被称作具体形象思维。幼儿离开了具体形象,其思维活动就难以进行。

王老师在讲故事时辅助动作表演,如讲到"大象用鼻子把狼卷起来"时用手做出"卷"的动作,说到"大象把狼扔到河里去"用手做出扔的样子,而且王老师的动作与其讲述的故事内容相一致,这样做可以充分运用身体语言增强讲故事的效果,做动作能够有效唤起幼儿头脑中的表象,符合幼儿具体形象思维的特点,所以王老师的教学方法是适宜的。

16. 我上幼儿园啦!

案例描述

又是一年的九月份了,刚满3岁的红红就要开始她的幼儿园生活了。红红平时是一个十分乖巧且独立性非常强的孩子,而且红红也总是说自己愿意去幼儿园,因为幼儿园里有很多好玩的。可是,事实上却是另外一种情况:孩子每天入园成了红红妈妈最头疼的事情,因为每当妈妈离开时,红红都要大哭大闹,有时这种焦虑和紧张的情绪从刚出家门的那一刻就开始了。在幼儿园的一天中,红红也是十分的"任性",每天就跟在她进班时接待她的保育员老师的身后,几乎不参加集体活动;在吃饭的时候明明可以自己吃,却必须由老师喂饭;遇到自己不喜欢吃的饭菜,也不会告诉老师,而是直接吐到碗里面;一到午睡的时候红红又开始哭闹,必须由保育员老师陪同入睡;入睡后睡眠时间短,醒来之后又是一顿哭闹。晚上回家后,红红总是告诉妈妈,"不想去幼儿园了,幼儿园的老师和小朋友我都不认识,一点也不好玩"。

问题

1. 请运用心理学知识,分析红红的行为表现属于哪个方面的问题。
2. 针对红红的这一情况,提出相应的教育指导策略。

案例分析

红红的行为表现属于入园初期的"入园焦虑"问题。所谓"入园焦虑"是指婴幼儿因与亲人分离而引起的焦虑、不安或不愉快的情绪反应,其明显的表现是分离焦虑。从案例中的描述可以看出,红红的分离焦虑主要是由于从家庭到幼儿园、从熟悉环境到陌生环境的转变引起的。

针对这一问题,作为幼儿园和幼儿园老师来说,可以采取以下三种教育指导策略:(1)入园前开展相应的亲子活动,由家长带领幼儿提前来到幼儿园,熟悉幼儿园环境,并通过相应的活动,使幼儿与幼儿园的老师、班级中的其他小朋友有一定程度接触。(2)重视"入园前的家访工作",入园前的家访是老师与幼儿交流、认识的重要途径,教师可在家访过程中通过游戏、赠送小礼物等行为和幼儿进行初步交流,一定程度上缓解幼儿入园后对老师完全陌生的情况。(3)实行"时间梯度入园",即在入园初期,在"在园时间逐渐增长,直到完整日托"的总原则下,允许幼儿弹性调整自己在园时长。

17. 我不爱数数

案例描述

　　小明在很多方面都很优秀，但就是对数字非常不敏感，只要是和数字、数理逻辑有关系的事情，甚至是游戏，如幼儿园里的数字跳棋，小明都表现出十分没有兴趣，可是妈妈觉得孩子数学不好、对数学不感兴趣说明小明不聪明，因此妈妈非常着急。有一天，小明的妈妈听说一种教学方法，就是把要教的知识融入日常生活中去，而不是生硬地教孩子数数。妈妈觉得很有道理，于是，每天坐电梯的时候妈妈总会问："咱们家住几层？我应该按哪个数字呢？"吃饭前，也总是问小明："你数数今天有几道菜？"小明总是拒绝回答，时间长了，没等妈妈开口小明总是说："别问了，烦！"

问题

1. 请运用心理学知识，对案例中小明的表现进行分析。
2. 结合相关理论，为小明的妈妈提出有针对性的教育指导对策。

案例分析

　　根据加德纳的多元智能理论，一个人在八大智能中的发展是不均衡的，有强势，有弱势。就像小明这样的表现，在很大程度上说明，数理逻辑智能可能是小明较为弱势的智能，但是这不能代表小明不聪明，数理逻辑智能只是众多智能中的一种而已。

　　根据加德纳的多元智能理论，提出如下两项教育对策：（1）小明的妈妈首先应该纠正自己的错误的观念，数理逻辑能力或者说对数字及相关游戏不敏感，不能代表小明不聪明，因为根据加德纳的多元智能理论，数理逻辑智能是八大智能的其中之一，此项智能弱势并不代表孩子智能发展不好，家长应该用心观察、了解、关注小明优势智能的发展。（2）强势智能带动弱势智能的发展是多元智能理论重要的智能发展观。因此，聚焦到本案例中的具体情况，小明妈妈可以摒弃这种生硬的教育方法，从小明感兴趣或者强势智能入手，将数字教育内容融入其中。如果小明非常喜欢玩积木，妈妈要和小明一起玩积木；第一天就只是单纯快乐地玩，让小明充分体验和妈妈一起玩游戏的快乐；第二天，妈妈告诉小明"我要搭一座大房子，你给我当搬运工吧"。搭房子的过程中，妈妈不断地要求小明"运送"长短不一、粗细不同的"木头"，让小明在运送过程中不知不觉地感受"长短，粗细"等概念；第三天，妈妈把积木上都标上了数字，告诉小明，"我需要三号积木，四号方砖"，让小明在游戏过程中进行数字学习、掌握数概念。

18. 我是奥特曼

案例描述

　　以下案例是中班张老师在连续一天内收集到的关于小明的观察记录。

场景一：（时间：早饭过后；地点：娃娃家）

　　　　小明："老师，你看我的枪厉害吗？"

　　　　老师："你们在玩什么游戏？"

　　　　小明："我们在玩奥特曼打怪兽的游戏呢！"

老师："你扮演的是谁?"

小明:"我当然是奥特曼了,奥特曼特别厉害,有特别多的能量。"

场景二:(时间:午饭时间;地点:餐厅)

小明:"老师,我午饭一定要多吃点,因为我没有能量了,没有能量就不能保护这个地球了。"

过了一会,小明又说道:"老师,我不吃了,我只要吃一点,就能恢复能量。我早晨起来都没有能量了,我感觉好多人在压着我呢,到处都是怪兽。"

场景三:(时间:午休;地点:卧室)

在午休时间,小红在脱衣服的时候不小心碰了老师一下,被小明看到了,小明着急地说:"不许你伤害我的老师,否则把你赶出地球……"说完,小明转身对老师说:"老师你别害怕,我会保护你的。"

场景四:(时间:下午;地点:活动室)

小朋友们都在安静地听故事,小明突然起身,冲着阳台的玻璃就打,而且嘴里振振有词:"我要打死你们这些怪兽,我不许你们进来……"

问题

1. 案例中小明的行为反映出幼儿心理发展的哪些特点?
2. 教师如何利用幼儿的这些心理发展特点开展教学活动?

案例分析

案例中小明的行为,一方面说明了观察模仿是幼儿主要的学习方式之一,另一方面体现了幼儿想象发展的特点。(1)班杜拉的社会学习理论认为,观察是儿童进行社会学习的重要形式,通过观察所获得的信息以心理表象或其他符号表征的形式储存在大脑中,来帮助幼儿模仿学习他人行为。从案例中,我们可以看出,小明深受奥特曼这个卡通形象的影响,在现实生活中,多次出现对奥特曼的模仿行为,这说明观察模仿是幼儿学习主要方式。(2)小明将卡通片中的虚幻世界带到现实世界中,并表现出明显的混淆现象,这是幼儿想象的突出特点。想象常常脱离现实或与现实相混淆是幼儿想象的突出特点,具体表现在:幼儿的想象具有夸张性、常常把想象的事情当做现实中存在的,或把自己心中的愿望当做现实。

由于观察是幼儿学习的主要形式之一,所以幼儿教师必须仔细筛查呈现给幼儿的教育内容,注意教育内容的适宜性;与此同时,作为幼儿在学前教育阶段的教养者,教师也是幼儿模仿的对象之一,因此幼儿教师在教育教学过程中一定要注意自己的言行举止,为幼儿树立良好的榜样。此外,针对幼儿想象经常与现实混淆的特点,幼儿教师应该有意识地引导幼儿分清现实与想象,提高幼儿想象发展水平。

19. 善解人意的嘟嘟

案例描述

2岁的嘟嘟一直都十分乖巧、听话,最近妈妈又发现了嘟嘟的一个优点,那就是善解人意。事情是这样的,妈妈和嘟嘟在公园里一起玩,突然从不远处传来一个男孩的哭声,听到哭声,嘟嘟立刻向那边望去,并示意妈妈走过去。当妈妈和嘟嘟走到小哥哥面前时,发现原来小哥哥的风筝掉在水里了,看看小哥哥一直在哭,嘟嘟走过去,把自己心爱的小铲子递给了哥哥。

问题

1. 请用心理学中移情的相关理论，分析嘟嘟的行为。
2. 请谈一谈如何发展幼儿的移情能力。

案例分析

移情是指一种既能分享他人情感，对他人的处境感同身受，又能客观理解、分析他人情感的能力。幼儿在出生后，移情能力经历不同阶段和水平的发展，2岁的嘟嘟正处于移情发展的第二个阶段，即"自我中心的移情"，此时的嘟嘟自我意识开始萌芽，能够认识到自己与他人的不同，但是还不能充分区分自己与别人的内部状态，在移情能力上会表现出：面对别人的悲伤，她会进行安慰，安慰的手段建立在自我感受的基础上，常表现为赠送自己最爱的玩具或物品，认为就此别人也会喜欢，从而变得不再伤心了。

发展幼儿移情能力可以从以下四个方面着手：(1)注重幼儿对他人情绪表达的知觉能力。(2)训练幼儿对他人所处情境的理解。(3)丰富幼儿的情绪情感体验。(4)利用角色扮演提高幼儿的移情能力。

20. 小 霸 王 晨 晨

案例描述

晨晨是小一班乃至整个幼儿园都非常有名的"小霸王"，他的"霸气"表现在很多方面，比如，每次区域活动时晨晨都会选择建筑区，只要他选择了这个区域，他都会用一块地垫当做门，把所有小朋友都挡在外面，如果谁要进来，晨晨肯定要把别的小朋友推出去，有时候甚至打小朋友。又如，吃饭的时候，晨晨剩下了饭菜或者把饭菜掉到地上了，当别的小朋友善意提醒他时，晨晨总是会迅速站起来，把对方的饭菜推到地上，有时甚至会说："我要杀死你，我讨厌你。"每当老师试图教育晨晨时，他总是会大哭大闹，甚至打老师。

问题

1. 请运用心理学知识，分析晨晨的行为表现。
2. 请分析引发晨晨这一行为的因素有哪些。

案例分析

根据案例中的描述，晨晨的行为属于典型的攻击性行为。所谓攻击性行为是指他人不愿意接受的、故意的伤害行为。根据心理学中对幼儿攻击性行为特点研究和案例中的描述来看，小班的晨晨攻击性行为多以身体上的攻击为主。

影响幼儿攻击性行为的因素有很多，主要包括以下三类：(1)生物学因素。晨晨的气质类型可能属于"困难型"，困难型的幼儿会在学前期表现出较高的焦虑和攻击性。再如，攻击性行为与雄性激素的水平有关，雄性激素过多，个体在受到威胁时会表现出较多的攻击性行为。(2)环境因素。环境中的家庭、同伴、社会文化传统、大众传媒都会对幼儿的攻击性行为产生影响。根据班杜拉的社会学习理论，观察学习是儿童进行社会学习的重要途径，因此环境中的各因素都会对幼儿起着潜移默化的影响。若家庭中家长总是表现出过多的焦虑与攻击性，幼儿接触暴力卡通片较多都会让幼儿出现较多攻击性行为。(3)认知因素。幼儿对社会行为的认识和对情境信息的识别也能够影响幼儿是否产生攻击性行为。

21. 爱说话的硕硕

案例描述

　　周末,2岁的硕硕和妈妈一起去奶奶家,一到奶奶家,硕硕就十分激动地冲着奶奶跑过去,描述自己在路上的经历,可是说了半天,奶奶也没有听懂多少,以下是硕硕和奶奶的几段对话:

　　硕硕:"奶奶,爸爸,妈妈,买糕了。"

　　奶奶:"啊? 硕硕的意思是爸爸妈妈给硕硕买雪糕了?"

　　硕硕:"嗯……"

　　……

　　硕硕:"奶奶,买好吃的……"

　　奶奶:"硕硕让奶奶给买好吃的呀,好的,一会儿就去超市买。"

　　可是听到奶奶的解释,硕硕却摇摇头,拉着奶奶走向门口,指了指门口的袋子里,奶奶这才恍然大悟,原来是"硕硕给奶奶买来了好吃的"。

? 问题

　　1. 根据案例中的描述,分析硕硕的言语发展处在哪个阶段。
　　2. 简述学前儿童言语发展经历的三个阶段。

案例分析

　　根据案例中的描述,2岁的硕硕言语发展正处在双词句阶段,硕硕的言语明显地表现出这个阶段的特点:句子简单,句子不完整的特点。

　　学前儿童言语发展大致经历以下三个阶段:(1)单词句阶段,这个时期的幼儿最典型的特点是用一个词代表一句话的含义,表现为单音重复、一词多义和以词代句。(2)双词句阶段,双词句是指由两个或三个单词组成不完整句子,也称电报句。双词句阶段的特点是句子简单、句子不完整、词序颠倒。(3)完整句阶段,此时幼儿语句开始从混沌一体逐渐分化,并且句子结构从松散到严谨,从压缩呆板到灵活。

22. 奇怪的毛毛

案例描述

　　新学期伊始,很多小班幼儿都存在不同程度的入园焦虑,可是毛毛却是个例外。他每天去幼儿园的时候都非常兴奋,总是告诉妈妈:"幼儿园里有好多好吃的,好玩的,我非常愿意去幼儿园。"可是最近几天不知道为什么,毛毛的情绪非常低落,早晨一到去幼儿园的时候就大哭大闹,和妈妈分别的时候也不像过去那么快乐了。

　　妈妈百思不得其解,于是把这一情况告诉了老师。后经过老师的观察发现,原来最近毛毛一直和分离焦虑比较严重的小红坐在一起,小红总是在一天中数次哭泣,并总问老师:"妈妈什么时候来接我? 我不愿待在这儿!"每当小红哭的时候,坐在旁边的毛毛总是不知所措地看着她。

问题

1. 请运用心理学知识，分析毛毛情绪变化的原因。
2. 请你为毛毛的妈妈和老师提出合理指导建议，帮助她们解决遇到的难题。

案例分析

从案例中的描述，我们可以看出，毛毛的情绪受到了小红的影响才会出现不愿意去幼儿园的情况，这体现了幼儿情绪情感发展中不稳定、易变、易受传染的特点。幼儿大脑皮质对皮下中枢的控制能力不足，致使幼儿不能像成人一样很好地控制自己的情绪。

指导建议：针对幼儿情绪易受感染的这一特点，可以采取以下措施：（1）关注幼儿情绪变化，并有针对性地进行支持与帮助。（2）鼓励幼儿分享积极情绪，教师可以组织相应的分享环节，请小朋友讲一讲让自己高兴的事情，或者等幼儿回家后，家长可以有意识地问一些幼儿在幼儿园里高兴的事情。（3）适时将出现消极情绪的幼儿带离集体环境，防止消极情绪之间的相互传染。（4）教给幼儿一些控制和表达情绪的方法，例如，当自己难过的时候可以选择哭，但是哭一会儿之后就必须停止；或者自己安静地坐一会；或者找些自己喜爱的玩具，分散注意力。

23. 排 练 的 烦 恼

案例描述

"六一"儿童节马上就要到了，苗苗幼儿园打算举办一场亲子联欢会来庆祝小朋友的节日，幼儿园的老师们都觉得这是一次展示教学成果与幼儿风采的机会，都精心挑选了适合本班孩子喜好和年龄特点的节目，可是在排练的过程中，老师们都不同程度地遇到了难题，那就是排练进展缓慢，原来是因为无论老师如何提醒，孩子们跳舞时，常常注意动作，就忘了表情，或者注意了动作，就无法保持队形的整齐……

问题

1. 请你运用心理学相关知识，解释幼儿为什么会出现这种情况。
2. 请你根据幼儿的这一发展现状，提出合理建议。

案例分析

根据案例中的描述，我们可以看出幼儿在注意分配的发展水平较低。所谓注意分配是指一个人把自己的注意同时指向于不同的对象或活动。根据案例中的描述，幼儿在同时兼顾两项及以上任务的时候不能很好地完成注意分配，在关注动作的时候不能兼顾表情，注意表情的时候不能兼顾队形变化与整齐。

当同时兼顾多项任务的时候，要想很好地完成注意分配，必须同时满足两个条件：一是至少一种活动达到熟练程度，二是两个活动之间不相互排斥。因此，教师或家长在教育幼儿过程中，如果活动需要幼儿进行注意分配，那么可以采取分解动作练习或分步骤练习，让幼儿熟练掌握其中一种，然后再加以配合，并给予幼儿一定时间练习。

24. 聪明的嘟嘟

案例描述

　　今天是嘟嘟百天生日宴,嘟嘟家来了好多叔叔阿姨,嘟嘟瞪大了双眼看着其中一位穿大红色外套的阿姨,这位阿姨走上去摸着嘟嘟的小脸蛋说:"好可爱的小宝宝,你看他在笑着看我呢,他真的很喜欢我呢。"在妈妈跟客人们说话的时候,嘟嘟好像能听懂妈妈的话似的,时不时把头转过来看看妈妈,一会妈妈觉得嘟嘟可能渴了,于是就喂嘟嘟喝水,但是他却只喝了几口就不喝了,妈妈想起来是忘记给嘟嘟加糖了,阿姨们急忙帮妈妈把糖拿过来,糖水还没喝完,嘟嘟突然哭了起来,妈妈想了想,哦,一定是该换尿布了吧,妈妈一看,果然是这样。

? 问题

请结合心理学相关知识回答以下两个问题:
1. 嘟嘟一直看着穿红色衣服的阿姨,是因为真的非常喜欢这个阿姨吗?
2. 嘟嘟为什么总是往妈妈的方向转头,是因为能够听懂妈妈的话吗?

案例分析

　　心理学研究表明,百日的孩子已经能够分辨颜色了,能够区分彩色与非彩色,而且比较偏爱明亮、温暖的颜色。客人阿姨穿着一件红色的衣服,嘟嘟能够分辨,且对红色这种明亮温暖的颜色有所偏爱,因此,嘟嘟总是盯着这位阿姨看,而并非非常喜欢这位阿姨。

　　心理学研究表明,3个月左右的婴儿已经具备听觉定位的能力,即听到声音后能够较为准确地寻找声音来源,而且婴儿具有听觉上的偏好,比较偏爱母亲的声音,因此嘟嘟总爱把头转向母亲。

25. 王老师的烦恼

案例描述

　　场景一:
14:30　中班王老师请小朋友做算数题,佳佳盯着自己的课本,不时抬起头看着黑板。
14:40　佳佳用完橡皮后,开始用手抓橡皮并涂上颜色,涂好后让同桌小朋友看。
14:45　佳佳盯着教室外面正在叮叮当当进行粉刷工作的装饰工人,不时拿起自己涂抹过的橡皮瞅一下,画一笔。
14:48　王老师点名了,佳佳才去注意没有做完的题目,开始做题。
班里还有几个像佳佳这样的孩子,使得王老师很苦恼,不知道该拿他们怎么办。
　　场景二:
　　王老师是幼儿园英语老师,一次课上王老师教小朋友们认识关于水果的英语单词,为了增加小朋友们的兴趣,王老师精心制作了彩色水果卡片。为了不浪费时间,王老师把所有要学的、带有彩色图案的英语单词卡片都分发给了小朋友们。拿到卡片的小朋友,看到上面诱人的水果图画,根本无法按照王老师的要求认读单词,而是热烈地讨论起"自己爱吃哪种水果"。王老师见状,十分生气,花了好长时间才把小朋友的注意力吸引回来。

? 问题

1. 请结合案例描述，说一说幼儿注意力发展特点。
2. 请结合案例，提出促进幼儿注意力发展的教育指导对策。

案例分析

幼儿注意力发展特点主要表现为不稳定，易分散，无意注意占优势，有意注意发展水平有限。从案例中的描述我们可以看出，场景中的佳佳对于王老师交代的任务，表现出任务意识和坚持性较差，任务完成过程中总是容易受到外界干扰，自身注意力很难集中。场景二中的幼儿在面对任务时，被无关信息所吸引，表现出无意注意占优势的特点。

在日常教育教学中，王老师应该在幼儿注意力发展特点基础上，给予适宜的指导：（1）根据幼儿外部表现，有意识观察幼儿注意力，并在适当时候做出提醒。（2）在日常教育教学过程中，注意防止幼儿注意分散：一是防止无关刺激的干扰，案例中佳佳的注意力被外面装修的声音所吸引，因此王老师应注意教学环境的设置，消除无关因素的干扰，避免吸引幼儿无意注意的因素；二是制定合理的生活制度，保证幼儿有充足的睡眠时间，切忌过多的精力消耗；三是有意识地培养良好的注意习惯；四是提高教学质量，灵活运用无意注意和有意注意的规律，使两种注意交替进行，促进幼儿持久注意。

26. 兰兰画画

案例描述

兰兰是幼儿园中班的孩子。一天，她拿起纸和笔画画，画之前她自言自语地说："我想画小猫咪。"先画了猫头、猫耳朵，再画猫眼睛。然后画了条线，说这是草地，在上面画了绿草小花，接着又画了只兔子。她一边画一边说："哎呀，不像、不像！……像什么呀？……像小火车。"这时，她又突然想起来："小猫还没嘴呢！也没画胡子。"于是又画了起来。

? 问题

1. 兰兰的行为表现反映了兰兰想象力发展的什么特点？
2. 请提出促进幼儿想象力发展的教育指导策略。

案例分析

案例中描述的兰兰画猫的过程反映出幼儿想象的一个突出特点：幼儿的想象以无意想象为主，想象的主题不稳定，容易变化。兰兰开始时画的是猫，但是，当她画到线条于是改画草地、小花和小兔；随着画作的继续，根据画出的图案，又把画作想象成火车。可以看出，兰兰作画没有稳定的主题，不能按一定的目的进行下去，很容易从一个主题转到另一个主题。这说明幼儿的无意想象占优势。

促进幼儿想象力发展的建议：（1）丰富幼儿的记忆表象，为其想象提供足够基础与素材；（2）通过丰富多彩的游戏、音乐、文学等活动发展幼儿创造想象能力；（3）注重培养幼儿的有意想象；（4）教给幼儿表达想象形象的技巧。

27. 冲 动 的 强 强

案 例 描 述

　　强强是幼儿园大班的孩子,无论参加什么活动,他都十分积极主动,精力旺盛;就是平时做事很急,想干什么就立即行动,想要的东西也必须马上得到,否则会坐立不安。强强做事有闯劲,但时常马马虎虎。强强待人大方,热情直率,爱打抱不平;但喜欢别人听从他的支配,否则便大发脾气,甚至动手打人,事后虽也后悔,但当时总是难以克制。

问题

1. 请运用心理学知识,分析强强的气质类型。
2. 根据幼儿四种不同的气质类型特点,如何有针对性地因材施教?

案例分析

　　根据案例中的描述,强强精力旺盛、感情用事、做事冲动,他的行为表现基本上符合胆汁质的基本特征,强强的气质类型应该属于胆汁质。

　　教师对幼儿的教育,要充分考虑到每个幼儿的气质特点,针对不同气质类型的幼儿实施不同的教育方法。对胆汁质的幼儿,要培养其勇于进取、豪放的品质,防止任性、粗暴;对多血质的幼儿,要培养热情开朗的性格及稳定的兴趣,防止粗枝大叶、虎头蛇尾;对粘液质的幼儿,要培养积极探索精神,以及做事踏实、认真,防止墨守成规、谨小慎微;对抑郁质的幼儿,培养机智、敏锐和自信心,防止疑虑和孤独。

28. 讨 厌 的 阳 阳

案 例 描 述

　　一天早上自由活动时间,大一班的一名幼儿跑来向老师告状:"老师,阳阳把我的柜子涂了乱七八糟的颜色,我说了不让他弄,他偏弄。"之后纷纷有幼儿来告状:"老师,那天洗手时,阳阳突然从后面抱住我,我生气了让他松开,他最后用力推了我一下。""老师,昨天我们在建筑区玩游戏,阳阳去那儿捣乱,把我们要完成的作品给破坏了,可把我和其他小伙伴气坏了。"抱怨的声音此起彼伏,充斥了整个教室……

问题

1. 运用心理学的相关知识,从社会性发展的角度对案例进行分析。
2. 针对此案例中的情况,提出教师指导幼儿改善同伴关系的策略。

案例分析

幼儿的同伴关系是衡量其社会性发展的重要手段，也是幼儿社会性学习的重要内容。同伴关系直接影响着幼儿社会交往能力的发展。根据社会测量法，幼儿的同伴关系分为受欢迎者（得到同伴正面提名多，负面提名少）、被拒绝者（得到同伴负面提名多，正面提名少）、被忽略者（得到同伴正面及负面的提名都少）、有争议者（同时得到同伴正面及负面的提名）和一般者（得到同伴正面与或负面的提名都属一般程度）。案例中的阳阳属于被拒绝者，大多数幼儿不喜欢他，被拒绝者往往具有自私、不守规矩、攻击性强、捉弄别人等特点，阳阳的行为表明，他不能很好地与同伴相处，没有掌握一些必备的与他人交往的能力和技巧。

结合幼儿同伴关系的类型，教师要进行有针对性的指导：对于被拒绝者，教师要在班级中帮助他树立良好形象，具体的指导策略包括：（1）建议幼儿保持整洁的外表；（2）个别谈话，使其明了受排斥的原因，提醒其自我约束，并指导与人相处的技巧；（3）赞美其优点，加强其自信心；（4）安排被拒绝者与受欢迎者一起游戏活动，以起到潜移默化的影响功效；（5）给予他们为班级服务的机会，并当众夸赞其良好行为，以获得同伴的认同与接纳；（6）与班上幼儿讨论改变被拒绝者言行的方法；（7）以角色扮演、小团体活动方式让幼儿有机会表达自己及倾听他人不同的想法或感受，进而学习同理心及角色取代的概念；（8）做家长工作，请家长配合，家园共育。

29. "反正不是我的错!"

案例描述

新学期开始的新鲜感过后，一些问题便悄然显现出来。贝贝近几天总是晚来园或不来园。晚来时也总是在门口和奶奶讲条件，按理说他已经是大班小朋友了，不该有这种情况出现。于是，老师更加关注贝贝的表现了。仔细观察后，老师发现贝贝缺少朋友。他与小伙伴在一起时，总是很霸气。事事要别人听他的，不满意时便会发脾气，甚至拳脚相加。这样一来，和他玩到一起的伙伴寥寥无几。当小朋友和他发生争执向老师告状时，老师积极引导帮助他，但他总是有话说，最后总要加上一句："反正不是我的错。"

为了进一步了解贝贝的情况，老师与贝贝的奶奶进行了沟通。贝贝的奶奶对老师说："贝贝回家说，老师和小朋友不喜欢我啦！我没欺负小朋友，他们就给我告状，我不想去幼儿园了。"奶奶还告诉老师，贝贝的父母离异了，所以经常轮流在双方家里住，家里人都很疼爱他，从没有受过委屈。老师明白了，于是对奶奶说："贝贝虽然是个大孩子，但是经过一个假期，他同样需要调整的过程。"奶奶表示赞同，并坚持送他来幼儿园。

问题

1. 分析贝贝不想来幼儿园的真正原因是什么。
2. 作为教师应该提供哪些支持性策略。

案例分析

贝贝特殊的家庭环境对他造成一定的影响。父母离异，贝贝在奶奶和爸爸、姥爷和妈妈两个家庭之间生活，两边各住几天。双方老人都很宠爱孩子，都想抢夺自己在孩子心目中的位置，溺爱多于要求。

家长的补偿心理造成对他的妥协求全。同时,孩子的焦虑与自我保护心理也是原因之一。不稳定的生活使他常担心失去爱,疑心别人不喜欢自己,因而产生一种自我保护的心理需求,常会借口为自己辩护。刚刚开学他与老师、小朋友的亲近感还没有恢复到以前的状态,便疑心大家不喜欢自己,进而将之转化为一个不想来幼儿园的借口。

教师应该尽可能地多与双方的家长进行交流,达成教育的一致性。多为孩子创设与老师、小朋友交流的机会与条件。引导大家表达对贝贝的喜爱之情,帮助他提高交往能力与自我约束能力,使他感受到集体的温暖和快乐。

30. "阿翔欺负我!"

案例描述

松松每天很早就来到幼儿园,总是高高兴兴的,有什么事都愿意和老师说,很少与小朋友之间发生冲突。但是今天离园后,妈妈又领他转了回来。"你跟老师说说是怎么回事?"妈妈边说边冲老师挤了挤眼,看似是遇到了不易解决的问题。

老师转向松松,发现他阴沉着脸,一改往日的活泼,便问:"怎么回事?"他一言不发,只是低着头。老师把他拉到身边,抚摸着他的头说:"松松有什么事都喜欢和老师说,对不对?"他点点头,而后小声地说:"阿翔欺负我! 他打我的头。""什么时候?""中午。""那你为什么不和老师说呢?"他不语。

老师与松松做了简短的交谈,使他懂得遇事应及时告之老师,不应等妈妈来解决,再有就是,赌气不告诉妈妈事情的经过也是不对的。这时,松松的情绪缓和了许多,便和妈妈离开了幼儿园。

这件事令老师很费解,阿翔是个内向、乖巧、懂道理的孩子,小朋友们都很喜欢他。他怎么会欺负松松呢? 即使欺负了,为什么松松一点委屈的表现都不曾有,也不对老师讲,只是在见到妈妈之后才发作呢?

问题

1. 请分析松松受欺负为什么在家长来之后才表现出来。
2. 教师应该如何处理这个问题?

案例分析

假期后的孩子不大适应有约束感的集体生活,情绪波动较大。一些平日不善表现的孩子也会避开老师的视线,暗自发泄一下。独生子女家庭中的孩子自我中心较强,容易与同伴因为点滴小事发生矛盾,斤斤计较。松松有一定的自律意识,在老师面前能够约束自己,但见到家长后立刻发泄出来了。

教师要引导孩子们尽快适应新学期的集体生活,细心观察幼儿的行为表现,对幼儿的心理问题及时疏导。使幼儿懂得有事及时与老师、小朋友讲明,大胆表达自己的情感。同时在活动中明确要求,帮助孩子逐渐建立规则意识。

31. 大眼睛琦琦

案例描述

琦琦的眼睛大大的，但又怯怯的。平日里，她和老师、小朋友很少说话，回答别人的问话时，眼睛也从不敢正视对方。特别是见到陌生人后，总是显得很拘谨，能躲开就躲开，躲不开她就一言不发。一次，大家正准备去户外锻炼，看到多日没来幼儿园的文文小朋友在院子里了，大家高兴地跑下楼去看文文。于老师观察到琦琦慢吞吞地留在后边，等到了楼道口，她迅速地躲开大家，跑到了大型器械后躲起来。琦琦为什么会这样呢？她在心理和情感上会有什么特殊需要呢？

通过和家长沟通，于老师了解到琦琦的父母都是外地人，在这个城市里没有什么亲戚，和外人交往的机会很少，因此缺乏与人交往的经验，胆子较小，缺乏自信，害怕和别人交往。于老师感到琦琦需要大家的特别关爱。

琦琦生日那天，于老师引导小朋友们一起商量着如何给她过生日。有的要为琦琦唱生日歌；有的建议点上蜡烛，让她许个愿；有的要献上祝福的话语；还有的小朋友要制作礼物。讨论之后，孩子们就按照自己的想法行动了，再看琦琦的脸上一改往日害羞的神情，乐得合不拢嘴，一个劲地说："好啊！好啊！"不一会儿，她就收到了一塑料袋各式各样的小礼物，几个小朋友还在她耳边说起了"悄悄话"，在积极的情感交流的影响下，琦琦一改往日的羞涩，大胆地和同伴愉快游戏了。

问题

1. 请从个性发展的角度对琦琦的行为进行分析。
2. 如果你是琦琦的老师，你将如何帮助她呢？

案例分析

3—6岁是个性开始形成的时期，初步形成了对人、对事、对自己、对集体的一些比较稳定的态度，同时出现了最初的比较明显的心理倾向，开始表现出初步的个人特点，这表明幼儿开始形成最初的个性。从琦琦的行为表现可以看出，她的性格较内向，气质类型偏向于发动缓慢型，对环境变化不容易适应，在陌生的人或物面前反应退缩，但如果在没有压力的情况下，对新异刺激也会慢慢感兴趣，并慢慢活跃起来。

案例中琦琦的发展变化，正是教师观察分析，与家长沟通后，通过创设安全、愉快的心理氛围，满足她的特殊需要后的结果。如果我是老师，我将从以下三个方面帮助琦琦：（1）通过集体活动培养琦琦良好的个性，让琦琦在长期的集体生活中，培养其关心他人、诚实助人、团结协作、自信心和责任感。（2）通过各种游戏活动培养其良好个性。对于幼儿来说，游戏是活动的主要形式，也是幼儿最喜爱的活动，所以，要把个性培养贯穿于幼儿一日生活的各种游戏活动中。例如，在游戏中可以培养琦琦的坚持性、做事专注等。

32. 淘气的小黑豆

案例描述

　　一天下午，小朋友刚刚起床，有人发现在那个装着白鳔的瓶子里洒进了一些黑豆，黑豆原本是放在观察角的小瓶里，这是怎么回事呢？孙老师问大家谁知道这件事，没人回答。正在这时，一个小朋友说："我看见睡觉前，彬彬玩过黑豆。"孙老师把目光转向他，刚要开口，他理直气壮地说："不是我。"看着他那坚定的神情，孙老师随即用信赖的目光望着他，大声地对大家说："彬彬最聪明，咱们就请他来当小侦探，帮助大家查清这件事吧。"小朋友们表示同意。

　　孙老师悄悄观察着彬彬，见他一会儿看看老师好像要说些什么，一会儿又转过头去好像是在想什么，满腹心事的样子。当小朋友们在安静地做自己的事情时，孙老师走到他身边，蹲下来，低声问："彬彬，发现什么了吗？"他的小脸红红的，不好意思地笑了笑。孙老师自言自语地说："淘气的小黑豆到底是怎么跑进去的呢？"他听后用小手捂着嘴小声说："孙老师，小黑豆是我放进去的，您别告诉大家，行吗？"孙老师会意地点点头，他充满感激地笑了。这时，孙老师又问："彬彬，你为什么要把小黑豆放进白鳔里呢？""我想看看白鳔会不会变黑。""结果呢？""不会变黑！"孙老师和他都笑了。

问题

1. 孙老师为什么没有揭穿彬彬的说谎行为？
2. 面对孩子说谎，教师应该怎样做？

案例分析

　　彬彬自尊心很强，担心小朋友的指责和老师的批评而说谎，不承认自己的过错。如果孙老师直接指出彬彬的说谎行为，不但解决不了什么问题，还会激起他的逆反心理，这将不利于师生间的互动。

　　当幼儿说谎时，作为教师不能仅从事物的表面现象下定论，还要通过观察，分析其行为背后的原因。如果教师不善于观察，就无法了解幼儿的内心世界，甚至是错怪孩子的良好动机，泯灭孩子好奇的、探究的火花，这样幼儿就无从获得发展，因此理解、尊重是促进幼儿发展的前提。幼儿年龄虽小，但是他们的内心世界是丰富的，有其独特的思维方式，作为一名教师，必须理解孩子的心，才能真正成为他们的朋友。幼儿常利用自己的方式认识事物，在探索、发现、尝试中学习，案例中的孙老师采用理解、接纳的方法，鼓励彬彬说出自己的真实想法，保护了彬彬的自尊心和好奇心，这将更有利于彬彬的长远发展。

33. 娃娃家里的洋洋

案例描述

　　早餐后，洋洋走近第一个娃娃家，被娃娃家里的小朋友拒绝了，"你不能进来，我们家的人已经满了"。她看了一会，便走到第二个家，这里的"妈妈"答应收她做她的第二个孩子。洋洋刚一走进这个家，娃娃家的"妈妈"就十分厉害地对她说："你躺下睡觉，不然妈妈就要打你。"洋洋不愿意，没有躺下，只能站在"门口"，过了一会儿，洋洋无奈地躺到了小床上。躺了五分多钟，直到"妈妈"来了把她送到了"幼儿园"，让她坐在小圆桌旁说："坐在这别动，一会我来接你。"于是，她又开始坐冷板凳。过了一会"妈妈"来了，只接走了"妹妹"（娃娃），没有接她，洋洋就这样玩了一次娃娃家。

问题

　　1. 从社会性发展的角度，对洋洋游戏过程中的行为表现进行分析。
　　2. 从理论与实践相结合的角度，提出促进洋洋社会性发展的指导策略，使其在游戏中获得快乐，真正成为游戏的主角。

案例分析

　　洋洋有与同伴一起游戏的意愿，但缺乏加入同伴游戏的策略和技巧；有维持游戏的意识，但在游戏过程中处于从属地位，被同伴任意支配，不能主动表达自己的意愿和想法，属于"被动型"游戏状态。

　　如何让洋洋成为游戏的主角呢？首先，教师要与家长约谈，了解孩子在家或与小伙伴游戏时的情况，分析幼儿行为背后的原因。其次，要加强个性培养，教师和家长共同为幼儿营造宽松的游戏氛围，使其从容地游戏，使其体验到主动交往和自主游戏带来的快乐，形成活泼开朗的性格，并逐渐在游戏中赢得主动，从而进一步增强交往的主动性，克服自己的性格弱点。第三，创造充足的游戏时间和空间，安排稳定的游戏区域，结合具体情境，指导幼儿学习交往的基本技能，提高幼儿的交往能力。

34. 爱打人的照照

案例描述

　　照照长得虎头虎脑非常可爱，但又是典型的淘气包，经常犯错误。不是和小朋友抢玩具，就是打人骂人，有时不高兴还会摔玩具。一天，照照又打小朋友了，这次魏老师没有当着全班小朋友的面批评照照，而是把问题抛给孩子们："照照这样做，对吗？"笑笑马上说："照照做得不对，打人会伤害别人。"佳佳说："如果打人，大家就不喜欢你了。"听到小朋友的回答，照照一脸的不服气，这时，魏老师把照照悄悄叫到自己跟前。

　　魏老师轻轻地问："你为什么打小朋友？"
　　照照："他把我的积木弄坏了。"
　　魏老师："那你打他，难道就能搭好吗？"
　　照照："不能！"
　　魏老师："你有没有想过，被你打的小朋友会疼吗？"

照照："谁让他把我的积木弄坏的！"

魏老师："那你可以重新再搭嘛！"

照照："可我好不容易才搭好的。"

魏老师："老师相信你下次会搭得更好！"

第二天，区域活动时照照跑到魏老师身边告诉老师他还想去搭积木。

魏老师反问他："如果小朋友不小心把你的积木碰坏了，你还打小朋友吗？"

照照："不打了。"

魏老师特意选了两个班里最听话的孩子和照照一起玩，果然他们三个合作得很好，共同搭了一座桥。魏老师让全班小朋友参观了他们搭的作品，并在大家面前表扬了照照。尝到甜头的照照表现出前所未有的快乐，这次愉快的合作体验对他触动很大。不久，魏老师的耳边就传来孩子们的声音："老师，照照帮我叠被子了！""照照帮小朋友发水果了！""照照，咱们做好朋友吧！"……

问题

1. 请运用心理学知识，分析案例中照照的行为。
2. 请分析案例中魏老师的教育行为。

案例分析

案例中照照打人、骂人、摔玩具等行为属于攻击性行为。幼儿的攻击性行为主要是以工具性攻击行为为主，他们常常为了得到玩具、活动材料或活动空间而争吵、打架。照照的攻击行为并不是想故意伤害小朋友，而更多的是因为想得到玩具和物品而与同伴发生矛盾和冲突，应属于工具性攻击行为。

案例中的魏老师在遇到照照有攻击性行为时，并没有用批评和责备去纠正孩子的错误，而是运用换位思考的方式，让照照去了解大家的感受和想法，学会与同伴的友好合作，体验朋友之间的友谊，并及时地表扬和鼓励他，强化照照积极的亲社会行为，从而有效缓解了其攻击性行为。

35. 不会说话的大晟

案例描述

在接待新生入园的第一天，魏老师清楚地记得大晟的妈妈是第一个来报道的。大晟妈妈在向魏老师介绍孩子的情况时，告诉老师，大晟还不会说话，但他完全能听懂成人的话。魏老师当时觉得很意外，也没想太多。接下来就是新生入园，把老师们忙得四脚朝天，魏老师也没有注意大晟。在孩子们的哭闹声中很快两周就过去了。第三周的第一天，当魏老师经过教室的窗口时，就听见从屋里传来"魏、魏"的声音，魏老师急忙跑进教室一看，原来是大晟在叫老师，当时魏老师别提有多高兴了。

接下来，魏老师对大晟进行了观察记录：

9月26日他说出了一个"马"字。

9月28日说出了"动物园"三个字。

10月11日说出了班里好多小朋友的名字："然然、豆豆、阳阳、蒙蒙、畅畅、朵朵、陶陶"等。

11月8日说出四个字的动画片名字："大头儿子"、"猫和老鼠"、"黑猫警长"、"天线宝宝"。

12月25日他竟说出了儿歌："消防车一身红，哪里着火哪里冲。"

随着时间的推移,大晟会说的话越来越多。在一次户外活动时,他指着天上白色的月亮,对魏老师说:"月亮出来了,太阳下山了。"一共十个字。更让人感到高兴的是在新年开放活动中,他和小朋友一起演唱了"新年好"这首歌曲……

❓ 问题

1. 以案例中的大晟为例,说明 3 岁前幼儿言语发展的过程。
2. 谈一谈幼儿语音教育的途径。

案例分析

3 岁前是幼儿言语发展的关键时期,其发展有一个渐进的过程。魏老师对大晟言语的观察记录,显示出这个渐进的过程:从单词句到双词句再到简单句的过程,"魏、魏"、"马"→"动物园"、"然然、豆豆、阳阳、蒙蒙、畅畅、朵朵、陶陶"→"大头儿子"、"猫和老鼠"、"黑猫警长"、"天线宝宝"→"消防车一身红,哪里着火哪里冲"、"月亮出来了,太阳下山了"→演唱新年歌。此外,随着年龄的增长,幼儿的语速也由慢到快,能运用简单句型,复合句型也初步发展,疑问句逐渐增多,言语功能越来越丰富。

幼儿学习发音是靠模仿形成言语反应的,这个反应必须经过多次的重复才能巩固。(1)教师首先要在日常生活中为幼儿创设丰富的语音环境,让幼儿多听,在听的基础上练习发音。(2)利用听说等游戏活动,培养幼儿正确的发音能力和听觉注意,以提高他们的辨音能力。在幼儿园,老师们最常用的就属儿歌和绕口令了,它结构短小,便于记忆,还能更好地提高幼儿练习发音的兴趣。(3)教师的良好示范。幼儿的语音发展离不开成人良好的示范,通过教师正确的示范,幼儿不仅能感知语音的细微差别,还能正确掌握发音部位和发音方法。随着幼儿语言的不断丰富,言语交往技能不断提高,幼儿学习和运用语言的兴趣会越来越浓厚。

36. 娜娜终于午睡了

案例描述

娜娜是班里年龄较小的孩子,对父母的依恋非常强烈。特别是午睡环节,明显表现出焦虑的情绪,不愿意躺在床上,不能正常入睡,经常说想妈妈,甚至还会委屈地哭起来。为了解决娜娜午睡的问题,帮助她更好地适应幼儿园生活,张老师实施了有针对性的教育策略。

开始,由于娜娜对午睡很抵触,所以张老师没有特意强调睡觉的事,而是请娜娜做些其他的事情来分散她的注意力,稳定她的情绪。慢慢地,娜娜不那么紧张了,向张老师提出想在图书区的小沙发上坐着。张老师答应了娜娜的请求,并和她一起看书,和她聊天,当看到娜娜有些睡意时,便拿来被子和枕头陪伴她睡觉。第二天午睡时,娜娜悄悄地问:"张老师,今天我还能在沙发上呆着吗?"就这样娜娜逐渐地能在沙发上午睡了。

随着娜娜午睡时情绪的好转,张老师把她的小床搬到了沙发旁边,鼓励她躺在小床上睡觉。这一次,娜娜没有拒绝,欣然接受了张老师的建议。过了一段时间,张老师观察到娜娜的午睡已经基本正常了,于是把娜娜的床搬回到了睡眠室。吃过午饭后,娜娜主动地把小椅子搬到小床边,边脱衣服边说:"今天我和小朋友一起睡在屋里了。"看到娜娜高兴地和大家一起准备午睡,张老师及时在全班小朋友面前表扬了娜娜,娜娜也开心地笑了。

问题

1. 请运用心理学的有关知识,分析案例中教师实施的教育策略。
2. 请结合实践,提出缓解幼儿分离焦虑、促进幼儿情绪情感发展的指导策略。

案例分析

教师采取转移和过渡的方法帮助幼儿消除午睡时的焦虑情绪。当幼儿的生活环境、活动方式和人际交往与原有的经验存在较大差异时,会表现出适应困难,比如哭、不参与活动等。帮助幼儿度过这段时期,将会对他们的心理健康和社会适应能力产生很大影响。案例中,教师并不强调孩子午睡,而是采取做事情、看书、聊天等方式分散孩子对午睡的注意力,减轻孩子的思想负担,同时在不经意中,逐渐培养她的午睡习惯。给孩子充分的过渡时间和空间,帮助幼儿将午睡转化为自身的主动性行为。

幼儿从家庭生活进入幼儿园生活,会不同程度地产生分离焦虑的情绪,教师应针对不同幼儿的情况提供适宜的指导。教师可以通过亲切的语言、动作的爱抚、关注的目光等方式,缓解幼儿情绪。另外,宽松、舒适的环境也可以缓解幼儿焦虑的心情,教师应关注幼儿的需求,创设适宜的环境。同时教师和家长之间要建立起相互信任和支持的关系,当幼儿产生不良的情绪时,教师应指导家长调整自身的情绪,共同促进幼儿情绪情感的健康发展。

37. 新 闻 播 报

案例描述

大班开展了"新闻播报"活动,每天孩子们都可以把从报纸、电视中看到的或听到的新闻,或是自己亲身经历的新闻讲给大家听。通过讲述,幼儿的思维和语言表达能力得到了锻炼,记忆力增强了,同时也能增强了幼儿的表达的主动性和自信心。

场景一:

新闻播报开始了,按照孩子们制定的播报计划,今天是第二组的小朋友给大家播报新闻。当轮到筠筠播报时,张老师看到筠筠把拿在手里的报纸悄悄地塞进了书包里。张老师问:"筠筠,你准备了什么新闻?"筠筠听到老师叫他,显得有些不安,两只手都伸进书包里慌乱地翻找起来。张老师再一次用询问的目光看了他一下,他支支吾吾地说:"我、我准备的报纸新闻,报纸找不着了。""那可以给我们讲讲吗?"张老师继续鼓励他。筠筠又支吾了半天,说:"我忘了。"由于筠筠平时很少主动在集体面前讲话,看到这种情况,张老师并没有责备他,而是摸摸他的头,说:"没关系,今天好好准备,下次你再讲好吗?""好的。"

场景二:

第二天,当请筠筠为大家播报新闻时,刚开始筠筠有些紧张,坐在座位上,眼睛不知该往哪看,两只手不停地搓来搓去。张老师走到他面前,拉住他的手,微笑着对他说:"来吧,试着说一说,老师帮你。"筠筠走到大家中间,轻声地说出了新闻"3月5日全国人大开幕"。虽然只有短短的一句话,筠筠说的并不连贯,断断续续好几次才说完整。说完后,张老师还是在全班孩子面前表扬了筠筠,并鼓掌为他鼓励。当筠筠回到座位时,教师发现他脸上露出了胜利的微笑。

场景三:

第三天,新闻播报活动刚开始,筠筠就举起了手,要求第一个给大家播新闻。张老师朝他点点头,他从椅子上站起来,快步走到大家中间,面带微笑地告诉小朋友:"今天我讲的新闻特别有趣,是我妈妈告诉我的。"这次讲的新闻是关于一条鱼的事情,鱼有多长、有多重、叫什么、现在在哪养等,差不多有80多个字,但筠筠从头到尾讲的都比较清晰、流畅,声音也明显大了许多。孩子们对这个新闻也特别感兴趣,当筠筠讲完后,大家都情不自禁地鼓起了掌。

？ 问题

1. 分析案例中张老师提供了哪些支持策略,帮助筠筠增强了自信心。
2. 从理论与实践相结合的角度,说一说在日常活动中如何培养幼儿的自信心。

案例分析

由于筠筠平时很少主动在集体面前讲话,缺乏当众讲话的经验和信心。第一次新闻播报,筠筠以"报纸找不到、我忘了"为借口,不去播报新闻,这时,张老师并没有责备他,而是鼓励他好好准备下次再讲,这样做为筠筠提供了一个自由表达、轻松自由的谈话氛围,正是这样一个宽松的环境,让筠筠渐渐放松紧张的情绪,参与到活动中。第二天,筠筠主动要求播报,虽然仅说出短短的一句话且还不是很连贯,但张老师还是表扬了筠筠,老师的鼓励和同伴的认同,使得筠筠增强了自信。第三天,筠筠更加主动、积极地参与到活动中。可见,自信心是逐步建立起来的。

在日常活动中,培养幼儿的自信心,需要从以下五个方面做起:(1)创设宽松自主的氛围。宽松的环境可以消除幼儿的紧张情绪。通过筠筠三次在新闻播报中的表现,可以看到教师为幼儿提供的宽松环境所起到的效果,幼儿由不敢说到说不好再到主动说、能说好的进步过程。(2)教师对幼儿能力的认可。成人的鼓励和认可会增强幼儿的信心,当幼儿觉得自己做不好时,教师用眼神、微笑、抚摸帮助幼儿找到自信,发现自己的能力并愿意表现出来,逐步建立自信。(3)对于缺乏自信的幼儿,要给予他们更多的关注与赏识。日常生活中,及时发现孩子的闪光点,并积极引导幼儿及其身边的人发现孩子的优势,以此树立幼儿的自信心。(4)让幼儿体验成功。如开展适合幼儿发展水平的活动,让幼儿获得成功感。(5)家园随时沟通,相互配合。与家长密切配合,保证家园教育的一致性。

38. "我给你们当守门员吧!"

案例描述

户外活动时,阳阳、小马、林林和大雄几个孩子在分散游戏中选择了一起踢足球。阳阳拿着球说:"咱们踢我拿的这个球吧。"说着把球放在脚下踢了起来。可是,小马、林林和大雄每次拿到球互相传着、抢着踢球时,阳阳却总想把球放在自己脚下踢,最后干脆把球抱了起来,还急地说:"这是我拿的球,应该让我踢。"大雄说:"足球比赛都是抢着踢,谁抢着谁踢。"阳阳争辩道:"那也得让我发球。"说完又把球放在脚下踢了起来。

过了一会,小马跑来告状:"张老师,阳阳总抱着球,都没法踢了。"阳阳却委屈地说:"是他们总不让我踢。"这时林林说:"我们没让他踢,他老自己踢,不踢给别人。"说完他们几个人拿着球跑走了。

阳阳有些不高兴,一个人走到栏杆边溜达。但眼睛还总是往林林、小马、大雄他们那边看,流露出既渴望又不服气的神情。这时,张老师走过去问道:"阳阳,为什么不和他们玩了?"阳阳说:"他们不听我的,不好玩。"张老师说:"如果你有更好的玩法可以去和他们商量商量。"于是,阳阳走到小马他们中间说:"我给你们当守门员吧!"大家都表示了同意。阳阳的守门员一直当到游戏结束。

？ 问题

1. 请用幼儿社会性发展的有关知识,分析案例中幼儿的行为特征。
2. 从理论与实践相结合的角度,提出促进幼儿同伴交往的指导策略。

案例分析

阳阳在自选游戏中选择了与大家一起玩的踢球游戏,并在游戏开始时主动发起游戏。虽然后来退出游戏,但还是流露出渴望与同伴一起游戏的神情,体现出幼儿有与同伴共同游戏的愿望。当老师给予提示和建议时,能够选择和同伴一起游戏。这一年龄阶段的幼儿应能通过一些交往策略学会与同伴共同游戏,在游戏中有合作的意识。阳阳在游戏中表现出仍以自我为中心的特征,在同伴没有按照自己的意愿进行游戏时,就退出了游戏。

阳阳在游戏中遇到了问题不知怎样解决时,教师有目的地引发其思考,帮助幼儿学习通过交流、让步等方式调节自己与他人交往的策略,实现与同伴共同游戏的愿望,教师的引导为幼儿学习交往提供了支持。教师应创设并提供问题情境,引导幼儿学习与同伴交往的方法。如学习请求、妥协、轮流等,用别人能接受的方式加入活动;懂得尊重别人的意见等。根据幼儿的年龄特点和发展水平,开展一些幼儿间需要相互交流、合作才能完成的活动,在活动中体验合作交往的乐趣。还可以通过约谈、家访等方式与家长进行交流,了解幼儿在家中的表现,与家长共同商议制定适宜有效的教育策略,保证家园教育的一致性。

39. 爱哭的田伊

案例描述

田伊是刚刚升入小班的小姑娘,她聪明、可爱,但就是爱哭。班里时不时就会传来她的哭声。小朋友碰到她了,她会哭;与小朋友争抢玩具时她会哭;幼儿园的饭菜不合她胃口了,她会哭;做错事情了,老师批评她,她还是会哭。这不,田伊又跑来找教师告状了:"老师,牛牛弄我的头发。"说完,她张大嘴巴哭了起来。教师赶紧叫来了牛牛,问他发生了什么事情。牛牛说:"老师,我喜欢田伊,我觉得田伊的小辫子很好看,还香香的,我就闻了闻。""他就是弄我的头发了!"田伊接着哭闹。教师把田伊抱在怀里,她立刻停止了哭声。

问题

1. 根据案例描述,分析田伊爱哭的原因。
2. 如果你是案例中的教师,你会采取哪些策略帮助田伊改正爱哭的习惯。

案例分析

分析田伊爱哭的原因可能有以下四个方面:(1)家人的过分娇惯,导致田伊对挫折的承受能力差。如案例中提到,饭菜不合胃口或是老师批评她时她都会哭,她不知该如何应对这些"挫折"。(2)用哭的方式引起别人的注意。当她的哭声成功引起老师的注意,老师抱起她时,她立刻停止了哭声。(3)缺乏安全感。小朋友碰了她一下,或是牛牛闻闻她的头发,她就认为小朋友是在伤害她,说明她处在不安全的一种心理环境下。(4)与小朋友之间交往技能缺乏。小朋友抢她玩具的时候,被人碰到她时,她不会处理,只能选择用哭声来抗议。

教师可以采取以下三个策略。

(1)营造温暖、轻松的心理环境,让幼儿形成安全感和信赖感。《指南》中指出,我们要营造温暖、轻松的心理环境,让幼儿形成安全感和信赖感。鼓励幼儿与人分享自己的情绪。允许幼儿表达自己的情绪,并给予适当的引导。我们应对田伊的哭闹情绪予以接纳和理解,承认孩子情感的真实性,承认孩子有产生和表达这种情感的权利。理解孩子,用平等的眼光去关注孩子,在赢得孩子信任的前提下,教师应该帮助孩子调整情绪,引导幼儿用正确的方法表达自己的情绪情感。

（2）引导孩子遇事用语言表达自己的想法。教师在分析幼儿情绪变化的同时,帮助幼儿学会适度表达自己情绪情感。① 可以用故事、谈话的形式引导孩子,如:把班级中爱哭宝宝的事例,编成故事的形式引发大家讨论:"你喜欢爱哭的小朋友吗？ 经常哭好吗？"让孩子懂得爱哭不是一种好习惯和好办法。② 可向幼儿介绍一些发泄情绪的方法,让幼儿在实际生活中进行尝试,以保持良好的心情。不高兴的时候,可以听音乐、看电视、拍皮球等,以转移情境,乐而忘忧。也可以把心事告诉同伴、老师、爸爸妈妈。③ 让孩子不仅学会表达自己的情感,还要学会看懂别人的表情,了解别人的内心体验;引导幼儿遇事与成人沟通,不闹情绪。引导孩子在生活中遇到问题,做到不急不躁,乐于与大人交流,并及时鼓励和肯定孩子正确的做法;培养幼儿与小朋友之间的交往技能,增加其自信心,建立与小朋友之间的相互信任。

（3）家园携手、相互配合。幼儿园对幼儿影响固然重要,但家庭环境教育也是必不可少的,教师要积极鼓励家长配合幼儿园的教育,做到家园相互沟通,共同帮助田伊改正爱哭的习惯。

40. 渴望游戏的卓卓

案例描述

　　卓卓是一名新插班的幼儿,他长着大大的眼睛,高高的鼻子,十分惹人喜爱。然而,在他身上却存在着一个较为突显的"难题"——同伴交往。他很渴望和其他小朋友一起玩儿,但却又总是不能成功地介入同伴们的游戏。为了弄清楚卓卓参与游戏失败的原因,教师对卓卓今天在区域游戏中的行为进行了观察记录。

　　8:30　区域活动开始,彦辰和畅畅从益智区拿来小积木,准备搭停车场（又能停车又能停飞机）。彦辰拿起桌上的飞机说:"谁想做飞机呀？"这时,卓卓走了过来,说:"我也准备当飞机,四个翅膀的!"

　　　　　彦辰:"不行! 你不能跟我们玩儿!"说完便把玩具抢回来。

　　　　　卓卓走开了。

　　8:33　卓卓走到益智区,停下来看正在做游戏的小朋友。

　　8:34　卓卓走到积木区,站在一边看小朋友们搭积木。

　　　　　保育老师:"卓卓,你别溜达了,快去玩吧!"

　　　　　卓卓:"玩什么呀？"

　　　　　保育老师:"玩什么都行。"

　　8:35　卓卓再次来到益智区,拿了一盒拼图玩具。他虽然在自己玩,但眼睛一直看着旁边的小朋友。

　　8:39　卓卓收玩具,之后他来到积木区,拿起了地上的磁力棒。

　　　　　晟凯:"这是嘉宝的东西!"

　　　　　卓卓没理会,继续蹲在地上玩儿。

　　8:40　嘉宝收玩具。

　　　　　卓卓:"我帮你收吧!"说完便帮嘉宝一起收拾。

　　8:41　晟凯对积木区的同伴说:"咱们用积木搭一个城堡吧!"于是,卓卓在嘉宝、晟凯等几个小朋友的旁边开始搭积木。

　　　　　老师:"卓卓,你想搭什么？"

　　　　　卓卓:"动物园。"卓卓边搭边看旁边的小朋友,听他们说话,但只是远远地看着,不参与游戏。

8:45　泽锐拿起了地上的一匹马和一只恐龙,并将其中一个交给晟凯,两人一人拿一只动物在地上赛跑。卓卓看到后,拿起了一头长颈鹿。

8:46　嘉宝走过来。卓卓对嘉宝说:"咱们一起搭吧!"嘉宝没理会,走开了。

8:48　卓卓对积木区的其他孩子说:"带我一块儿玩儿行吗?"其他孩子没有回应。
　　　卓卓回到自己搭的积木旁边,继续看着其他孩子玩儿。

8:52　晟凯捡起一头"牛",说:"我要把这个死了的奶牛运过去!"
　　　卓卓听后也从地上捡起一头牛并给他们送过去,说:"这是只死了的公牛!"
　　　泽锐:"我们这儿不要死的,要活的!"
　　　卓卓回到了他的积木旁,指着里面的动物对嘉宝喊道:"这些动物都是活的!"
　　　嘉宝:"嗯,知道!"

8:55　卓卓拿一块积木,朝嘉宝、晟凯走去。
　　　卓卓:"给你一头公牛!"
　　　泽锐:"嗯。"说完便拿了过来。
　　　卓卓继续一个人游戏。

8:57　嘉宝走过来,卓卓:"狮子和老虎复活了!"
　　　嘉宝:"复活了!"说完便走了。

8:58　文文拿着画走过来。
　　　老师:"这是谁呀?"
　　　卓卓:"这是他们一家子!"

8:59　卓卓走到积木区其他幼儿的后面,拿着塑料玩具说:"我给你们做一道菜吧!"其他幼儿没理会。

9:00　卓卓对过来看热闹的畅畅说:"你搭个马戏团吧!"此时,收活动区的音乐响起。

问题

1. 请分析案例中卓卓同伴交往失败的原因。
2. 请从理论与实践相结合的角度,提出有效提升卓卓交往能力的指导策略。

案例分析

　　导致卓卓同伴交往失败的原因分析:(1)交往环境相对陌生。卓卓是新插班的一名幼儿,班级环境对他来说是相对陌生的,对于周围的一切,他还在不断地熟悉和适应当中,与同伴之间的关系也需要重新去建立,与班内其他幼儿相比没有牢固的同伴关系基础,这对他的同伴交往会产生一定的影响。(2)缺乏社会交往的经验和技能,交往的方式不恰当。在本案例中,卓卓一直在试图参与别人的游戏,甚至有时会为了想和同伴一起游戏而去迁就其他的孩子,例如,听到泽锐说"不要死的动物,要活的"时,卓卓毅然改变了自己原先的想法,说"这些动物都是活的"。然而,有时他所采用的交往方式又不是很恰当,例如,看到地上有磁力棒,没有征得其"主人"的同意就拿起来玩儿,这必然会引起同伴的反感。并且,卓卓有时在介入游戏的时候并不了解同伴游戏的内容,例如,对正在搭积木的小朋友说"我给你们做一道菜吧",由于游戏内容相差较大,其他孩子又都在游戏的兴奋状态之中,因此卓卓的话语没能激发起其他幼儿和他一起游戏的愿望,这也导致了卓卓与同伴交往的失败。

　　教师的指导策略:卓卓是一名新插班的幼儿,教师应该帮助他尽快适应新的环境,熟悉班内的各种活动材料和其他小朋友。在日常的教育活动中,注意观察其与同伴交往的情况,在必要时给予适当的帮助,教给他一些交往的策略,例如,在玩儿其他幼儿的玩具之前先要征得该幼儿的同意。此外,教师还可以有意识地组织孩子们开展一些有分工、有合作的集体游戏活动,例如几个小朋友合作搭一个动物园等等,以集体统一的目标和规则规范幼儿在交往中的行为表现,以促使他们的交往行为向更加积极的方向发展。

41. 幼儿"说谎"行为

案例描述

场景一：
班内评比栏上的"小红花"掉下来一朵,文文捡到了并悄悄地将其放到了自己的书包里,回家后向妈妈炫耀:"妈妈,今天我得到了一朵小红花!"

场景二：
新年前夕,老师们忙着布置教室,可放在桌子上的一个小红灯笼忽然不见了,老师们再三询问,可孩子们都说没看到。第二天早晨,星宇妈妈拿着那个小红灯笼上楼来询问老师:"昨天星宇拿回来一个小红灯笼,说是老师送给她的,是吗?"

场景三：
川川和林林在打架,川川一气之下要将椅子搬起来砸林林,正巧川川的家长走过来。川川对妈妈说:"妈妈,林林用椅子打我!"

场景四：
区域活动中,两个孩子在自由地交谈。霖霖:"我爸爸是警察,可厉害了!"锐锐:"我爸爸也是警察,我们家还有警犬呢!"(锐锐的爸爸其实是一名海员。)

问题

1. 请从幼儿心理发展的角度,分析上述案例中幼儿的"说谎"行为。
2. 针对幼儿的说谎行为,应该采取哪些有效的教育策略?

案例分析

说谎是幼儿的一种常见的行为,幼儿说谎可以分为有意说谎和无意说谎两大类。所谓"有意说谎",是指幼儿为达到某一目的或满足某种欲望而有意做出的一种行为或与事实不相符的陈述,是幼儿自我中心的突出表现。幼儿有意说谎通常具有以下原因：① 取悦他人,满足自己的虚荣心(如场景一);② 为得到喜欢的东西而说谎(如场景二);③ 逃脱惩罚(如场景三)。"无意说谎"通常是幼儿的一种无意识、不自觉的行为,常表现为一种满足愿望的心理和理解性的错觉,幼儿常常因为将想象与现实相混淆而无意识地说谎,案例中的"场景四"即是幼儿无意说谎的典型表现。

每位幼儿都曾出现过"说谎"行为,但并不是所有的说谎行为都说明幼儿存在严重的品德问题。作为成人,应该对幼儿的说谎行为进行剖析和引导,循循善诱。对于幼儿的无意说谎,应在生活和学习上多关心他们,帮助他们分清楚想象和现实,对他们进行巧妙地引导和教育。对于幼儿的有意说谎,由于幼儿辨别是非的能力较差,自我控制能力较弱,因此我们应该在不伤害幼儿自尊心的前提下,对幼儿进行个别教育,帮助幼儿分清是非。如果幼儿因为逃避责任而说谎,应教育幼儿勇于承担责任,勇于改正错误;如果幼儿因为取悦他人而说谎,应鼓励幼儿通过自己的努力取得成功;如果幼儿因为想得到别人的东西而说谎,则应帮助幼儿学会控制自己的欲望,使幼儿知道别人的就是别人的,使用别人的东西要经过别人的同意,用完后要归还并说声"谢谢",这才是正确的做法。此外,成人还应时刻注意为幼儿树立一个良好的榜样,以自身良好的人格魅力影响幼儿,以自己的实际行动向幼儿传递正确的人生观和价值观,逐渐帮助幼儿养成诚实的行为习惯。

42. 美 发 厅

　　经过几次区域活动,周老师发现,男孩子一开始会对美发厅很感兴趣,他们在活动区内只喜欢拿着剪刀给其他小朋友剪发,再后来几次活动,发现去美发厅活动的男孩越来越少,他们更倾向于益智区和积木区,而大宝却是自始至终都对美发厅感兴趣的男孩之一。这不,今天下午的区域活动,大宝选择了美发厅。刚玩了不一会,大宝就跑过来找周老师。

　　大宝:"周老师,新宇弄我头发!"

　　周老师:"在美发厅美发师给你做头发很正常啊。"

　　大宝:"可是她还给我扎辫子,我不想扎辫子!"

　　周老师:"为什么不想呢,这是美发师给你做漂亮的造型啊!"

　　大宝揪着自己头发大声地说:"可是我是男孩啊! 男孩怎么能梳辫子,我不想梳辫子! 我想当美发师。"

　　周老师:"哦,原来我们大宝不想梳辫子,那美发师在剪头之前问你要什么样的发型时你怎么不告诉她呢?"

　　大宝:"她没问我。"

　　周老师:"那可能是她忘记了,下回你可以告诉她。"

　　大宝:"我不想当顾客,我想当美发师。"

　　周老师:"那你可以去跟新宇商量啊,让她当小顾客,你当美发师,不过,要有礼貌哦。"

　　大宝听到这,说了一句"好"就扭头走了。过了一会,周老师看见他已经拿起"小剪刀"开始给新宇剪头发了!

问题

1. 请从性别意识发展的角度,分析案例中幼儿的行为。
2. 结合本案例,说一说如何解决幼儿游戏过程中出现的矛盾。

案例分析

　　这次活动,大宝作为唯一的男孩进入美发厅,其他女孩好像并没有意识到这一点,这是由幼儿年龄特点决定的,这个年龄的幼儿对性别的意识不强,只是知道自己的性别,并没有了解男孩女孩的区别在哪里,因此,在此次活动中新宇把大宝当作小女孩一样给"打扮"起来了,而大宝却对自己作为"男孩"的意识很强烈,知道自己不能扎辫子、别发卡,因此产生了矛盾。

　　性别意识是自我意识的重要内容之一,对于出现性别意识的幼儿,教师应该对其进行正确引导。除了在日常穿衣打扮的同时,也要对其进行性别意识的教育,知道男孩与女孩的不同之处,为他们将来正常的人格发展打下良好的基础。在案例当中,大宝意识到自己是个男孩而拒绝梳辫子,教师对于这种情况进行确认后,肯定幼儿的观点,并激发幼儿思考,让其自己找出解决办法,而不是将错就错,影响幼儿发展。大宝在活动区中想当"美发师"时,不知如何开口,这时,教师提出让大宝对新宇有礼貌地提出请求,在教师指导下,两人身份成功转换。《指南》中社会领域目标明确指出,幼儿应能与同伴友好相处,想加入同伴的游戏时,能友好地提出请求。在出现矛盾的时候,教师并不要急于对矛盾进行解决,而是可以采用让幼儿自己解决的方法,幼儿想到可以提出请求,这样,不仅避免了矛盾的激化,也使幼儿掌握了一些解决问题的方法，从而为幼儿今后的合作游戏打下基础。另外，还可以采用身份互换的方式让幼儿体会对方的情绪，例如：如果你是他，你会怎么做？让幼儿进行一下换位思考，体会对方的心情，从而促进问题的解决。

43. 那是我的戒指

案例描述

　　安安是班里相对安静的女孩子，心思细腻、不爱说话。一次活动中，安安突然走到谷老师的身边，声音很小地说："谷老师，我的小兔子戒指丢了……"说着，眼泪就开始打转。于是，谷老师放下手里的事情，帮助她一起寻找戒指，并问了班里的其他幼儿，但是始终都没有找到那枚戒指。

　　几天后，谷老师接到了安安妈妈打来的一个电话，说安安在周末的小伙伴聚会中发现了自己丢的那枚戒指，但是由于胆小没有直接找那个孩子要，事情不了了之，但安安始终对此事耿耿于怀。安安的母亲担心此事会为对安安造成不好的影响，希望与老师沟通，帮助自己的孩子正确对待此事，克服孩子胆小懦弱的性格。谷老师与孩子的母亲达成共识，鼓励安安自己解决此事，并要回属于自己的戒指。同时，谷老师以情境表演的方式，让安安做扮演练习，引导安安模仿要戒指的过程。安安按照谷老师的做法，模仿教师的言行要回了戒指，谷老师和安安妈妈对于孩子勇敢的尝试予以了肯定和赞扬，孩子会心地笑了。

问题

1. 请对安安的行为表现进行心理分析。
2. 案例中谷老师采取了哪些有针对性教育策略？在此基础上，提出进一步的教育措施。

案例分析

　　安安是一位性格内向、懦弱、羞怯的孩子，在与小朋友之间的交往中表现一直很胆小，经常是属于被动的状态，别人说怎么做就怎么做的那种。这样的孩子属于环境适应能力较弱的孩子，本身性格就内向害羞，加之后天的家庭因素，作为独生子女，家长照顾得无微不至，也是导致孩子懦弱胆小的原因。

　　针对安安的具体情况，谷老师采取了以下行之有效的教育措施：（1）当安安妈妈意识到了这个问题的严重性时，老师及时抓住此契机，让家长参与到幼儿园的教育过程中来，充分发挥家庭教育的功能，教给家长鼓励幼儿的一些具体做法，发挥家园互动的最佳效果。（2）教师抓住幼儿模仿学习的特点，采用角色扮演的方法，帮助安安尝试如何解决问题的方法；让安安获得自己解决问题的成功体验；在获得成功后，又给予及时的肯定与赞扬，加强其自信心。

　　教师应在日后的工作中调整以往对于幼儿关注习惯，将视线转移到像安安一样既不打不闹也不易出事故的孩子身上，增加与他们交流沟通的时间，多采取鼓励的语言和眼神，引导他们大胆表达自己的想法和意见，对于他们每一点一滴的改变，及时做出肯定和认可，增强自信心，使他们得到和谐发展。

44. 爱说"讨厌"的二宝

案例描述

场景一：

吃过早饭，大三班的孩子们都在各个区域自主游戏。二宝走进活动室，大声地与孙老师打完招呼后，就进入了建构区进行游戏。不一会儿，二宝高声的训斥就打破了活动室里井然有序的气氛："讨厌你！亮亮，你把我插的飞机翅膀都碰掉了！""惹祸"的亮亮连忙道歉，可依旧不能换回二宝的原谅。"对不起有什么用，这可是我辛辛苦苦插的飞机！"说着二宝哇哇大哭起来，并开始往四周乱扔飞机零部件。当孙老师要求他停下来整理干净时，他爬到了桌子下面。

场景二：

起床以后，孩子们陆续回到活动室，二宝将手臂侧平举作飞机状在室内"盘旋"，不小心被一个正在搬椅子的小朋友绊倒，爬起来不由分说地给了那个小朋友一拳，嘴里还大声嚷着："讨厌！你都把我绊倒了！"

场景三：

离园前，二宝和涵涵同时看上了图书区里新添置的一本新书，因为另外两本相同的书早已被其他孩子拿走了，因此剩下的这本书在他俩手中来回拉扯着，谁也不肯放手。二宝还是高声地说："讨厌！这本书是我先看到的，你放手，让我先看！我看完你再看！"涵涵并没有因此放手，二宝便愤怒地低下头去试图咬涵涵的手，被孙老师连忙制止。

通过与二宝家长进行沟通，孙老师了解到，二宝的父母常年在外经商，从出生之日起，二宝就与年长三岁的哥哥一起由远方亲戚代养。从亲戚的口中得知，二宝的父母觉得亏欠两个孩子，因此在与孩子有限的相处中，总是一味地满足迁就。由于二宝的哥哥也还是个不懂事的9岁孩子，所以生活中两个孩子之间经常发生争执和打闹，而作为非父母的监护人，这位亲戚也是无可奈何，不便过多管教。孙老师了解到这些情况后，决定开始进行干预教育。

问题

1. 请从幼儿性格发展的角度，分析案例中二宝不良行为的成因。
2. 如果你是孙老师，你将采取哪些教育策略来帮助二宝？

案例分析

在学前期，幼儿正处于性格萌芽阶段，孩子的任性、发脾气等不良性格形成的原因大多是由于家长对孩子过分溺爱、放纵等造成的。从案例中可以了解到，二宝的性格和与人相处的方式与其家庭因素有关，长期得不到父母的关爱、缺乏成人的管教、再加上与哥哥不能和谐相处，这些因素造成了二宝的行为问题。当孩子出现了行为问题，一味地批评只能让他的脾气更加逆反，所以在对待二宝的教育上一定要掌握章法。

如果我是孙老师，我将采取以下教育策略：（1）要保持二宝家庭与幼儿园教育的统一性，相互配合，帮助二宝发扬优点，克服缺点。积极与二宝的母亲进行联系，将二宝在园的情况以视频的方式进行介绍，并共同寻找他的兴趣点作为教育的突破口，在二宝主动参与过程中对其进行正面引导。（2）倾听二宝的心声，为其创设宽松和谐的环境。幼儿需要倾诉，倾诉能化解他们的烦恼，让他们的不良情绪得到释放。有研究表明，将内在的情绪体验表达出来有助于缓解不良情绪。所以，遇到事情应经常让二宝谈谈自己心中的感受，帮助他提高表达情绪的能力。例如，在班里让孩子们说出自己生气时的感觉，有的孩子会说自己心里直冒火，有的孩子会说像水在身体里烧开了锅，有的孩子会说恨不得一拳打过去，同伴的表达会有助于二宝说出自己生气时的体验。除了语言，绘画也是幼儿的一种表达方式，例如，有的孩子把家长打屁股的手画得很大从而表达他对疼痛的恐惧，还有的孩子用黑色和一些杂乱的线条表示心中的不安。因此，可以在班里经常组织绘画活动，让二宝参与其中，从中发现他的负面情绪，然后有针对性地进行开导。(3)给二宝树立良好的榜样。二宝哥哥虽然年龄不是很大，但毕竟哥哥的言谈举止会有意无意地影响到弟弟，所以可以让哥哥做榜样，二宝通过观察模仿来改善自己的不良行为。不妨这样做：在不影响哥哥学习的情况下，在周二下午邀请哥哥来给大班的孩子们说说学校里的事情，或是讲一些老师"精心"挑选的励志小故事，让哥哥与全班幼儿做朋友，这样，哥哥、弟弟、全班小朋友相互促进，必能帮助二宝改掉不良行为习惯，学会分享合作，让"讨厌"这个词渐渐淡出二宝的生活。

45. 安静的岑岑

案例描述

在大三班里有个叫岑岑的小女孩，不喜欢说话，经常一个人玩。有时其他小朋友凑过来玩，她也不说话，只是胆怯地转过身去继续她的"独角戏"，更不说与陌生人交谈了。她上课时很安静，从来没有过主动举手回答问题，总保持着一个坐姿。她观察能力强，总能在玩"大家来找茬"的游戏中最先完成。她的情绪不易外露，得到表扬时也没有什么高兴的表情。在幼儿园里遇到不开心的事虽当时没有表示，但是回家后会对妈妈哭泣。进餐时不管爱吃与否，总是小口小口地抿着嘴嚼。午睡时她会把衣服一件件叠放得整整齐齐，如果旁边的小朋友经过时不小心将衣服碰歪了一点，她会马上起来重新放正，还要再反复看上几眼才安心躺下。起床后会慢慢地穿衣服，然后静悄悄地走到老师跟前等着梳头。老师与其交谈，她则低着头，用一只小手挡着嘴，用点头或摇头来回应。

问题

1. 请对岑岑的气质类型进行分析。
2. 如果你是老师，你将如何因材施教？

案例分析

通过对岑岑在园的行为表现可以看出，她属于偏抑郁气质的孩子。具有这种气质类型的孩子往往比较胆小、孤僻，不爱与人交往，动作迟缓，缺乏信心，回答别人问话总是含糊其辞，显得拘谨不安等。他们的情感细腻，安静，遵守秩序，专注，情感体验持久，善于觉察细微的变化，很在意外界对自己的评价。

如果我是老师，我将针对这种气质类型的特点，采取以下教育策略：(1)爱与欣赏可以逐渐缓解抑郁质孩子的敏感性，帮助他们顺利融入周围的环境。美国心理学家詹姆士就认为"人最本质的需要是渴望被肯定"，对于抑郁质的孩子而言，他们尤其需要得到人们的肯定，以增强其自信心。因此，应该多运用赏识教育。一句简单的肯定，会给抑郁质的孩子带来莫大的鼓舞，极大地提升他们的自信和前进的动力。(2)针对岑岑做事一丝不苟的特点，可以专门请她担任值日生，协助老师检查和帮助整理小朋友的睡床，并在全班小朋友面前表扬岑岑做事认真，以拥抱亲吻来增进师生感情。(3)与岑岑家长就孩子的气质类型进行教育策略与方法的沟通，指导家长在家多鼓励岑岑讲述有趣的幼儿园生活，引导其学会遇事大胆寻求老师的帮助。(4)充分发挥岑岑的优势长项，增强岑岑的自信心。例如，岑岑非常喜欢折纸，在班里可以专门创设"小巧手"折纸工坊,请岑岑担任"技术指导"帮助小朋友们掌握折纸方法,让岑岑充分体验同伴的赞赏和自己的价值。

46. 帮助新新笑起来

案例描述

　　5岁的女孩新新是中班的插班生,聪明好学,回答问题积极,自理能力强,是班里比较优秀的孩子。可是,新新进入新班级已经有一个月了,每天来园还是要掉上几滴眼泪。看到动画片里有悲惨的情节时就会哭。美工课上,老师教大家制作灯笼,新新将灯笼穗儿剪得非常细致和精巧,这使得她花费了很长时间,多数小朋友做完出去活动了,只剩下新新和另外几个小朋友了,一会儿那几个小朋友也陆续做完出去了,新新一看只剩自己一个人了,开始着急了,自己做着做着就哭了。室外活动时,老师组织孩子们进行曲线运球,第一轮时新新所在的小组运球最快,全组欢呼胜利,第二轮时由于新新后面的琪琪小朋友没有控制住球脱手了,新新一看她们组最慢,生气地对琪琪大喊:"都怨你! 都怨你……"一边说着眼泪又流了下来。区域活动时小朋友们正愉快地玩着,一会儿便听到新新的哭声,孙老师把她找来问她怎么了,她委屈地说,她也想加入婷婷几个女孩子的游戏里,但是小朋友说人数够了就不让她参加了。

　　通过与新新妈妈的沟通,孙老师了解到,新新在从前的班里也是这么脆弱爱哭,而且在家也这样。新新的爸爸是一名警察,在外地上班,周末才回家,爸爸职业化的口吻让听惯了妈妈温柔细语的新新难以接受,爸爸对她说话声音高了,语气稍微重一点儿,便能引得她大哭一场。爸爸不知如何教育她,为此很苦恼。

　　作为一名幼儿教师有责任了解孩子的内心世界,帮助她正确地认识问题,快乐健康地成长,于是班里的孙老师开始留心观察新新在园表现。

问题

1. 请运用个性发展的有关知识,分析案例中幼儿的行为表现。
2. 从理论与实践相结合的角度,提出促进新新社会性发展的指导策略。

案例分析

　　新新是个好强好胜且敏感的孩子,什么都要拔尖,当遇到不顺心的事或者是一点儿困难,就不知如何是好了,只知道以哭相对。当然,哭并不一定是坏事,孩子大哭后可以感觉轻松一些,哭可以减轻压力。但是,动不动便哭就说明"哭"是有问题了。通过以上几件事情并结合新新在家的表现,分析新新哭的原因主要有以下四点:(1)自尊心强,不愿意落在别人后面。正是因为新新的能力强使她制作时要"精益求精",但是完成的时间过长使得自尊心强的她对于自己的能力产生了怀疑,从而伤心哭泣。(2)敏感型的孩子心思细腻,会察言观色。比较敏感的孩子很容易被他人的焦虑、生气、愤怒、悲伤等情感所影响,看到大人生气、愤怒就会害怕而哭,看到别人伤心便会难过而哭。有时大人还没有说话,只是一个眼神、一个动作,她就明白你要干什么。这样的孩子,自律性强,因此常得到成人的表扬,一旦受到批评就会接受不了,情绪低落痛苦。(3)受挫能力差。新新平时各方面能力都很强,能较好地独立完成一些事情和任务,因此总能达到她想要的结果。时间长了,她就会认为事情应该如她预料得一样好,一旦出现意外,就不能接受。在团队合作接力运球过程中,她们组第二轮输了,她不能接受这个失败,她只想赢,在失败和挫折面前,她只会哭与抱怨。(4)交往能力比较差,不能较好地与他人交流、沟通。面对陌生的环境和同伴,插班不久的新新缺乏与同伴相处、让同伴接纳的方法,而仅仅以告状、埋怨、哭等反应方式与伙伴相处。这都是她不能很快融入新环境的原因。

教育指导策略:(1)适当且及时的表扬有利于帮助孩子树立自信心,因此,当孩子们活动结束时应安排对刚才的制作活动进行讲评,肯定新新所做的灯笼非常精致,而且对于新新坚持不懈的品质给予赞扬。(2)因材施教。当孩子出错时,成人需要有分寸地指出其错误在哪里,从而帮助其吸取教训,改正缺点。安排一次与新新爸爸的沟通,对家长的抚养方式进行指导,引导父亲与新新以平和的交流方式,逐渐减少孩子哭泣的次数,让新新多开心地欢笑。(3)教会孩子宽容别人,学习与人交往。能否与人融洽相处是从能否与人合作开始的。当孩子在与同伴发生矛盾冲突时,成人要善于化解,尽量挖掘别人的闪光点,使孩子意识到一个人难免会有失误,而作为朋友要学会宽容别人,这样才能更好地与人相处。(4)不要给孩子贴上"脆弱、好哭"的标签,否则以后就难以摘掉此标签,甚至影响他今后的人生。如要把孩子的脆弱告诉他人的话,不要当着孩子的面,不要动不动就对人说这个孩子很爱哭。

47. 新插班的壮壮

案例描述

　　壮壮是新小班孩子中年龄最小但个头最大的一名男孩子。胖胖的身体、憨憨的笑脸和待人热情、乐于分享的品质使得壮壮得到了同伴和老师们的喜爱。但令人头疼的是,壮壮总会在午睡的环节因想念妈妈而号啕不止,很多刚刚被老师哄着的孩子,都会因为他的大声啼哭而惊醒,再次陷入哭闹。虽然采取很多办法,但效果不好,无奈之下,杨老师使用了妈妈之前为他准备的安抚奶嘴,希望能缓解他的情绪。

　　在使用奶嘴的这一周里,壮壮总会在睡梦中哭醒,吵闹着要安抚奶嘴。针对壮壮的情况,杨老师坚持每天向壮壮的妈妈进行沟通反馈。在沟通中,杨老师了解到,壮壮父母工作非常忙,并且没有母乳喂养,为了帮助宝宝得到情绪的安抚,不得以养成了孩子每天睡觉时使用安抚奶嘴的习惯。但是,考虑到良好的卫生习惯和生活习惯的培养,老师和家长商量,为了消除壮壮对奶嘴的依赖,在幼儿园里代之以妈妈的照片和教师的安抚;回到家里代之以妈妈的怀抱,引导并鼓励家长使用正确的方法养育孩子。

　　一段时间过去了,壮壮渐渐对老师和周围环境有所熟悉,加上杨老师将壮壮乐于助人、有礼貌、爱分享的行为在班级中宣传和表扬,壮壮渐渐地找到了自己在集体中的价值,感受到老师同伴对自己的喜爱,入园焦虑逐渐消除了。

　　在刚刚脱离午睡困难的时候,恰逢壮壮的生日和即将到来的中秋节,和老师沟通后,妈妈将生日蛋糕和美味的月饼带到了幼儿园,壮壮与全体小朋友老师一起分享,大家在一起可开心了。看到自己被这么多好朋友和老师所接纳,壮壮的焦虑情绪得到了有效的缓解,他甚至能够大胆地在园所宣传海报上向来接孩子的家长大方地介绍自己。在拥有了越来越多的自信后,壮壮不再为来幼儿园午睡而烦恼,而是爱上了这个见证自己成长充满爱的班级。

? 问题

　　案例中教师是如何消除壮壮的入园焦虑的?

案例分析

　　插班的孩子之所以在幼儿园中表现出烦躁、不安,哭闹不止,主要是因为其内心缺乏安全感造成的。

来到幼儿园他的生活环境突然发生变化,曾经熟悉的事物、对家人的依恋关系暂时不存在了。案例中,教师首先保留了孩子的原有生活习惯,允许壮壮每天使用奶嘴暂时缓解了幼儿的消极情绪。然后通过家园沟通建立家园一致性教育,保证了新经验的更快获得。同时,通过多种活动帮助壮壮消除了师生、幼儿之间的陌生感,在全体幼儿面前树立威信,使他们感觉到集体的温暖。让壮壮感到这里有很多可爱的小朋友,有和蔼可亲的老师。

48. 亮亮懂得排队接水了

案例描述

亮亮是一个性格孤僻的孩子,他自幼跟奶奶长大,奶奶不让他接触任何人,久而久之他对自己有些封闭,不懂得如何与他人交往,不会表达自己的想法与意愿,遇到事情只会用大喊大叫的方法表达出来。亮亮习惯于什么事情都要第一,喝水第一,洗手第一,入厕第一,站队站在第一,只要是有小朋友比他快了,他就会又打又闹。在一次喝水环节,壮壮站在了他的前面,他走过去二话没说就打了壮壮。张老师走过去制止亮亮,他反过来对张老师又踢又打。

张老师决定帮助亮亮改正不良行为,让他融入集体中。平日里,当亮亮因为挑食不吃饭的时候,张老师就会拿出从家里带来的面包、蛋糕给他吃;当他学习上遇到困难的时候,张老师就会耐心地一对一引导他……经过了半个多月的时间,张老师发现,亮亮的眼睛时常搜寻着自己,目光中显露出对自己的关注与信任。张老师感觉到时机成熟了,于是,利用亮亮情绪好的时候与他交谈,发现他可以看着老师的眼睛听老师说话了;张老师又与他商量,在小朋友们喝水的时候能不能和老师一起排队接水?他似懂非懂地答应了。当再次喝水的时候,张老师有意识地拿着水杯,站到了一个小朋友的后面,然后仔细观察亮亮的表情,亮亮看了看张老师,走到了张老师的身后。这一举动对于亮亮来说可是一个大的转折!张老师及时在小朋友面前表扬了亮亮,大家为他送去了赞许的掌声。亮亮的脸上先是露出惊愕的表情,接着马上绽放出开心的笑容。能够得到老师和同伴们的关注与肯定,对于亮亮来说是前所未有的。

问题

1. 请对亮亮的心理与行为进行分析。
2. 案例中张老师的教育行为是否适宜?为什么?

案例分析

亮亮是一个性格孤僻的孩子,在行为上存在着社交障碍,甚至会出现攻击性行为。对于这样的孩子,批评教育不起作用,一味地迁就更是不利于他的成长。这样的孩子排斥许许多多的事物,不愿意去与人主动的接触,也不愿意接受别人的帮助,什么事情都是按照自己的意愿完成。但是,他们唯一不会排斥的是爱。这样的孩子需要老师加倍的关爱与信任!

案例中张老师的教育行为是适宜的。张老师最初并没有对亮亮的不良行为进行批评教育,而是首先从生活和学习上关爱他,因为对于像亮亮这样的孩子,首要的是要取得他的信任,只要他信服一个人,就会变得容易接近了。果不其然,经过一段时间的努力,张老师获得了亮亮的信任。在此基础上,张老师进行引导教育。张老师用她的关爱与热情,晓之以理,动之以情,帮助亮亮敞开了心扉,引导他学会接纳身边关爱他的人;教师从生活上关心照顾他,在活动学习中帮助他,及时抓住教育契机,让他在集体生活中获得积极的情感体验,让他处处感受到身边的人是愿意接受他的。这样,亮亮逐渐地愿意接受着别人的帮助,学习并掌握基本的交往技能,体会到交往的乐趣,慢慢地愿意融入集体生活中了。

49. 嗑指甲的奇奇

案例描述

图书区中,奇奇一只手抱着一本书,把另一只手的大拇指放到嘴边,歪着小脑袋,用牙齿咬着指甲,眼睛看着书。王老师走到他身边将他的小手从嘴巴里拿出来,拉着他的小手说:"奇奇在看什么书这么认真? 怎么把小手指放嘴里? 多不卫生呀。"奇奇抬头看看我,没有说话继续低头看书。王老师去巡视其他孩子活动情况,但用余光继续观察着他,发现奇奇又将手指送到了嘴边……

奇奇是一名5岁男孩,他有嗑手指甲的习惯,平时经常能够看到他将手指头放在嘴边嗑手指甲,嗑完这个嗑那个,嗑完左手嗑右手,弄得十个手指总是秃秃的,有时还会将手指嗑破。奇奇全家是外地人,父母在天津做生意,工作非常忙,每天早出晚归,一天也见不到孩子的面。每天奇奇由保姆接送,周六日全天由保姆照看。父母发现奇奇嗑手指甲的习惯后,就严厉的批评制止,有时忍不住还会狠狠地打两巴掌。在父母的严厉的管教下,表面上孩子有所改善,但是在没有成人监督的时候反而更加严重了。

问题

1. 从心理学角度分析奇奇嗑手指甲的不良行为习惯。
2. 针对奇奇的不良行为习惯提出教育指导对策。

案例分析

幼儿的一些不良行为习惯是由心理原因造成的,这一点往往容易被忽视。奇奇嗑手指甲的不良习惯与其情绪有关。心理学告诉我们,幼儿的情绪是伴随人们需要是否满足而产生的体验,消极情绪反应往往反映了孩子的心理需求未能获得及时满足。在"手指问题"的背后,是孩子孤独寂寞、寻求心理安慰的表现。孩子在情绪焦虑、恐惧、孤独寂寞时,常常会以此行为暂时缓解自己的压力,获得安慰。奇奇与父母在一起的时间很少,缺少父母的关心与呵护,缺少与父母的交流,致使他经常独自一人、缺乏安全感、孤独焦虑。父母的严厉批评又进一步加重了奇奇的这种情绪反应,于是,奇奇希望通过嗑手指来安慰自己,从而减轻紧张焦虑的心情。

针对奇奇的不良行为习惯,可以采取以下的教育措施:(1)营造一种温馨愉快的氛围,创设轻松的自由精神环境,使孩子感到安全愉快、情绪稳定,舒适自由。(2)加强对孩子的关注,主动与孩子交流,建立良好师生关系及同伴关系,丰富幼儿活动内容,吸引幼儿的积极参与,鼓励孩子多参与到集体活动中来而不是一人独处。(3)不论是家长还是教师,发现孩子问题不要严厉斥责,选择适宜的方式进行干预,如注意力转移法,尊重幼儿,态度和善,避免引起幼儿的反感。(4)家长应抽出更多的时间陪伴孩子,关心、关注孩子的成长与教育,及时与老师沟通,与幼儿园的教育方式保持一致,发挥家园合力,帮助孩子改掉坏习惯,促进幼儿身心健康发展。

50. 石榴为什么不让奶奶去医院？

案例描述

　　随着幼儿的不断成长，来幼儿园成了一种生活的习惯和自然，每天都能看到孩子们高高兴兴地来到幼儿园，大声地和家长说再见的场面，王老师心中充满了幸福。但是，在今天早晨入园时却发生了这样的一件事情。

　　早晨，只见班里最瘦小的女生石榴一脸的不高兴，奶奶也是一副无可奈何的表情，究竟发生什么事情了呢？王老师急忙微笑着迎上前对石榴说："石榴，早上好，今天你又是全班第一名！你真棒！"石榴看着王老师一脸委屈地说："王老师，我不想让奶奶去医院看病！奶奶去医院就更没有人疼我了。"话音未落"哇"的一声大哭起来。王老师连忙抱起了孩子"不哭，不哭"。

　　一旁的奶奶告诉了王老师事情的缘由。原来石榴的奶奶最近颈椎不好，今天和医生约好要去做颈椎的治疗，这件事情让石榴知道了，孩子十分不高兴，说什么也不让奶奶去医院。奶奶一边给孩子擦眼泪一边对孩子说："别哭了，奶奶不去医院了，好吗？你要是再哭奶奶就真的去医院了。"通过与奶奶的交流，王老师还了解到，石榴3岁时父母离婚，孩子判给了父亲，由于父亲工作忙，孩子一直由奶奶来抚养，跟奶奶的感情最好。妈妈很少来看石榴，石榴也从不说想妈妈的话……

问题

　　1. 请用幼儿心理学的相关知识，分析案例中幼儿的心理状态。

　　2. 从理论到实践相结合的角度，提出如何指导家长调整教育理念和行为，保证孩子健康成长。

案例分析

　　父母的离异对石榴的情绪形成了干扰，由于幼儿年龄小还没有形成心理障碍问题，但如果没有一个持续的调整的话，她的性格、心理乃至人格都会受到影响。由于从小到大，石榴一直由奶奶照顾，所以对奶奶有着强烈的依恋。

　　我们可以采取以下措施，指导家长更好地对待这些单亲幼儿：（1）积极与家长沟通，指出家长在家庭教育中存在的误区和调整策略。家长存在误区一般表现在：隔辈对孩子的溺爱，只是一味地包容和爱孩子，并没有引领幼儿多与其他人相处，享受同伴之间的关爱；没有给孩子创设一个玩儿的环境，快乐的环境，奶奶可以带孩子和亲戚的孩子或是周末和社区的小朋友一起玩儿；对幼儿的期望值过高而对幼儿心理感受体察少。（2）交给家长调整策略：引导幼儿感受周围人对他的关爱（同伴、老师、亲戚朋友）；为幼儿创造与同伴交往的条件，鼓励她多参加集体活动，引导她玩得开心；及时和教师联系及早发现幼儿细微的情绪情感的变化；每天抽出半小时和幼儿聊天共享欢乐时光，这样家长可以及时捕捉幼儿问题，及时帮助幼儿解开心结。

51. 小胖没有了"特殊感"之后……

案例描述

　　小胖是一名特殊儿童，智商偏低。由于不适应集体生活濒临退园。考虑到孩子的将来，以及家长又是那么希望孩子能够像正常孩子那样学习生活，张老师勇敢地接受了他。第一天来到张老师班，正好赶上升旗，张老师特意将他安排在了队伍的中间位置，没有丝毫的特殊感。升旗仪式刚刚开始的时候，张老师观察到小胖的表情是很自豪的，脸上洋溢着笑容。可是，没有多长时间，他就不自觉地动了起来，眼看他要离开集体的队伍，张老师面对全体幼儿说："大一班的孩子真棒，给弟弟妹妹做了榜样，尤其是男孩子表现得更棒。"当小胖听到老师说的话，已经迈出的脚又收了回去，站在了队伍里面，眼睛不停地看着老师，此时，张老师也对他微笑着点头肯定。

　　在升旗仪式快要结束的时候，小胖向老师提出要去解小便。此时，张老师分析他并不是真正的想要去小便，而是长期养成的散漫的毛病又犯啦。于是，她走到小胖的身边，对着他的耳朵说："咱们再坚持一会好吗？要不然小朋友会笑话你的。"这句话果然见效，他坚持住了没有再嚷嚷去小便。待升旗仪式结束时，园长表扬了大一班，张老师又抓住了这一契机向小朋友介绍了新来的小朋友小胖："你们知道咱班为什么会得到表扬吗？这是因为咱班新来的小胖小朋友没有中途去解小便，使得咱班的队伍非常整齐，他为咱班争得了荣誉，我们送给他掌声好不好！"当小朋友把掌声送给小胖的一刹那，老师看到了小胖满足的笑容。

问题

　　案例中教师的教育行为是否适宜？为什么？

案例分析

　　像小胖这样特殊群体的孩子，他们的行为和大多数孩子相比，会有更多的不一样，他们常常会因为不能够自控而被指责和呼来喝去，长此以往，孩子的心灵会受到挫伤而变得敏感、脆弱，甚至是攻击、易怒。案例中的张老师的教育行为是适宜的，具体分析如下：（1）对于一个具有"特殊感"而且缺乏自制力的孩子来说，教师应该尽可能淡化孩子的这种"特殊感"，将他看成一名普通的幼儿，用暗示鼓励的方式引导幼儿有意识的克制自己的不良行为。（2）这些孩子更需要爱的包容和理解，需要更多的关心和呵护，让他们觉得自己是可以和其他孩子一样幸福、快乐的。（3）要多多地关注他们的心理变化，利用日常生活中看似很平常的小事，及时给其肯定与鼓励，使他就能够感觉到老师的爱与关怀，并且能够感受到自己的点滴进步也是能够得到发现与肯定的，久而久之他的自信心就会加强，自制力也会有所增加了。（4）集体面前的肯定表扬对于这样的特殊幼儿来说也是尤为重要的，这样能够增强他的自信心，获得集体的归属感。

　　要指出的是，张老师强调小胖因为没有中途去解小便，从而使班级队伍整齐，会对其他幼儿产生误导，万一以后排队时孩子出现身体不舒服的状况，或者真的想要大、小便时也会强忍，造成身体的伤害。因此，老师只需强调小胖遵守纪律，无须刻意强调忍住小便。

52. 不开心的福福

案例描述

　　小班下学期刚刚开学,一向活泼开朗的福福,却出现了入园困难的现象,每天不愿意来幼儿园。在与福福父母沟通的过程中,得知他最近回家后经常说小朋友不喜欢他,不和他做朋友,有的小朋友还总欺负他。听了家长的反馈,赵老师有些疑惑,因为在幼儿园福福是个性格温顺、与人友善,很少跟小朋友发生争执的孩子,有时他还经常指挥小朋友做这做那,却没发现家长说的这种现象。带着疑问,赵老师有意识地在日常生活中注意观察福福的表现。

　　场景一:

　　音乐游戏找朋友时,福福想找蓓蓓拉手做朋友,可是蓓蓓已经和宁宁手拉手站好了,福福跑过去拉起蓓蓓的手说:"咱们来当好朋友吧!"贝贝说:"我已经和宁宁是好朋友了,我待会儿再找你当朋友。"福福一脸委屈地对着老师说:"老师,蓓蓓不和我当朋友。"

　　场景二:

　　户外活动时,小朋友一起和老师在玩"大风和树叶"的游戏,在奔跑时福福和张广昊小朋友撞了一下,这时福福生气地追赶着昊昊,张着小手要抓昊昊的衣服,可是昊昊跑得太快了,福福被远远的甩在后面,急得他眼泪汪汪的来求助老师:"老师,他撞我了。"

　　场景三:

　　午餐前洗手,许多小朋友都洗完手回到活动室。可福福、聪聪、瞳瞳等幼儿还没回来。赵老师发现,这几个小朋友在玩打枪的游戏,他们有的做着各种打枪的手势,有的还发出了打枪时砰砰的声音,玩得正起劲。可这时福福的小嘴又撅起来了,不高兴的样子。赵老师走过去问:"福福为什么不高兴?""他们用枪打我。"福福低着头委屈地说。听他这么一说,几个小朋友连忙解释:"没有,我们在做游戏,这是假打仗!"当赵老师回过头来再看福福时,福福说:"他们都拿枪打我,没人和我一伙。"

问题

1. 请从幼儿心理发展的年龄特征这个角度,分析福福的交往行为。
2. 从理论与实践相结合的角度,提出促进幼儿同伴交往的指导策略。

案例分析

　　以自我为中心是小班孩子的年龄特征,这个特征在福福身上表现得尤为明显,对交往过程中发生的问题,他总是习惯于关注他人的举动,把问题的责任推到别人身上,如"她不和我当朋友"、"没人和我玩"、"他撞我了"而缺少与人交往的良好策略,需要成人给予交往策略的支持,帮助其体验同伴交往的乐趣。

　　指导策略:(1)积极营造一个有利于交往的宽容、合作、接纳的环境和氛围。根据行为主义学派的观点,个体的行为是由于外在刺激引起的,环境对人的行为塑造起到一定的作用,可以从环境入手帮助幼儿提高交往水平。教师要创设一个宽容、接纳、互助的同伴交往环境,使之在交往过程中获得交往经验,才能有利于幼儿从心理到行为的彻底转变。(2)教给幼儿一些协调同伴关系的具体方法,如轮流玩、交换玩、使用礼貌用语等。(3)开展多种形式的集体活动,让幼儿在活动中练习、掌握交往与合作的技巧,体验同伴交往的乐趣,加深同伴之间的相互了解,为其进一步和同伴进行顺利的交往打下良好的基础。

53. 小图书不哭了

案例描述

看图画书是孩子们喜爱的活动,教室里图书角里崭新的图书无不吸引孩子们,他们经常从书架上取阅自己爱看的图书。但是,由于小班的孩子们还没有养成良好的看书习惯,看完的图书不按照标记"送回家"、撕毁图书等现象时常发生。一天早餐后,赵老师看到书乱七八糟地扔了一地,刚要批评,转念一想,以前多次反复地要求过他们,并没有好的效果,可能批评也无济于事,于是,赵老师想了一个办法。

赵老师做了一个神秘的"嘘"的动作,对孩子们说:"听,是谁在哭?"

活动室里立刻安静下来,片刻,孩子们都说:"老师,没有人哭。"

赵老师继续低声地说:"不,有人哭。"

赵老师蹲在地上竖着耳朵听了听,说:"呀,是图书在哭。"

这时孩子们不说话了,赵老师又对地上的图书说:"你怎么哭啦? 是谁欺负你了吗?"

赵老师捡起图书,用图书的口吻说:"是小朋友们把我扔在地上,没人管我,还把我的伙伴扔得乱七八糟,所以我难过地哭了。"

接着,赵老师转身对孩子们说:"孩子们,咱们以后可别再这样对这些书了,好吗?"

孩子们都大声地说:"好!"

"那怎么做图书就不会哭,会高兴呢?"赵老师引导着。

"不扔它。"

"不撕书。"

"把它们摆整齐。"

"要爱护图书。"

……

小朋友们争先恐后地回答。

听了他们的话,赵老师说:"对呀,我们要是遵守规则,爱护图书,对它们好一点它们就不会哭了,现在我们一起给图书道个歉吧。"

小朋友们纷纷说:"对不起……"

接下来的几天里,赵老师仔细观察孩子们看书的情况,孩子们不再把书扔在地上,看完后也会把图书收拾得整整齐齐,再没有图书乱扔的情况发生了。

问题

请从心理学角度,分析赵老师的教育行为。

案例分析

瑞士著名心理学家皮亚杰指出,儿童时期的"泛灵心理"乃是把事物视为有生命和有意向的东西的一种倾向。在幼儿心目中,一切东西都是有生命、有思想、有感情的活物。这是幼儿在发展过程中出现的一种自然现象,是不可逾越的必经阶段。在教育中,利用幼儿"泛灵心理"会起到事半功倍的效果。案例中赵老师能够将图书"拟人化",符合幼儿的"泛灵心理",使幼儿把外物同化到自己的活动中去,通过拟人化的情境让幼儿获得直接的心理体验,潜移默化地指导幼儿遵守简单的规则,帮助幼儿建立了初步的规则意识。这种教育方法,比起向幼儿讲解深刻道理,效果好得多,取得了以前多次说教都没有达到的效果。

54. 旭 旭 成 功 了

案例描述

升入中班后,孩子们对折纸、剪纸产生了更加浓厚的兴趣。赵老师和孩子们一起收集了关于折纸、剪纸的书籍与图片,并将之投放进到美工区。一时间,美工区成了孩子们最热衷的区域。当孩子们看到书籍中呈现出来的二方连续剪纸的图案时,都被深深地吸引了,孩子们纷纷围到了赵老师的身边,想要一探究竟。于是,赵老师顺应了孩子们的兴趣要求,组织开展了艺术体验活动——好玩的剪纸。

赵老师先向孩子们介绍二方连续的制作方法,然后,让幼儿开始依据自己的兴趣选择不同材料进行操作。有的幼儿选择了圣诞树的模板、有的选择了蝴蝶、小姑娘等模板,孩子们都在专心致志地按照老师示范的要求尝试着。

旭旭选择了心形的模板,他很认真,非常仔细地用一只手按着模板,另一只手沿心形轮廓画着线,然后小心翼翼地开始剪了。当他打开看到和模板一样的半个心形时,充满期待的表情一下子黯淡了下来,他失败了。这时,旁边剪成功的小朋友正在欣喜地欢呼、摆弄着。他羡慕地看了看同伴的作品后,重新从操作材料盒里拿了一份材料再次尝试。因为第一次没有成功,他这一次变得更加小心翼翼,还时不时地搜寻老师的目光。看得出来,他需要帮助!赵老师示意他把画好的图案还原,引导他仔细地观察一下,原来是剪的时候出现了小问题。找到了失败的原因,旭旭使劲地点点头,高兴地说:"哦,知道了!知道了!"可是,剪完后看到的是3个完整的心形,旭旭一下子变得不知所措,几乎要哭出来了。赵老师肯定了旭旭的认真,轻抚他的头,安慰他一定能成功的。这一次,赵老师手把手地和他一起制作,到了开始剪的步骤,旭旭迟疑了一下,看了看开口的一边,又看了看闭口的一边。这时,赵老师及时引导旭旭又观看了一遍二方连续制作方法的视频,看了视频讲解,旭旭好像发现了新大陆一样,回到自己的座位上认真地剪起来。这一次,旭旭成功了!他高兴地举着自己的作品给赵老师看。赵老师向他竖起了大拇指。

问题

请分析赵老师是如何帮助旭旭从受挫的消极情绪中摆脱出来的?

案例分析

案例中的赵老师非常善于观察孩子,敏感地发现旭旭情绪上的细微变化与进步。当旭旭前两次尝试都没有成功时,赵老师通过动作和言语给予了他耐心亲切的肯定和鼓励。当旭旭第三次的尝试遇到困难时,赵老师又以看视频的方式给予了及时的指导。旭旭之所以会在第一次制作中失败,可能是因为以往制作爱心经验的影响,这一次如果按照以前的方法进行制作,显然不会成功的。这个时候,赵老师的及时指导与帮助提升了旭旭的前期经验;赵老师的支持和鼓励使旭旭敢于尝试与表现,让旭旭在小小的成功中体验到积极情绪,旭旭的自信心也随之逐步树立起来了。

55. 不浪费水的飞飞

今天午饭后,幼儿都纷纷到盥洗室内入厕、漱口、洗手,当大部分幼儿都安静地回到自己座位上时,毛毛突然到我面前告状,说飞飞用干净的毛巾沾水池里的脏水。我气冲冲地走到盥洗室,用严厉的声音问:"飞飞,你弄脏水了吗?"飞飞却不在意地点了点头。我有些生气,加重了语调问:"你为什么用干净的毛巾弄脏水,难道你不知道脏水里面有病菌吗?"此时,我看到飞飞眼里充满着渴求理解的目光,我俯下身来问道:"飞飞告诉老师,你为什么用干净的毛巾去沾水池里的脏水?"他迫不及待地向我解释说:"老师,我看到水流到水池里,就马上用毛巾把水池里的水吸起来,这样就不浪费水了!"原来他是不想让那些水白白流掉,就借助自己在生活中感知到的毛巾能吸水的经验,想把水吸起来。我微笑地点点头对他说:"洗手时是要节约用水,可也要讲究卫生呀,水池里是小朋友们洗过的脏水,这样一来病菌就沾到了干净的毛巾上啦!"飞飞似乎明白了,点了点头说:"老师,以后我不沾了。"

问题

1. 请运用心理学知识,对飞飞用干净毛巾吸水池里脏水的行为进行分析。
2. 如果你是老师,你将怎样做呢?

案例分析

幼儿经常会作出在成人看来"低级错误"的事儿,案例中飞飞小朋友用干净毛巾吸水池脏水就是一个典型的表现。幼儿犯这种"低级错误"的原因与其认知发展水平不高、经验不足有关。幼儿在做某一件事情时,常常不能按事情客观规律全面思考,只凭着自己主观经验进行推理。飞飞借助自己在生活中感知到的毛巾能吸水的经验,想把水吸起来,但他没有考虑到水池里的水是脏的。由于幼儿经验不足才会出现为了节约用水,忘了讲究卫生,用干净毛巾吸脏水的"错误"。如果我们不了解幼儿的这个心理特点,一味地指责说教,就会挫伤他们良好的动机。

假如我是这位教师,我会从以下四个方面做起:(1)要学会用孩子的眼光看世界,探知到孩子最殷切的需要,便会发现孩子眼中的世界是如此的清纯和美丽,他们的那些"缺点"、"错误"是完全可以理解的。(2)但是,对于孩子们的"缺点"、"错误"我们又不能仅仅停留在理解上面,正因为孩子们幼稚,才需要我们去引导和教育。爱玩水是每个孩子的天性。教师在来园活动时可适当地给其提供玩水的机会和条件。例如:为动植物换水,浇水,清洗小盘子。用抹布擦洗自己的小抽斗等。教室里挂几把小牙刷,当幼儿玩沙后指甲里残留泥沙和污垢时,可教会幼儿使用小刷子进行清洁。让幼儿感受清洁带来的舒适,初步形成自身对清洁的需要。(3)教师要深刻认识幼儿良好卫生习惯在日常生活中的重要性,关注吃、喝、拉、撒、睡中潜藏的教育因素。采用生动有趣的教育方式,让幼儿内化知识。(4)善待犯错误的孩子。善待孩子的错误,就意味着宽容和接纳。一个宽容和接纳的心理环境,有助于孩子良好自我意识和个性的发展;而良好的自我意识和个性,又可以鼓励他们形成良好的社会认知、社会情感和社会行为。善待孩子的错误,很重要的一点就是要求我们要从孩子自身发展的角度来看待孩子的行为。"每一个孩子不合理的行为背后都有一个合理的原因。"其次,教师应尊重孩子。幼儿期是人格初步形成的重要时期,尊重作为孩子健康和谐成长的要素,对于孩子人格的初步形成具有特别重要的意义。教师的指导方式不是指责、说教,而是"看看镜子里的自己",让真实的结果、客观的事实来告诉幼儿其行为是否适宜,从而使幼儿在没有压力而有动力的状态下主动调整自己的行为,学会解决问题的办法。

56. 创设优良的班级心理环境

案例描述

近年来,因幼儿教师错误的教育行为危害幼儿心理安全的事件屡屡发生。

案例1:

某幼儿园的一位教师,因一位小朋友在做游戏时,屡次不听从指挥,当着所有幼儿的面,将这位小朋友的右手按在滚烫的暖气片上以示惩罚,致使该幼儿右手严重烫伤。

案例2:

2012年10月多家媒体曝光山西省某幼儿园5岁女童因不会做算术题,当着全班小朋友的面,在十几分钟内被主班老师掌掴几十个耳光。

案例3:

"年轻的幼儿园女老师,两手拎着一名小男孩的双耳,将他双脚提离地面约10厘米,老师一脸微笑,而男童的耳朵被扯得变形,张着嘴巴哇哇大哭。"浙江某幼儿园教师虐童照片在网络上被疯狂转载,引起社会舆论的一片哗然,事后有心理学者指出:"如果是像微博上所说的老师是在体罚孩子,那对于一个才上幼儿园的宝宝来说,老师当着这么多孩子的面,硬生生地拎起他的耳朵至半空,肯定会对这个孩子以及旁观孩子造成心理阴影。"

问题

请结合上述案例,从一名带班老师的角度,谈一谈创设优良的班级心理环境应包括哪些方面?

案例分析

很明显,上述案例中的几位老师的做法是错误的,不仅违背了教师职业道德,而且也给幼儿身心带来严重影响;不仅伤害了受虐幼儿一人,也对班级里的其他幼儿的心理造成恶劣的影响。由此看来,创建良好的班级心理环境甚为重要。教师创建良好的班级心理环境,可以从以下七个方面着手:(1)优质的物质环境是保证和前提。(2)幼儿教师树立正确的教育观、儿童观是前提,教师对于教育、教师角色、儿童的看法与观点是影响甚至决定教育行为的重要因素。(3)创设和谐的人际环境,即在教师与教师之间、教师与幼儿之间、幼儿同伴之间,教师与家长之间建立和谐友好的关系。(4)创设优良的信息环境,即教师运用适宜的肢体语言、普通话等传递信息。(5)创设优质的舆论环境,在班集体中树立良好的风气和氛围。(6)创设有序的组织环境,教师对于良好一日活动常规的建立是保证教学秩序的前提,也是保证教学效果、学习效果、良好师生情绪的关键。(7)创设可信赖的情感环境,如教师适当转变"权威者"的角色,适当表达对幼儿的爱,与幼儿之间建立互相信任、温暖的情感关系。

57. 让萱萱快乐起来

案例描述

萱萱小朋友来园快半年了,无论是吃饭、午睡,还是游戏,都表现出胆怯的样子;平时也很少说话,说话时声音小得几乎听不到;她也很少跟同伴小朋友交往,总是默默坐在一边看着别人快乐地游戏、玩耍,自己却无动于衷;别人欺负她,她也不敢申辩,更不敢还手;明明自己会回答的问题,却不敢举手。

班里的李老师对萱萱进行了长期的观察、多次家访,从父母那里了解到:从出生到上幼儿园,萱萱一直由爸爸妈妈带大,与外面的人接触较少;萱萱对新环境、新接触的人存有陌生感,对幼儿园的集体生活适应很慢;萱萱在园里就是有点紧张,有时自己不会的东西老师却提问自己,她怕回答不上来小朋友们会笑话她。李老师认为,越是这样的孩子越需要老师的关爱,于是,她决心用关心和爱心去温暖萱萱、改变萱萱,消除萱萱与老师、同伴之间的隔阂,帮助萱萱建立自信心,尽快适应集体生活。

问题

1. 请运用心理学知识,对萱萱小朋友的性格成因进行分析。
2. 如果你是老师,你将怎样做?

案例分析

孩子的胆小、怯懦的性格的原因是很多方面的,既有遗传又有环境的影响。从遗传上讲,萱萱的气质可能偏向于内倾;从环境上讲,主要是家庭教育的影响。比如,家庭生活过于闭塞,孩子很少有与同龄人、其他人交往的机会,父母限制孩子的活动、娇宠孩子,事事为孩子包办替代,或者父母过分严厉。像萱萱这种沉默寡言的孩子常常成为被老师忽视的幼儿,其实,这样的孩子更需要老师的关爱。

如果我是老师,我将采取以下做法:(1)细心观察她的举动,了解她的需要,给予及时的帮助和满足,激起她愉快的情绪体验,告诉她老师与同伴都很喜欢她,并鼓励她与同伴交往,体验同伴间的欢乐和友谊。(2)以朋友、伙伴的身份蹲下身来细心、专心、耐心地倾听孩子的心声,激发她表现的愿望,教师参与表达的过程,分享她的想法。(3)采用移情法,让班上几个活泼外向的小朋友与她交朋友,创造一个适宜她交往的环境,用同伴的热情和快乐去感染她。每当做游戏时,都要第一个带着她,并时时关注、鼓励她与其他小朋友之间的交往,及时帮助。开始几次,她可能还会怯生生地站在旁边看,只要坚持下去,让她看到大家玩得那么开心,小朋友们又都主动与她一起玩,让同伴的热情感染她,她就会融入同伴、融入集体之中。一旦她迈开交往的第一步,就采取适当的奖励办法鼓励和激发她表现自己。多鼓励、多表扬,为她创造一个宽松自由的环境,支持她积极参与讨论交流。(4)经常与家长沟通、了解和交换情况,坦诚地提出意见和建议,希望他们多鼓励她与人接触交往,多带她到各种集体场合,多与同龄伙伴多接触,有意识地邀请一些小朋友到家中来。

58. "我要祝老师!"

案例描述

新的一周又要开始了,一大早孩子们就陆陆续续地来园了,由于过了个"十一"长假,宝宝们有些不适应,所以有部分的孩子开始哭闹起来,其中要数云云哭得最厉害。

自从上小班以来,她的情绪就不是很稳定,加上受其他幼儿的影响,她哭得就更加厉害了。为了安慰云云,祝老师走过去,把她抱在怀里,安慰着她,渐渐的云云停止了哭泣,去玩玩具了。到了上午吃加餐的时间,云云又开始哭闹了,于是祝老师再次抱起云云,并带她到大厅和阳光房溜达了一圈,逐步稳定了孩子的情绪后,祝老师再带她回到了教室。

云云是班里年纪最小的一个宝宝,老师格外关注。通过和云云妈妈的沟通,老师了解到:云云在家的时候,特别粘着姥姥,一步不肯离开,但当她进了幼儿园,开始时特别不适应,找不到姥姥就要求"老师抱抱",而祝老师恰巧是第一个去抱她的人,而且在年纪上也与她的姥姥相差不多。从此,云云就再也离不开祝老师了,整天吵着要祝老师抱、祝老师陪,祝老师在她的视线里一分钟都不能离开,连倒杯水、上厕所都不行。尤其是入厕和午睡的时候,更是需要祝老师的全程陪同与看护。

问题

1. 请运用心理学知识分析云云的行为。
2. 在分析的基础上,提出有针对性的教育措施。

案例分析

云云的行为是典型的依恋行为。心理学研究表明:依恋是婴幼儿寻求在身体上和心理上与抚养人保持亲密联系的一种倾向,常表现为微笑、依偎、追随等。2—3岁是幼儿依恋感最强的时期,也是幼儿处于依恋关系的明确期。在此阶段中,幼儿对特殊人的偏爱变得更强烈。云云在家的对象主要是姥姥,当她进了幼儿园离开了熟悉的家人后,转移了依恋的目标。在幼儿园,祝老师给云云的关爱最多,而且在年纪上也与家中的老人相差不多,所以,在祝老师那里云云找到了姥姥的感觉,祝老师也就成了她新的依恋对象,一旦云云离开新的依恋目标就会大哭大闹。

安全依恋可使孩子在活动中有安全感,使他能在不同的环境中去探索、学习,可更好地促进孩子的心理、智力发育。幼儿时期的安全依恋还将导致一个人在成人后对人信赖、自我信任,并能成功地依恋自己的同伴和后代,与人们形成良好的人际关系。在对待像云云这样的孩子,可以采取以下教育措施,帮助他们建立安全的依恋,逐步能融入集体中去:(1)从每天抱在手里,过渡到每天只在来园和离园时抱一抱,在一日活动中允许孩子牵着祝老师的衣角,跟着祝老师,慢慢过渡到祝老师在身边陪同,找一个能力强的小朋友牵着云云。(2)在室内区域游戏活动中,从祝老师陪在她身边玩,过渡到祝老师在她的视线范围之内,她能与同伴一起玩。(3)在午睡中,从祝老师坐她身边陪伴,逐步过渡到祝老师在他视线范围之内,可以坐在其他的地方,让她有一个循序渐进的过程。(4)积极与云云的家长沟通交流,统一教养方式,家园合作,达到家园共育的目标。

59. "老师我不会!"

案例描述

区域活动开始了,小朋友都纷纷选择了自己喜欢的区域进行游戏,只有强强还坐在自己的小椅子上。刘老师看到后,走过去问:"强强想玩点什么啊?"强强摇了摇头。刘老师说:"美工区的小朋友还没有满,可以去那玩。"强强点点头,进入了美工区。在观察了一会儿后,刘老师发现强强还是坐在椅子上一动不动,于是又走过去问:"强强怎么不画画啊?""老师,我不会"……活动课上,老师请小朋友帮小动物找家,小朋友们纷纷开始操作材料了,可唯独强强一动不动,并弱弱地说了一声"老师我不会"……午睡起床后,所有小朋友都在穿衣服,强强坐在床上一动不动,"老师,我不会把裤子腿儿掏出来"……

问题

1. 请分析案例中幼儿的行为及导致其行为的原因。
2. 如果你是教师,会用什么教育法帮助案例中的幼儿解决问题。

案例分析

在幼儿园中经常听到孩子说"老师我不会",这些幼儿有共同的特点就是:上课时很少举手发言,惧怕尝试新的任务,在自选活动时总挑选最容易的任务,喜欢模仿别人,很少提出自己的意见和建议。这是幼儿缺乏自信心的表现,其原因是现在的家庭对孩子总是竭尽全力地为其解决困难,什么都包办代替,又或者不考虑还孩子的实际情况,一味地对孩子"高标准严要求",当孩子难以达到父母的要求时经常遭受失败,缺乏成功的体验,逐渐养成了遇事畏惧退缩,对自己缺乏信心。

针对这种情况,教师可采取以下方法帮助孩子树立自信心:(1)心理暗示法。当孩子对某件事缺乏信心时,教师应该对他讲"你能做好这件事,只要用心去做,老师相信你什么事情都可以做好……"在老师的积极暗示下,孩子的自信心会慢慢增强,也会渐渐地喜欢尝试一些新鲜的事物。(2)独立完成法。在一日活动中,教师鼓励幼儿独立完成一些事情,当孩子自己做了,无论结果如何,教师都给予鼓励,使他们感受到经过自己的努力而取得的乐趣,并逐步建立和增强独自做事的自信心,从而乐于自己独立做事。(3)示范法。幼儿的模仿性极强,尤其爱模仿成人的行为。因此,当有些事情孩子不会做或做不好时,教师通过示范,让他们感受到这些事情并不难做,从而增强自信,敢于尝试。

60. 爱 哭 的 乐 乐

案例描述

每天早上来幼儿园,已上中班的乐乐从不像别的小朋友那样高高兴兴地走进大门。每次不是搂着妈妈的脖子,就是拽着妈妈的衣服不放,并且大声地哭闹着。妈妈一开始百般迁就,后来便斥责"看人家其他小朋友,谁像你一样,这么大了还哭……"

乐乐是小班下学期的插班幼儿,上幼儿园前是姥姥带着,父母工作很忙;上幼儿园后他不愿与别人进行正常的语言交流;对别人的话从来都是"听而不闻",不理不睬,对老师及小朋友的问话不予理会;喜欢频繁地上厕所;生活自理能力比班中其他幼儿较弱,穿不上裤子哭,不如他愿他会哭,老师说话声音大些也哭,批评其他小朋友还哭……

问题

1. 请从心理健康的角度,对案例中的乐乐进行分析。
2. 结合心理学理论知识提出相应的应对措施。

案例分析

案例中乐乐的行为是心理压抑的表现。一方面是乐乐的活动空间小,再加上家长的过分保护,使其与同伴交往的机会大大减少。活动乃是幼儿心理健康发展的基础,特别是游戏活动是幼儿的天性。乐乐的游戏活动很少,不能满足其好玩的天性,其压抑的心理也得不到释放。另一方面,妈妈对乐乐心理健康问题的忽视和不正确的教养态度,也会加剧乐乐的不良心理。

应对的措施:(1)减轻幼儿的心理压力。幼儿的心理压力包括外界环境的压力和自身内在的压力。心理压力是导致幼儿心理压抑的主要原因,因此解决幼儿心理压抑问题应先从减轻幼儿心理压力入手。案例中的乐乐是插班幼儿,本身在交往和自理能力等方面就落后于班中其他幼儿,这时教师应对该幼儿有更多的耐心和爱心,保护幼儿的自尊,一视同仁;教师还应利用集体活动的机会,帮助引导幼儿建立友好的同伴关系。同时教师要与家长沟通,在对待孩子的态度上要把握好爱的尺度,不要对幼儿提出过高或不切合实际的要求,减轻幼儿的心理压力。(2)提供幼儿情绪释放的机会。情绪释放是缓解心理压力的一种方法。当发现幼儿心理压抑时,应抓住最佳时机和幼儿交谈。教师应让幼儿懂得,凡事不能憋在心里,应该说出来,教师则鼓励幼儿大胆表达自己的想法,当幼儿表达时给予认可。(3)提高挫折承受力,培养积极的情绪。在现实生活中,挫折是不可避免的,一方面要避免幼儿经受重大挫折,防止严重的心理创伤,另一方面要有意识地培养、锻炼幼儿的挫折承受力。教师可利用情景教学有意识地把幼儿置身于现实生活中,让他们通过亲身的感受,获得有益的知识和经验,从而提高应付挫折的能力。教师也应有意识地设置各种能引起幼儿积极情绪体验与表现的情景,使幼儿不断地获得积极的情绪体验,这对幼儿心理强度的提高,对幼儿的身心健康将产生深远的影响。

61. 不喜欢幼儿园的晨晨

案例描述

开学新接的小班孩子中,多数幼儿经历了宝宝班的幼儿园生活顺利进入了小班,新插班的孩子只有7个,在老师们的殷切呵护下也很快度过了最初的分离焦虑期,顺利入园。班里只有一个叫晨晨的女孩子一直不适应,每天都是哭哭啼啼不能顺利来园,午睡情况也不好,家长也很着急,据说离园后在家里也是不能提起"幼儿园"三个字,听到后就是愁眉苦脸,甚至夜里睡觉也不安稳,有时候会惊醒说:"我不上幼儿园。"

根据孩子的情况,郑老师和家长进行了沟通,一方面了解孩子在家的具体情况,另一方面将孩子们在园的情况和家长做交流,并制定相应的措施。经了解,晨晨生活在一个大家庭,四世同堂,作为家中最小的"萌宝"她在家受到众多长辈的疼爱,有求必应,所有的事情都由家长帮助完成。此外,晨晨在生活中接触的大多是成人,很少有同龄伙伴,也没有与同龄伙伴相处的经验。

根据孩子的反应,我和家长做了原因的分析并采取了一系列的措施。

一段时间后,晨晨在我们的努力下已经能够开心的来幼儿园了!

问题

1. 请运用心理学知识分析晨晨的行为表现。
2. 如果你是晨晨的老师,你会采取哪些有效措施?

案例分析

晨晨的行为表现出她对幼儿园集体生活的极度不适应。由于多是和成人接触,缺少玩伴,也鲜有和小伙伴相处的经验,晨晨到幼儿园后不能适应集体生活,不喜欢也不善于与同伴相处;家里人的过度呵护,造成了晨晨依赖性强、自理能力差,所有事情都需要求助于别人,可在幼儿园不会像在家里那样有求必应,再加上来到幼儿园之后,作息时间、自理能力对于她都是一种挑战,所以晨晨非常抗拒来园。

如果我是晨晨的老师,打算采取以下措施:(1)建议晨晨家长,在家里作息尽量保持和幼儿园差不多的时间。（2）多带晨晨到公共场合接触陌生的朋友，如公园、健身广场、儿童乐园等。（3）可以邀请朋友或邻居家的孩子到家里来做客，让晨晨多多接触小伙伴，同时培养她的交往能力。（4）在幼儿园，老师可以安排晨晨坐在性格开朗的小伙伴旁边，使之受到潜移默化的影响。（5）教师尽可能组织丰富多彩的游戏活动，让晨晨在游戏活动中多体验积极情绪，多为晨晨创造机会扩大其交往范围。（6）老师要用更多的耐心、细心、爱心关注晨晨，减少其分离焦虑情绪，鼓励、关注并积极引导晨晨融入集体生活。

62. 明明的童言童语

案例描述

场景一：
早晨，明明和妈妈一起出门，刚出门，明明发现今天天气很"特殊"，十分好奇地问妈妈："妈妈，你看好大的烟啊！"妈妈听到明明的话，笑了，原来今天是大雾天气。

场景二：
明明最近在幼儿园中听说了一个非常有趣的节日，就是傣族的泼水节。在老师讲解泼水节习俗的时候，明明学会了"泼"字和"泼"的动作含义，于是有一天当明明喝水时，不小心把水杯里的水洒出来了，明明赶紧跑到妈妈面前："妈妈，明明的水泼了。"

问题

1. 从幼儿词汇发展的角度，分析明明的言语行为。
2. 针对明明言语发展特点，说一说教师应该注意什么？

案例分析

幼儿在掌握词汇的过程中，根据对词汇的掌握和运用水平不同，可以分为积极词汇和消极词汇。所谓积极词汇是指儿童理解正确、使用正确的词语，所谓消极词汇是指幼儿能够说出词语，并能理解词语，但是不能准确使用的。根据案例中的描述，"烟"和"泼"是明明能够说出的，也基本理解的，但是不能正确使用的词汇，属于消极词汇。

在幼儿言语发展过程中，教师应该注重幼儿的积极词汇，促进消极词汇向积极词汇的转化；不要仅仅满足于幼儿能够说出多少词，更重要的是看幼儿能够正确理解和使用词语。

63. 爱咬人的玉玉

案例描述

玉玉今年只有2岁4个月，是班内年龄较小的幼儿之一。她虽然年龄小，但性格开朗，活泼好动，独立性很强。玉玉从出生便由父母抚养，也许是父母的宠爱导致了她的任性，在家里稍有不顺她便会大发脾气，并用"咬人"这一攻击方式来表示她的反抗。入园后，这一不良的行为方式也被她"顺其自然"地带到了幼儿园中。

场景一:

区域活动。小朋友们在老师的指导下开始玩儿拼插玩具,哲哲用塑料积木插了一辆小汽车,玉玉看到后伸手去抓,哲哲便和她抢了起来。情急之下,玉玉对准哲哲的左手背咬了一口,哲哲放下玩具,大哭。

场景二:

晚餐时间。玉玉坐在哲哲的旁边,老师递给哲哲一把勺,玉玉伸手去抓,在两名幼儿争抢之际,玉玉朝哲哲的右手背咬了一口,哲哲又一次大哭。

场景三:

读书环节。早饭后,玉玉到图书区选了一本书,坐在沙发上读了起来,霖霖走过去坐在她旁边,大概是想和她一起看书。起初,玉玉只是皱着眉头朝他看了一眼,当霖霖伸手去翻书时,玉玉边叫边在霖霖的手臂上咬了一口。霖霖没有哭,捂着手臂走开了。

场景四:

户外活动。孩子们在老师的组织下分别玩着木马和滑梯。骑着木马的玉玉看着大宇从滑梯上滑下来,便开心地跑过去追他,追到大宇时,高兴地拉过大宇的手咬了一口。大宇大哭,玉玉则呆呆地站在了那里……

虽然"咬人"是低幼儿童常见的攻击性行为,但在班内,玉玉咬人的频率仍然过高。于是,老师与玉玉家长进行了沟通。在与其家长交谈的过程中,教师得知,在家中,爸爸妈妈做什么事情都要顺着玉玉的心意,稍不满意就会用咬人的方式来解决,而家长却对玉玉百般骄纵。

问题

1. 请从社会性发展的角度,分析玉玉的咬人行为。
2. 如果你是老师,你将如何帮助玉玉改掉咬人的不良习惯?

案例分析

玉玉咬人的行为属于工具性攻击行为。所谓工具性攻击行为是指为了实现某种目的而以攻击为手段的行为。分析玉玉咬人的原因:一是由于年龄较小,认知水平低,玉玉做什么事情都以自我为中心,她并不理解成人所说的"不能咬人,咬人不对"的道理;二是想通过"咬人"来达到争抢玩具的目的,既然可以通过"咬人"达到目的,那么只有"一咬再咬";三是想与他人交流但不会表达,所以希望通过"咬人"与人沟通;四是家长不良的教育方式,面对玉玉的任性,家长采取了一味妥协的态度,家长的纵容导致了她这种不良行为的延续。

如果我是老师,可以通过与家长约谈,帮助其家长认识到纵容玉玉咬人行为的后果,逐渐教给玉玉一些与小朋友交往的办法,如用语言来表达"我想和你一起玩儿"等等,并告诉玉玉"被咬的小朋友会疼",逐渐使她获得良好的行为方式,引导玉玉与他人和睦相处。

64. 能 干 的 明 明

案例描述

3岁的明明真是一个干活小能手,在家里能帮助妈妈做好多事情,比如帮妈妈拿东西、取东西,每次做完事情之后都能得到妈妈的表扬。但是,最近明明遇见了很多"麻烦事",做什么事情都不成功,比如有一天妈妈请明明帮自己拿一条藏青色的毛巾过来,明明却拿过去一条灰色的,妈妈让她帮忙拿一件黄色的衣服,明明却拿成了橙色的。

问题

1. 请从幼儿心理发展角度,解释为什么3岁的明明能够帮助妈妈做事情。
2. 明明总拿错衣服与其哪一项能力发展有关?

案例分析

3岁幼儿已经基本掌握母语语法系统,已经储备一定的词汇,言语听觉能力已经发展到一定水平,在日常生活中,能够听懂一些简单的命令,而此时的幼儿非常乐意自己去做事情,参与其中,并从中体验成就感。

明明总拿错衣服与其颜色视觉发展水平有关。在颜色知觉方面,3岁左右幼儿虽然能够基本认清较为简单的颜色,如红、绿等,但是对于一些近似色仍然无法准确进行辨别和命名,比如案例中提到的灰色和藏青色、黄色和橙色,这是导致明明最近总"犯错误"的原因。

65.蚂蚁和西瓜

《蚂蚁和西瓜》是一本极富于趣味性的图画书。漫画似的夸张,简单的线条,让这本书从头至尾都散发出一种轻松、幽默的味道。它只讲了一群蚂蚁是如何将一块被野餐的游客忘在地上的西瓜,分割、搬运、带回蚂蚁窝,并最后用西瓜皮做了个滑滑梯的小故事。它几乎没有多少文字,但在这本书里,每一只蚂蚁的神态、动作和其他蚂蚁都不同,你完全可以根据这些图画自己讲出一个特别特别长、也特别特别好玩的故事来。

文文妈妈向孩子发问:"故事中的主角是谁呀?他有什么跟别人不一样的地方?"在文文观察到了主角是一个戴着黑色小帽的蚂蚁之后,妈妈又进一步提问:"这位能干的小蚂蚁出现在每一页的什么位置呀?当发现西瓜、通知完蚂蚁朋友、开始运西瓜回洞穴的时候他都做些什么呀?"文文耐心地一页一页地阅读、观察,原来蚂蚁主角发现西瓜后(蚁穴一图中)承担了向大家传话的任务,站在洞口大叫"喂——在草地上发现好东西啦"的就是他。后来,蚂蚁们一窝蜂地跑出去,他却只跑在队伍的中间、也就是页面靠下的位置。他还在运西瓜回洞的过程中处处冲在前,或是给同伴加油打气。

妈妈继续引导文文关注绘本故事的细节部分:"蚂蚁主角在运西瓜运不动的时候是怎样的感觉?他又怎样做了呢?"原来,小蚂蚁张大的嘴巴、露出牙齿等表情,充分显示了他给同伴送信儿大吼以及搬运西瓜过程中最最卖力的表现,就连最后创造性地造成了西瓜船的游戏中,他都是与众不同地抱着双肩滑下来的。

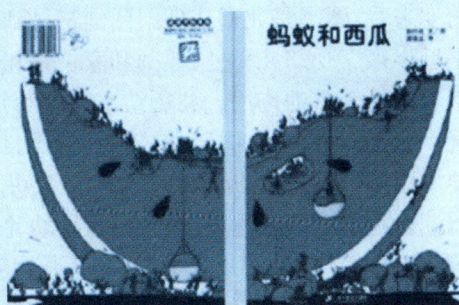

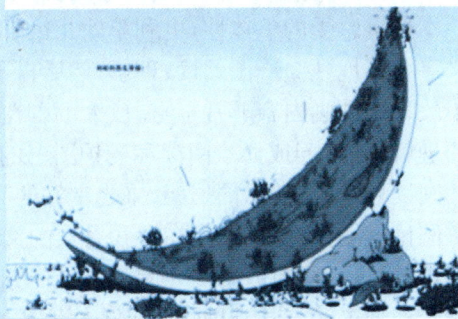

问题

1. 请从幼儿语言发展的年龄特点出发，分析案例中的幼儿是如何理解绘本故事的。
2. 结合案例，说一说如何利用绘本促进幼儿言语发展？

案例分析

阅读，是从书面材料中获取信息的过程。幼儿阅读的书面材料主要是像《蚂蚁和西瓜》这样的图画书，其中的图画、符号以及文字等都是幼儿前阅读的内容。通过早期阅读，幼儿可以接触学习有关书面语言的信息，获得书面语言意识、行为和初步能力。幼儿主要是通过"关键画面形象"、"关键情景变化"、"关键细节表情"这三方面来理解绘本故事的。(1) 在《蚂蚁与西瓜》这个绘本中，关键画面形象涉及发现西瓜的小蚂蚁主角(戴一顶黑色帽子)和其他众蚂蚁，以及郊外西瓜所在和蚁穴等不同的场景。幼儿在阅读的过程中，成人引导其观察人物的典型特征、动作、表情等，最终达到理解故事情节的目的，同时感受文学作品的意境美及文学美感。(2) 对于蚁穴这样一个场景的变化，既可以作为故事情节中的一个环节加以理解，并为后面情节的发展起到承上启下的作用，同时也可以成为一个单独的主题来进行讲述，蚁穴中不同工种的蚂蚁、不同的洞穴、不同的事件等都可以成为孩子语言表达的内容，甚至每一个洞穴中的典型特征与物件都可以作为引导孩子讲述的线索。这就是阅读观察三种经验中的"关键情景变化"。(3) "关键细节表情"在这个绘本故事中也非常凸显，小蚂蚁张大的嘴巴、齐刷刷的牙齿、抱肩的工作等都能引发孩子的联想与想象，利于幼儿对作品的理解与感受。

早期阅读，是由口头语言向书面语言过渡，理解口头言语与文字之间关系的重要经验。从语言教育角度来看，图书是儿童从理解图画符号到文字符号，从学习口头语言向书面语言过渡的有效工具。尤其是近年来广受幼儿喜爱、教师和家长青睐的绘本图书，更是在帮助幼儿顺利完成以上两个过渡的过程中起着举足轻重的作用。利用绘本促进幼儿言语发展，可以从以下四个方面进行：(1) 翻阅图书的基本技能。绘本图书，多重图轻文，这对培养幼儿以翻阅图书为主的基本阅读能力是非常有好处的。拿到一本绘本图书，成人可以从书名开始引导幼儿了解，然后认识图、文作者，甚至是翻译，随后再打开图书开始阅读。在阅读的过程中，成人要指导幼儿轻轻地翻阅图书，并在阅读过程中认识页码、页眉、封面、封底等。(2) 成人朗读图书中的文字，幼儿边看边听。一个故事的完整阅读一定不能受任何讲解的干扰，更不要边问问题、边讲述，所有的问题、讨论以及对图书的认识都应放在完整讲述之后进行，以保证幼儿对绘本故事感受的整体性，也利于幼儿边听讲述边观察图画。随着幼儿年龄的增长，也会逐步过渡到不受文字束缚地独立看图阅读、理解，然后再了解文字内容的过程。(3) 根据画面内容与幼儿进行讨论。绘本故事的图画内容非常丰富，成人可以在讲述故事之后与幼儿进行充分的观察、讨论，加深幼儿对作品的理解。(4) 养成喜欢阅读和爱护图书的良好习惯。无论是在幼儿园还是在家庭中，应为幼儿创设专门的阅读环境，有整洁的书架、采光良好的阅读书桌以及良好的读书氛围等。早期阅读的经验不是通过几次阅读就能养成的，而应在日积月累的阅读活动中获得巩固和发展。成人应有效计划好幼儿的活动时间，利用各种间隙鼓励幼儿阅读、谈自己对故事的想法等。还可以通过制作图书、玩文字游戏、写便签、制定计划书等方式帮助幼儿创造性地运用书面符号语言，成为图书和文字材料的创作者。

66. 小鱼为什么死了？

案例描述

开学初，为丰富班内自然角，毛毛带来了漂亮的小孔雀鱼，小朋友们可喜欢了，在教师的指导下，孩子们每天给它们喂食、换水，有的小朋友还特意让妈妈给小鱼买来鱼虫子。孩子们每天都会趴在窗台亲切地和小鱼"交流"。

龙龙是王老师班一个聪明、活泼的男孩子,有时虽然有些调皮,但做事情很认真,很细致,他也和班内其他小朋友一样非常喜欢这些小鱼,每天都要观察小鱼的变化。这天,午睡起床后,小朋友刚进入活动室,就跑到王老师面前告诉了王老师一个坏消息,原来这几条可爱的小鱼全都死了,这是怎么回事呢?孩子们都很难过,有的孩子还在猜测小鱼是怎么死的?这时,晶晶说:"老师你看鱼缸里的水怎么这么脏呀!这是谁弄的?"大家也都不知道是怎么回事?乐乐说:"老师,我知道,是龙龙弄的,我看见他早上把一块脏抹布放进鱼缸里了。""什么?"我们都吃了一惊,真的是龙龙吗?他为什么要这样做呢?王老师决定要把事情调查清楚。

事情发生后,王老师对他说:"龙龙这样做肯定是有原因的,对不对?和老师说一说好吗?"过了好半天,他才小声音地告诉王老师,"王老师,我看到鱼缸里面有脏东西,所以——"王老师并没有批评指责他,而是让他在活动中自己总结问题并寻求解决的方法。在与同伴的交流中王老师也注意了小朋友对龙龙的影响,王老师和孩子们解释了龙龙的想法,让小朋友不要谴责他,而是共同想办法学会解决问题。在家长的帮助下,小朋友们带来了许多小鱼的资料、图片、光盘,了解了小鱼生活的环境、条件等饲养方法,孩子们兴趣性越来越高。当后来大家看到小鱼的书中介绍养小鱼需要合适的水温、干净的水质、经常换水等条件时,龙龙也笑了,后来,王老师班又饲养了许多小鱼,王老师还带小朋友们参观了"海洋馆",开展了"可爱的小鱼"主题活动,让孩子们了解了更多的有关海洋生物的知识,增强了孩子们探索海洋生物的知识和奥秘。

❓ 问题

1. 以案例为基础,分析区角在科学教育中的特点和价值。
2. 分析案例中老师的科学教育指导策略。

📚 案例分析

区角是幼儿学习科学的主要场所、是教师实施科学教育活动的重要途径。自然角是专门的区角,它能够满足幼儿对广泛的科学现象的探究兴趣,具有结构灵活、幼儿自主性强的特点,体现尊重幼儿个性和多样化选择的特点。案例中的王老师充分利用班级里的自然角,让幼儿自发探索、体验探究过程,并自主建构学习经验。大班幼儿喜欢饲养小动物,有一定的探索能力,善于观察与发现,好奇心强。王老师根据大班儿童的这个特点,围绕孩子们喜欢的孔雀鱼,利用幼儿的好奇心,开展一系列的科学教育活动,使班里的自然角成为幼儿了解自然知识的一个窗口。

案例中的"脏抹布事件"中的教师行为体现出教师的指导策略,要关怀、接纳、尊重幼儿的探索行为,细心观察幼儿的探究行为并及时调整引导。王老师一直在观察龙龙及小朋友的表现,觉得龙龙之所以把抹布放到鱼缸里,是因为他生活经验缺少造成的,而他的出发点是好的,他想给小鱼一个干净整洁的环境。王老师的做法注重了对龙龙小朋友探索欲望的保护、尊重龙龙的情感、善待龙龙的发现与尝试。与此同时,及时纠正龙龙因缺乏经验而做出的错误行为,给予龙龙积极正面的引导和帮助。

67. 孩子们自己制定的游戏规则

案例描述

超市游戏,像预想的一样进行顺利,孩子们兴趣浓厚、参与意识强烈。与老师先前划分的网络框架相比,仅仅几天的时间中,这个框架涵盖的内容已经丰富了几倍,许许多多的内容都是在孩子们活动的过程中不断的生成而来的。

今天是孩子们第一次游戏，由于经验有限，材料摆放了一地、"工作人员"各顾各地独自游戏，超市中一片混乱，"顾客们"不知如何是好。老师以超市总经理的身份及时地参与到幼儿的自主游戏之中，召开了"金龙超市紧急会议"：请大家看一看我们的超市，说一说自己有什么样的感觉？这样的环境顾客喜欢来购物吗？为什么？

在老师的引导下，孩子们通过自己的眼睛发现了问题，通过自己的思考找到了原因，一个新鲜而有趣的内容诞生了——《金龙超市员工守则》，内容如下：

1. 超市工作人员，上班时间不能随便聊天，以免影响顾客。
2. 对待顾客轻声讲话、有礼貌，服务态度要好。
3. 上班时间工作要认真、不能偷懒，喜欢的物品买回家后使用，不能在超市中打开。
4. 上班时间不能迟到。收银台工作人员，必须要把钱结算准确。
5. 工作人员要将物品摆放整齐，让大家都能看清楚。
6. 工作人员打斗或出现错误，黄牌警告一次，第二次红牌罚下。

问题

请分析案例中教师对幼儿的自律行为是如何引导的？

案例分析

在大班幼儿自律行为的养成中，教师也应当为幼儿提供宽松的环境和积极的条件，大胆地探索更多的教育途径。活动中，教师能够以游戏角色的身份自然地融入孩子们的游戏之中，当发现问题时，不是简单的提要求、讲纪律、说教等，而是用游戏的方式组织孩子们暂停游戏，召开员工会议。通过员工会议的方式，巧妙地引导孩子们通过看环境、说体会、找问题等方法，使孩子们自然地投入游戏情境中、主动地商讨解决问题的方法，从而实现了自律的教育目的。关于幼儿自己制定的行为规范守则，它一方面记录了孩子们发现的问题；另一方面又体现了幼儿自己解决问题的方案。充满童言趣语的规范守则，虽然给孩子们的活动带来了限制，但因为是孩子们自己设立的，当然是"遵守没商量"，收到了良好的教育效果。

68. 啊！这么棒的小船！

案例描述

这段时间，班上的男孩子对搭建积木桥特别感兴趣，只要有空儿，就立即跑进建构区用积木搭建起来，对其他区域的材料，尤其是美工区的彩纸理也不理。张老师在美工区投放这些纸张的目的，主要是希望孩子们在折纸的过程中潜移默化地获得有关对称、等分等数学方面的直接经验。怎么办？张老师突然想到了一条妙计。

下班后，她精心用纸折了一只帆船。第二天，当那些男孩子又在津津有味地用积木搭桥时，张老师一下子亮出了自己的"作品"。

"啊！这么棒的小船！"

"张老师！让我玩一会儿！"

"张老师，还有我！我也要玩！"

......

男孩子们一下子都凑过来,向张老师要小帆船。

"不行啊,我自己也要玩啊!"张老师"得意"地说。

"张老师,你教我们折好不好?"一个男孩子建议道。

"好啊!　跟我来吧。"张老师顺水推舟地说道。

男孩子们心甘情愿地来到了美工区,全神贯注地投入折纸活动中。

问题

1. 请用有关幼儿教育活动内容选择的原则,分析案例中教师的教育行为。
2. 从教育活动内容的选择应联系幼儿已有经验、认知结构等角度,提出建议与策略。

案例分析

幼儿园中有些教育活动内容尽管从幼儿长远的发展来看是必要的,但不见得所有的孩子都感兴趣,就像案例中,张老师在美工区投放的材料,男孩子们不感兴趣,也不去关注,致使预设的教育目标没有实现。这时应该怎么办?案例中张老师采用折帆船的方法,将必要的课程内容"转化"为男孩子们的兴趣,使他们进入一种积极的状态,产生一种主动吸收信息的倾向,为进一步的探索或创造性活动做好充分准备。可见,教师能巧妙地将蕴藏着丰富教育价值的活动内容转化成幼儿的兴趣,预设的教育目标才能实现。

建议与策略:幼儿园活动内容的选择一方面要结合课程目标,另一方面要根据幼儿的年龄特点和身心发展水平。具体来讲:(1)活动内容要符合幼儿已有的发展水平,又能促进其进一步发展,即所谓的"跳一跳摘到桃子";(2)活动内容是幼儿感兴趣的、关心的,因此教师不仅要顺应儿童的兴趣,也应引导儿童的兴趣;(3)活动内容应具有直接经验性,使幼儿能够通过直接感知、操作和体验,将具有直观性、情境性和活动性的学习内容转化为自己的直接经验。

69. 想玩"我们的游戏"

案例描述

王老师正在进行一次公开课,为了体现幼儿是教育活动的主体,以及遵循游戏性的基本教育原则,王老师在此次教育活动中安排了多个游戏,做到教学游戏化,以便调动幼儿的积极性、激发幼儿的求知欲。当王老师发出第3个游戏的指令时,几个幼儿面露难色开始低声地讨论着。

东东:哎,真没意思,老师又让咱们玩"她的游戏"了。

乐乐:我不想玩,你想玩吗?

陶陶:我也不想玩,快点按照王老师的要求做吧,这样就能快一点玩"我们的游戏"了。

......

几分钟后,王老师宣布活动结束,幼儿可以自由活动。

东东:啊!太好了!终于可以玩我们自己的游戏了!

乐乐:我还想和你玩……

陶陶:我们这样玩吧……

几个小伙伴有说有笑地商量着游戏的玩法。

问题

1. 请从游戏特点的角度，分析案例中"她的游戏"与"我们的游戏"有什么不同？并对王老师的教学行为进行分析。

2. 结合幼儿园游戏与教学的关系，提出在幼儿园教学中运用游戏的指导策略。

案例分析

游戏的特点：(1) 游戏是快乐的；(2) 游戏是自愿、自主的；(3) 游戏是充满幻想的；(4) 游戏与生活密不可分；(5) 游戏是有"规则"的。只有具备了这些特点的行为或活动才是幼儿真正的游戏。案例中所指"她的游戏"是老师为实现教学目标采用的教学游戏，这种游戏目的性较强，由教师组织，并非幼儿自愿发起，这是一种"假"游戏；"我们的游戏"是幼儿喜欢玩的，不受教学干扰的幼儿主动、自愿选择的游戏，这是一种"真"游戏。案例中的王老师对于游戏在教学中的运用既有可取之处，也有不妥之处：可取之处在于她能够认识到游戏是幼儿的基本活动，游戏对于幼儿发展的重要性，并能够将游戏与教学联系起来，利用游戏的设置增加教学的游戏性、提高趣味性，这是"教学游戏化"；欠妥之处在于，她对于教学中游戏的选择缺乏考虑，王老师选择的游戏过多，而且游戏与幼儿的兴趣不是十分相符，失去了教学中运用游戏的意义，从这个角度讲是"游戏教学化"。

在幼儿园中，游戏既具有其本质属性——自发性，又具有其功能属性——教育性，幼儿喜欢自发性的游戏，而在教学中应用游戏不仅能发挥游戏的教育价值，还使教学趣味化。因此，在幼儿园教学中要注意教学与游戏的整合，提倡在教学中运用游戏，即"教学游戏化"，其中要注意把握对游戏运用的度，如果过量地运用游戏，并且未充分考虑游戏与幼儿兴趣、需要是否符合，就容易出现"游戏教学化"。因此，教师在处理教学与游戏的关系时，要兼顾游戏的本质属性和功能属性，把握游戏在教学中应用的度，平衡好游戏与教学之间的关系。

70. "老师，他抢我电话！"

案例描述

小二班的幼儿最喜欢玩娃娃家了，只要有空闲的时间，就会有几个小朋友玩娃娃家。今天的自由活动时间毛毛、豆豆和果果三个人一起来玩娃娃家。

毛毛：今天我要扮演妈妈。

豆豆：我要扮演爸爸。

果果：那我扮演娃娃，我是女孩儿。

几个小伙伴玩了一会，"妈妈"用手摸了一下娃娃的头说："不好了，孩子发烧了！"

豆豆：快给医院打电话。

这时豆豆和毛毛几乎同时拿起"电话"，要给医院打电话。

毛毛：我是妈妈，我要照顾宝宝，我打电话！

豆豆：你做了很多了，我要打电话！

两个孩子谁也不肯放开手，最后，豆豆力气大，把电话夺了过来。

毛毛大声地哭起来，跑到老师面前："老师，他……他……他抢我电话！"

问题

1. 结合案例，对小班游戏材料的投放进行分析。
2. 结合幼儿园的工作，对玩具及游戏材料投放提出可行性建议。

案例分析

不同年龄段的幼儿主要的游戏活动以及喜欢的游戏类型会有所不同，这与幼儿生理发展的特点及心理发展阶段、水平息息相关。小班幼儿比较喜欢玩娃娃家的游戏，从材料的结构性角度看，娃娃家中的娃娃、电话、床等材料都属于高结构的玩具或材料，具有模拟性强、功能较固定、可变性小等特点。这种玩具或材料适合对生活及周围世界感性知识经验较少的小班幼儿。案例中毛毛和豆豆因为争抢电话，导致毛毛去找老师告状，反映的是小班幼儿的游戏材料要结合小班幼儿的游戏水平及特点进行投放。小班幼儿以独自游戏、平行游戏为主，幼儿的游戏行为较多地源于对同伴的模仿，这就要求在小班投放的游戏玩具或材料种类要少，但同类玩具或材料的数量要较多，一定要能够满足较多的幼儿对游戏材料的需求。

在幼儿园工作中，玩具及游戏的材料投放时应考虑以下三点：（1）遵循发展适宜性原则，即玩具或材料的内容的深浅程度既要符合幼儿的原有水平和基础，又能促进幼儿在原有水平上的发展。既要考虑纵向的各年龄段的差异，又要考虑到横向的全体与个体的差异；（2）遵循动态性原则，即玩具及材料并不是一成不变的，要随着对幼儿游戏的观察，结合幼儿的需要随时增加、变换区域间玩具及材料的组合，并注意一些材料的回归；（3）遵循情感性原则，投放幼儿生活中熟悉的材料，并物化着积极、乐观的情感。

71. 我是属猪的

案例描述

快到晚餐的时候，有人告状说泽泽带玩具来了。王老师接过玩具，发现它是一个属相的牌子，孩子们从王老师身边经过的时候，一双双小眼睛都使劲地盯着小牌子，然后兴奋地告诉王老师："王老师，我是属鼠的！""我是属猪的！"

王老师和属鼠的孩子们开着玩笑说："小老鼠上灯台，偷油吃下不来……"孩子们也跟着王老师一起了朗读。斌斌瞪着眼睛想了想说："有属猪的儿歌吗？"王老师回答："我也不知道！"看着他有些沮丧的样子，一个有趣的念头涌上了王老师的心头，她接着说："咱们可以试着自己编一首有关猪的儿歌。"大家都笑了，一幅兴趣盎然的样子。顺着儿歌《小老鼠》韵调，王老师先来开头："小肥猪怎么样？"旭旭回答："呼噜噜。"又有一个孩子接着说："不讲卫生脏乎乎。"听到大家编的儿歌，属猪的斌斌一幅不高兴的样子说："谁说猪不讲卫生，你们根本不了解猪，只有我们属猪的才最清楚猪是讲卫生的！"结果，大家一致同意了斌斌的建议，儿歌的内容当然是改成了"小肥猪呼噜噜，爱清洁，讲卫生"。

问题

1. 请用幼儿语言发展的有关知识，分析案例中教师的教育行为。
2. 从理论与实践相结合的角度，提出促进幼儿语言发展的指导策略。

案例分析

一次"意外"引出了这次的活动，老师的及时把握使"意外"变成了教育良机。在活动中王老师顺应了幼儿的兴趣，引导孩子们调动对于动物的已有经验，进行有趣的语言创编活动，充分调动了幼儿的主动性、积极性和创造性，使幼儿言语在轻松愉快的氛围中获得了发展。

这一次的生成活动充分体现出"生活即教育"的含义，生活中处处有可以利用的、有价值的教育资源。幼儿言语的发展孕育在日常生活中，教师要做到：（1）创设适当的语言环境，让幼儿充分感知言语，并与幼儿进行语言上的交流与沟通。（2）激发幼儿言语交往的兴趣。选择幼儿感兴趣的内容引发话题，在自然、无拘无束的气氛中激发幼儿说话的兴趣，鼓励幼儿尽情表达、大胆说话。（3）创造幼儿言语交往的机会，加强言语练习。日常生活中把握时机、渗透教育、随机练习，丰富幼儿的词汇，发展幼儿口语。

72. 回应还是不回应？[①]

案例描述

大班绘本《鼠小弟的小背心》的主要情节是这样的：鼠小弟很喜欢妈妈织的小背心，鸭子、猴子、海狮、狮子等看到了，都跟鼠小弟说："小背心真漂亮，让我穿穿好吗？"……

在集体教学活动过程中，王老师提的第一个问题是："小鸭想穿小背心，你们猜鼠小弟会借给它穿吗？"王老师的话音刚落，涛涛就大声问道："小鸭穿得下吗？"王老师回应道："你是想说，穿得下就借，穿不下就不借，是吗？"涛涛回答说："穿不下。"王老师说："你的意思王老师懂了，就是不借。"过了一会儿，"猴子"出场了，涛涛又问："猴子怎么不在树上？它跑到地上来干吗？"这时，其他幼儿回应道："猴子就喜欢在树上、地上跳上跳下的。""猴子还会跑到地上来吃东西呢。"……看来孩子们一起"溜号"了。轮到"海狮"出场了，涛涛马上站起来说："海狮是生活在水里的，不能跑到岸上来。"王老师想这个问题回答起来有点复杂，为了不影响教学活动进程，王老师没有马上回答，而是说："等一会儿王老师和你们一起寻找答案好吗？"……

活动结束后，王老师带着孩子们"集体溜号"的困惑和其他教师展开了讨论，一些教师认为孩子的很多答非所问不必回应，但也有一些教师认为，教学就是不断地生成，不回避矛盾才会有精彩。当然，并不是幼儿的所有提问都要回应，要对幼儿的提问进行价值判断。回应是难的，不回应则是简单的，王老师究竟该怎样做呢？

问题

1. 分析案例中王老师的困惑。
2. 从幼儿语言发展与教育的角度，说明教师该不该回应。
3. 王老师该如何回应幼儿的提问呢？请你给王老师提出建议。

案例分析

从对话内容看出，幼儿根据已有经验，对文本中的信息进行选择、加工和处理，"穿不下"的判断显示其经验的局限性——不了解针织衫有一定的弹性。当出现"海狮穿背心"的画面时，幼儿没能关注连续

---

① 郑荔、王慧.找到串起珍珠的"线"——谈集体绘本阅读活动中教师应注意的问题[J].幼儿教育,2013,9.

画面所表达的"小背心越来越大"的含义,却质疑"海狮不能到岸上来",说明幼儿准确感知画面主题的能力有待发展。幼儿的阅读需要教师加以适当引导,但是,对话中王老师始终关注"借不借",而幼儿始终关注"是否穿得下",师幼之间出现了语义交错。由此,这一"集体溜号"现象固然是幼儿不能准确理解教师的问题、阅读能力弱等因素造成的,但也与王老师的教育行为有着密切的关系。

《幼儿园教育指导纲要(试行)》(以下简称《纲要》)明确提出,发展语言的关键是创设一个能使幼儿想说、敢说、喜欢说、有机会说并能得到积极应答的环境;而从阅读活动的价值来说,阅读活动能为幼儿提供学习语言的具体语境,提供语言发展的契机。教师如果漠视幼儿的发言,无疑会挫伤他们学习语言的积极性。此外,幼儿表达自己的观点,正是调动原有经验的过程,教师的回应能够帮助幼儿将已有经验与阅读文本相结合。因此,"回应"是教师的职责所在。

在这个案例中,教师对幼儿的回应,需要巧妙地紧扣故事主线。幼儿质疑"海狮不能跑到岸上来",反映出他在调动自己的经验去理解故事,教师可以解释"海狮也是可以到陆地上的";至于幼儿问"猴子跑到地上来干吗",教师可以回答"小背心太漂亮了,连小猴子都从树上下来穿了,他也喜欢小背心"。这样就轻松回到讨论的主题上来了。

73. 谁当小班长?

案例描述

　　科学活动中,小朋友们在纪律和常规方面有些松懈,张老师为了整顿班级纪律,提出建议和要求:"请所有小朋友立刻回到座位上坐好!我看谁坐得比较好,就请谁当小班长,为其他小朋友分发实验材料。"听到要求后,大部分小朋友都立即安静并坐好,其中要数小红最快安静下来、坐得最好。可并不是所有小朋友都能按照老师的要求去做,比如小明就像没有听见老师的要求一样,仍然在活动室中四处游走。但是,此时却听老师说道:"我觉得小明小朋友坐得最好,老师请他当小班长。"(小明是老师平时最喜欢的小朋友)颇具戏剧性的是,小红听到张老师的评价和安排之后,"哎……"长叹一口气。

问题

案例中张老师的做法是否合理?为什么?请运用教育评价的相关知识进行分析。

案例分析

　　案例中张教师的做法是不合理的。从案例中张老师的教育教学过程中,我们不难看出,教师的(非正式)评价掺杂教师个人情感和好恶,并由此造成经常出现评价标准不统一的问题,即教师针对同样一种表现,但是对不同幼儿做出的评价性质完全不同,教师的不统一的标准势必会影响到幼儿的积极性与参与性,以及师幼互动和交往的质量。

74. 我不是小偷!

案例描述

　　中班的区域活动中,孩子们都在自己喜欢的区域内活动。忽然,角色游戏区传来了一阵吵闹声,谷老师赶紧走过去,看到"售货员"与"顾客"丫丫在争吵。谷老师在一旁悄悄地观察。原来,在角色游戏"蛋糕房"中，"顾客"丫丫想用"蛋糕房"里的橡皮泥捏东西，没有告诉"售货员"就将橡皮泥拿走了。"售货员"发现后马上抓住了这个"小偷"。丫丫委屈地辩解道："你胡说，我只是拿橡皮泥玩一下，怎么会是小偷？""售货员"却不这么认为："从蛋糕店拿走东西不交钱的人就是小偷，就要被警察抓起来！"两人就这样僵持不下，吵了起来。

见此情景，谷老师以"店长"的身份出现在"蛋糕房"里，耐心倾听了"售货员"与"顾客"的陈述后，并首先表扬了"售货员"对工作认真负责的态度，然后引导她思考与"顾客"吵架会不会影响其他的"顾客"。于是，大家商量等"蛋糕房"闭店之后再处理这件事。

"蛋糕房"游戏结束后，"店长""售货员""顾客"三方共同回忆生活经验，讨论了解决此类问题的最佳方法。通过这样的引导，丫丫明白了，橡皮泥是班里的玩具，但在"蛋糕房"游戏里，自己的角色是"顾客"，在"蛋糕房"里随便拿东西是不对的，这就是"蛋糕房"游戏的规则。

问题

1. 以案例为基础，对中班幼儿游戏进行分析。
2. 分析案例中教师的指导策略。

案例分析

中班是角色游戏的高峰期，这个年龄阶段的幼儿喜欢和同伴共同游戏，此时，他们的游戏兴趣显著增强，游戏水平也大大提高了。他们能够自己组织游戏、选择主题、自行分工、扮演角色等，游戏情节丰富、内容多样化，在游戏活动中逐渐学会与人交往，并掌握一些简单的道德标准。中班幼儿，由于交往技能的不足，不知道有哪些交往的方式可以找到好朋友，不知道哪种交往的方式是正确的，容易发生争执和攻击性行为。另外，由于他们还处于规则意识萌芽阶段，是非观念较模糊，因此也容易发生冲突。在这次角色游戏中，丫丫虽然以"顾客"的身份进入"蛋糕房"，但是在面对自己心爱的东西时，她忘记了自己的"顾客"身份，认为自己拿走的只是班内的东西而已。因此，当"售货员"质问她的时候，她反而觉得自己深受委屈。

在上述案例中，教师没有急于解决冲突，盲目干预，而是能够根据游戏的发展，当幼儿发生争执时，把握时机及时指导，适时改变自身的角色，以"店长"的角色进入游戏，耐心引导幼儿，利用游戏规则，使幼儿更积极主动地规范自身行为。通过引导幼儿对生活情景的回忆，调动了幼儿已有经验，进一步引导幼儿明确是非，使幼儿在游戏中获得知识，逐步建立是非感。

75. "好汉"晨晨

案例描述

场景一：

盥洗室里，王老师将两个扭打在一起的两个男孩子拉开，其中一个就是小朋友口中的"打架王"晨晨。"你们俩为什么打架？有什么事情要用拳头来解决，不能好好说吗？"王老师生气地质问。晨晨低着头不说话，一副很不以为然的样子，另一个孩子抢先申诉道："我没招没惹晨晨，他就打我！""晨晨你为什么打人？"王老师再一次地追问。晨晨猛然他抬起头，愤愤地说："他欺负然然，还推她，然然差点儿摔着……"边说着小手还攥成了拳头。然然是班里一个乖巧可爱的小妹妹。"老师说过，我们要爱护和照顾小妹妹，可、可他不听还、还……我、我就……"从他断断续续的解释中露出了委屈的哽咽。

场景二：

集合的时间到了,小朋友们陆续走到老师跟前,排好队准备回班。可是,荡船上还有一个小朋友,因为荡船还没有停下来,而焦急地朝大家挥着手示意"等一等"。突然,晨晨跑出队伍,用力拉住了还在摆动的荡船,强烈的惯性将他拽倒在荡船旁,险些碰伤。面对老师和小朋友惊恐的眼神,晨晨红着脸双手搓着衣摆说:"我想救他下来。"

场景三：

多多从家中带来了一辆遥控车,高兴地与小伙伴们一起玩着,玩着玩着,遥控车就被多多遥控到了钢琴底下的缝隙中,卡住出不来了,多多急得要哭了。这时,晨晨过来一下子就趴在了地上,脸贴着地面,眯着一只眼朝夹缝里瞅,大声告诉多多:"我看见了!在这儿!"说着就伸手去够,结果遥控车的后侧一个轱辘被拉掉了。多多心疼得"哇"的一声就哭了,晨晨也傻了眼。

问题

针对案例中的三个场景,对晨晨的行为进行分析,并提出相应的指导对策。

案例分析

对场景一的分析：在场景一中,晨晨表现出爱打抱不平的性格特点。爱打抱不平是男孩常见的性格特点,像晨晨这种爱打抱不平的孩子,都是具有正义感的孩子,他们往往比其他孩子更懂事,懂得分辨是非。只是对于学龄前儿童来说,由于认知水平有限,处理事情的能力不足,在"路见不平"的时候,容易行为不当,从而造成伤害。相应的指导对策是：当孩子因为打抱不平与别人打架时,教师不要先忙着批评孩子的打架行为,而是先要肯定孩子的打抱不平是对的；同时,教师要让男孩明白,保护小妹妹是对的,但要用一种正确的方式,拳头是不能解决问题的。对方有错误,可以向他指出来,对方不听可以告诉老师,但不能打他!帮孩子分析,除了打架之外,还有很多方法可以帮助弱小者脱离困境。这样孩子才能真心接受意见,改变错误的行为,掌握正确的方法。

对场景二的分析：在场景二中,晨晨也是为了帮助同伴,想"救他下来",但行为有些鲁莽。五六岁的孩子往往还不清楚什么是勇敢,什么是鲁莽,如今不管是电视剧,还是动画片,有一些人物角色具有超能力,可以刀枪不入,可以踏空飞行……这时的孩子理解能力比较差,看到这些镜头后,他们可能认为是可行的,从而加以模仿。因此,当孩子看到电视中的某位"英雄"做了什么勇敢之举时,我们要告诉孩子,生活中没有这种有超能力的人,不应该学他们的这种勇敢行为。而且要给孩子讲解一些保护自己的知识,让孩子明白,英雄并不是靠自己的蛮力一味蛮干,而是要运用自己的英勇和智慧,巧妙地让求助者摆脱困境。与此同时,积累孩子的生活经验,减少莽撞的行为。"孩子的知识是从经验获得的,而孩子的生活本身就是游戏。"我们应帮助孩子广泛接触各种事物,积累生活经验。同时,借助孩子莽撞行为造成的后果,使他们接受教训,并懂得一些生活常识。

对场景三的分析：在场景三中,晨晨有些莽撞。莽撞,是孩子成长过程中不可避免的行为,成人如果对他们的莽撞行为长期不予理睬,也会使他们在种种莽撞行为的重复中,形成坏的性格、习惯。因此,教师首先向大家解释晨晨是想要做好事才不小心弄坏遥控车的,这样既得到多多的谅解,又肯定了晨晨热心助人的好品格,为孩子今后继续保持积极向上的品质创设良好环境。同时,还要告诉晨晨做事要观察思考,不能蛮干,这样才不会好心办坏事。

76. 孩子应该报哪个班？

　　现今社会中,家长对孩子的未来寄予厚望,带着"望子成龙""望女成凤"的心态多方面培养子女的综合素质,谁也不想让孩子输在起跑线上。社会上兴起的武术班、英语班、钢琴班、绘画班等迎合了广大家长对子女的教育需求,为了进一步满足家长的需要,一些幼儿园不得不举办各种特长班、兴趣班……

问题

1. 从幼儿园教育目标的角度对案例中描述的现象进行分析。
2. 结合家园共育的指导思想,对家长提出培养幼儿的指导策略。

案例分析

　　幼儿园教育的目标是"对幼儿实施体、智、德、美等方面全面发展的教育,促进其身心和谐发展"。幼儿园教育目标是完成幼儿园教育任务,提高幼儿园教育质量的重要指导思想,国家通过这一目标对全国幼儿园教育进行领导和调控。社会上一些机构为了迎合家长的需要举办的特色班通常带有重知识轻能力、重智力轻人格的特点,家长盲目地选择一些特长班、兴趣班,安排幼儿去学习,一方面可能与幼儿的兴趣需要不符;另一方面容易对幼儿进行单方面的培养,影响幼儿的全面发展。

　　家长培养幼儿时应从以下三点考虑:(1)明确自己对于幼儿的期望。家长通常是"望子成龙,望女成凤",有的家长希望自己的孩子能够特别优秀,有的希望自己的孩子能够实现自己未完成的梦想,有的只是希望孩子能够幸福、快乐,过简单平凡的生活。不同家长对于子女的期望有所不同,家长在培养幼儿时首先要清楚自己为什么去培养孩子,要实现什么预期。(2)了解幼儿的兴趣、爱好和发展需要。很多家长为孩子报钢琴班,认为孩子就喜欢钢琴。这是父母对孩子缺乏了解和沟通的典型案例。父母培养幼儿的最终目的都是为了孩子发展更好,但在培养的方式和过程中,一定要了解孩子是否喜欢,是否需要。充分考虑孩子的个人意愿,能够有效提升培养的效果。(3)结合幼儿的兴趣、爱好、发展需要、自己的期望,为幼儿选择适宜的培养方式。在清楚自己对于子女的预期,了解孩子的兴趣、爱好及发展需要后,家长要选择适宜的培养方式。例如,有的家长希望孩子身体发育良好,能够健康快乐成长,可以通过定期的亲子运动,去公园慢跑、爬山等方式进行锻炼,不一定非得报体育类的特长班;如果有的家长想要孩子成为舞蹈家,幼儿也喜欢舞蹈,可以为幼儿选择专业的舞蹈训练班进行培训。

77. 淘 淘 笑 了

　　淘淘活泼、好动,是班里出了名的"好动分子",不管是在教育活动时间、区域游戏时间还是户外活动时间,淘淘不会停留在固定的地方,一会儿去这边看一看、玩一玩,与小伙伴聊聊天,一会儿跑去那边看一看。而且,淘淘的好奇心极强,遇到新鲜事就会发问,班里给他取名为"淘气包"。但是,最近几天王老师发现"淘气包"竟然在区域游戏时间静静地坐在一边,低下头,不去玩游戏,甚至连别人在玩什么他看都不看一眼。之后,王老师走到他身边,拉住淘淘的手,微笑着问他不去玩游戏的原因,才得知他最喜爱的玩具车找不到了,他为此感到很不高兴,没有玩游戏的心情。之后,王老师又给他一定的建议和鼓励,并将他搂在怀里。过一会儿,淘淘的脸上露出了久违的笑容。

问题

1. 请运用教师与幼儿沟通的有关知识,对案例中教师的做法进行分析。
2. 从理论与实践相结合的角度,提出促进教师与幼儿沟通的指导策略。

案例分析

教师与幼儿的沟通能力是教师必备能力中非常重要的一种能力,沟通方式包括非言语沟通和言语沟通。非言语沟通包括教师通过微笑、点头、抚摸、蹲下与幼儿交流等,教师与幼儿的身体接触有利于安定幼儿的情绪,让幼儿消除紧张、感到温暖、安全;言语沟通是指教师和幼儿直接交谈。个别或小组中的交谈是幼儿分享情感、心灵交汇的重要途径。使用恰当的沟通方式,有助于教师更好地了解幼儿的情绪情感及需要,以便更好地开展教师对幼儿的教育和引导。案例中王老师采用了微笑、拉手、拥抱的非言语沟通方式,与询问、交谈的言语沟通相结合的方式对淘淘不爱玩游戏的原因进行了解、沟通,稳定了淘淘的情绪。

教师与幼儿沟通的策略:教师与幼儿平等地交流;教师还需掌握一定的沟通技能,包括引发交谈的技能、倾听的技能、扩展谈话的技能、对个别幼儿谈话的技能和结束交谈的技能。在沟通的过程中,注意教师言语的使用和根据幼儿反应、变化随机调整沟通的方式及沟通的时机。另外,教师在与幼儿沟通时还需注意:注意倾听、注意身体姿势、语言的表达要简明易于理解、教师可以在与幼儿沟通时表达自己的思想和情绪,便于幼儿对教师的进一步了解。

78. 老虎是一级保护动物,不能杀!

案例描述

一次大班集体教学活动中,李老师正在出示图片,给小朋友们讲故事。故事的梗概是一只小兔子在森林里遇见了大老虎,小兔子面临危险,李老师让小朋友们想办法救助小兔子。这个活动的目的是培养幼儿的口语表达能力和发散思维。一个小朋友说:"赶快给猎人打电话,让猎人把老虎杀掉。"话音刚落,另一个小朋友站起来说:"老虎是一级保护动物,不能杀。"接着,班里炸开了锅,围绕老虎"该不该杀"争论不休。这时,老师大声说:"好了,好了,都别争了! 咱们的任务是想办法帮助小兔子! 我看谁的办法好!"孩子们的声音小了下来,但争论却没有停息……

问题

1. 案例中李老师的教育行为适宜吗? 为什么?
2. 从幼儿园教育活动实施的角度,提出建议与策略。

案例分析

　　李老师的教育行为是不适宜的。案例中的李老师尽管在活动前可能做出了详细的活动计划，但活动中仍出现了一些她始料不及的情况。当李老师提出她预先设计好的问题后，幼儿并未顺着她预先设想的答案去回答，而是幼儿的答案又生成了另一些同样重要的新问题。然而，李老师对孩子这些不符合原定计划的问题和想法置之不理，原封不动地执行原有计划，因此，她没有真正从幼儿的"学"出发，也不能真正为幼儿的"学"服务，不利于幼儿生动活泼、主动有效地学习。

　　在幼儿园教育活动实施过程中，教师要想真正为幼儿的"学"服务，应做到以下四点：（1）改变传统的教育活动实施观念。活动实施的过程不是原封不动地执行预先设计好的活动方案的过程，而是教师和幼儿共同围绕某个主题或内容合作探讨，不断生成新的学习机会的过程，这其中充满着教师的智慧和创造性的劳动。（2）在准备活动方案时，教师应多几种假设，以便在实施过程中能够应对幼儿不同的反应。（3）当发现孩子真正感兴趣而且有教育价值的事物时，教师应敢于打破原有计划，调整活动内容。（4）活动结束后，教师应对活动目标、内容结构和活动过程进行反思，不断积累，以便拥有更丰富的教育智慧。

79. 保育老师做什么？

案例描述

　　丁丁是阳光幼儿园中班的小朋友，午睡后他穿完衣服便开始穿鞋，但是不管他怎么努力，鞋带还是系不上。这时，保育老师李老师看见了便走过来，边系鞋带边对丁丁说："你怎么还不会系鞋带呢？好了，我替你系好了，去吃水果吧！"正在为女孩梳头发的王老师看见了，就对保育老师说："李老师，下次就告诉丁丁系鞋带的方法吧，我们不能一直替他做，应该教他学会如何系鞋带。"保育老师李老师听见了便说："我是保育老师，我只负责照顾他们，教育孩子是你们负责教育的老师应该做的，与我无关。"

问题

1. 李老师和王老师谁说的对？为什么？
2. 从保育与教育的关系角度，对保教结合工作提出指导策略。

案例分析

　　保育和教育是幼儿园两大方面的工作，为了更好地促进幼儿全面、身心健康和谐的发展，保教结合是幼儿园工作的重要原则。保育和教育并不是截然分离的，保育和教育是相互联系、相互渗透的关系：一方面，教育中包含保育的成分；另一方面，保育中也渗透着教育的内容。案例中的保育李老师没有正确认识到保育和教育的关系，她认为保育的任务仅仅是照顾幼儿，并不包括教育的任务，这是不对的。保育老师应该在做保育工作的同时起到教育幼儿的作用，幼儿园的工作不能将保育和教育分裂开来，由此可见，王老师的观点是正确的。

　　保教结合工作的指导策略：（1）正确认识保育工作与教育工作的关系。保育和教育有各自的主要职能，但并不是截然分离的。教育中包含保育的成分，保育中也渗透着教育内容。如幼儿画画时，教师除了指导幼儿绘画，还必须高度重视幼儿的用眼卫生、坐姿等方面。（2）避免出现保教分离的现象。有的教师认为保育工作是保育员的事,与自己无关,不将保育工作写到教育计划中,在教育时忽略保育因素。例如,户外体育活动时只考虑对幼儿动作的要求及动作技能的提高,而忽视幼儿的运动量大小、运动时间等对幼儿身体的影响。在幼儿园工作中应避免此类保育与教育分离现象的发生。(3)在同一过程中实现保教结合。保育和教育不能孤立地分开进行,而需要在同一过程中完成。以案例中的幼儿系鞋带为例,如果幼儿知道系鞋带的方法,只是动作不娴熟就应让幼儿自己系,通过重复的练习幼儿能明显感到自己能力的提升,对自己更有信心。如果保育员为了工作效率,嫌幼儿系得慢,帮助幼儿把鞋带系好,幼儿会感到自己能力差,不想去练习。

80. 小博士幼儿园的教育目标

案例描述

　　小博士幼儿园的老师们在一次关于制定该幼儿园教育目标的教研中产生了分歧:一些教师认为制定幼儿园的园所教育目标要以教育目的作为主要依据,因为幼儿教育是教育的重要组成部分,幼儿教育的目标要与教育目标保持一致;另一些教师认为制定幼儿园的园所教育目标应以幼儿的发展水平、能力、兴趣和需要为依据,因为幼儿教育的主体是幼儿,幼儿园的教育要促进幼儿的发展,所以要以幼儿的能力、年龄特征、兴趣爱好等作为制定园所教育目标的主要依据。双方因各自坚持自己的观点,仍处于争执之中。

问题

　　1. 从幼儿园教育目标制定的角度分析此案例。
　　2. 根据幼儿园教学的具体工作,提出制定幼儿园教育目标的注意事项。

案例分析

　　幼儿园教育目标是对幼儿园培养什么样的幼儿做出的规定。幼儿园教育目标制定的依据是教育目的和幼儿身心发展的规律。幼儿教育是教育的重要组成部分,幼儿园的教育目标必须与教育目的的要求一致;同时,幼儿园教育目标必须考虑幼儿的身心发展水平及特点,因此,幼儿园教育目标的制定,必须既考虑教育目的的精神,又结合幼儿的身心发展规律,两者缺一不可。案例中的这两类教师的观点都有片面,他们只看到了制定幼儿园教育目标的单一依据。

　　制定幼儿园教育目标时应注意:(1)教育目标分解的方法要适当,按照时间的范围划分,幼儿园的教育目标包括分为学年教育目标、学期教育目标、月教育目标、周教育目标、单元活动教育目标和具体活动目标。(2)教育目标的涵盖面要全面。无论哪一层次的教育目标都要全面,包括幼儿全面发展的各个方面及内容,如在体、智、德、美四个方面不能出现重德轻智、重智轻德的情况。(3)教育目标要有连续性和一致性。教育的阶段性目标之间要互相衔接,体现幼儿心理发展的渐进性和连续性;每层目标要协调一致,具体目标与总目标保持一致。

81. 我不喜欢来幼儿园

案例描述

9月1日开学第一天，为了迎接孩子们的到来，幼儿园的赵老师做好了充分的准备：有趣的动画片，好吃的小糖果，好玩的玩具，还给每个孩子准备了一个贴有他们名字的小胸卡，小贴纸……3岁的乐乐小朋友早上第一个来到幼儿园，他紧紧地拉着妈妈的手，哭得很大声。

"你来得真早呀，早上好，乐乐！"赵老师热情地和乐乐打招呼，可是乐乐并没有回答，而且还把头藏在妈妈的衣领里，妈妈劝了好大一会儿，乐乐才肯下来。但是，无论赵老师怎么和乐乐说话，乐乐都不理赵老师。等妈妈要走的时候，乐乐哭得更加伤心了，并大喊："我不要妈妈走，我不喜欢来幼儿园。"

问题

1. 分析乐乐不愿意上幼儿园的原因。
2. 假如你是赵老师，你可以采取哪些措施缓解乐乐的这种情况呢？

案例分析

根据案例中的描述，乐乐不愿意上幼儿园是入园初期不适应的表现，分析其原因可能有以下几个方面：乐乐对妈妈情感依恋带来的分离焦虑；乐乐对幼儿园集体生活在习惯上的不适应；乐乐自身能力不足而带来的压力感；人际对象和关系的变化；对幼儿园新环境的敏感。

针对以上情况，如果我是老师，我将采取以下措施缓解乐乐的不适：（1）提前熟悉法。入园之前开展幼儿家长开放活动，请家长和小朋友一起来幼儿园体验幼儿园生活，或者主动走访幼儿家庭，进行家访活动。（2）表扬鼓励法。可以设立"每周全勤宝宝"奖项，对按时来园、情绪愉悦来园的幼儿进行奖励。（3）事物吸引法。针对幼儿的兴趣安排教学内容、游戏活动或者提供玩具，吸引幼儿的注意力。（4）与乐乐建立情感联系，增加乐乐的安全感，如增加身体接触、降低陌生感等。

82. 没有接送卡怎么办？

案例描述

离园时间到了，其他小朋友都被接走了，班里只剩下丹丹一个人没被接走，眼看就到园里规定的下班时间了，赵老师也非常着急，于是，给丹丹父母打电话，可是怎么也打不通。就在这时，来了一位男士，自称是丹丹的大姨夫，但是没有带接送卡，说"自己来附近办事，想顺便把丹丹接走"。赵老师因自己家中也有急事，于是就让丹丹跟着男士离园了。

问题

1. 案例中赵老师的做法是否适宜？为什么？
2. 为保证幼儿安全顺利离园，教师在幼儿离园环节应做好哪些工作？

案例分析

　　赵老师的做法是不适宜的。赵老师应该认真遵守幼儿园相关"家长接送制度"的规定，不因自己的私事而违反相关规定，不应该让自称"大姨夫"的人接走幼儿。但是，如果遇到特殊情况时，也应具体问题具体分析，以本案例为例，赵老师可以进一步与父母取得联系，证实"大姨夫"的身份；向主管园长及时进行汇报，请示如何处理；利用机会向家长说明和解释幼儿园的相关接送制度，希望家长认真遵守；向家长说明幼儿园相关接送制度的必要性，请家长理解幼儿园的规定，注意缓解家长的焦躁的心情等等。

　　离园环节，教师为了保证幼儿安全顺利离园，需做好以下工作：严格遵守相关规章制度，如家长接送制度，教师之间交接班制度；做好离园环节的班级组织工作，组织一些较为安静、集中不分散的活动等。

83. 壮 壮 哭 了

案例描述

　　音乐游戏时间，小一班的小朋友们一起玩"抓尾巴"的游戏，每个小朋友都从王老师那里得到一条纱巾，系到身体后面，当做自己的尾巴。如果谁的尾巴被揪掉了，就算是输了。游戏开始，小朋友们高兴地互相追逐起来。可是，游戏进行得并不顺利，没过几分钟传来了壮壮的哭声，因为他的尾巴被别的小朋友揪掉了。听到壮壮的哭声，王老师宣布游戏暂时停止，告诉小朋友们，"这只是一个游戏而已，自己的尾巴被揪掉了没有关系，只要把尾巴重新系好，还可以继续玩游戏"，同时，王老师告诉小朋友一个保护尾巴的策略："你要想办法保护好自己的尾巴，在别人靠近你的尾巴的时候你可以坐下，把尾巴压到屁股下面，或者靠墙站好，把尾巴藏起来……"

问题

1. 请从案例的描述中，评析壮壮的发展水平。
2. 请对案例中王老师处理问题的做法做出分析。

案例分析

　　案例中"抓尾巴"游戏，是属于典型的象征性游戏（也称假装游戏），当壮壮的尾巴（丝巾）被揪掉的时候，壮壮觉得自己输了，自己丢掉了属于自己的东西。所以哭泣，这说明壮壮"以物代物"的想象和思维能力的发展水平有限，这个时期的壮壮正处于象征性游戏阶段，其发展水平有待提高。

　　总体来说，案例中王老师的做法还是比较合理的。（1）王老师没有过于强化游戏的结果。案例中，虽然壮壮的尾巴被揪掉了，但是老师告诉他只要把尾巴系好，仍然可以参与游戏，没有受到任何的惩罚。（2）王老师引导幼儿认识到了"游戏中的输赢是暂时的，通过自己的努力，是可以取得胜利的"。在上述游戏中，听到壮壮的哭声，老师没有急于安抚他的情绪，而是提出了解决问题的策略，这样不仅鼓励壮壮继续把游戏进行下去，更是一次良好的挫折教育，让他体会到，哭不是解决问题的办法。

84. 幼儿园里的消防演习

案例描述

　　为切实加强幼儿园消防安全教育,提高师生应对火灾危险的应急处理能力,苗苗幼儿园打算在本周五举办一次消防演习活动。

　　自从得知幼儿园本周五要开展演习活动后,大班王老师就好像找到了管理班级的"法宝",每当有小朋友未能按照常规要求去做时,王老师就会告诉小朋友,"如果你再不好好的,周五的消防演习你就别参加"。而且,王老师为了演习的时候本班幼儿都能够快速跑出去,就在班里组织了预演习。因为王老师的大班在一楼,为了增加难度,王老师就命令所有小朋友:"当听到老师喊着火了,快跑的指令时,所有小朋友一起往三楼跑,而且要比一比谁跑得最快。"

问题

　　1. 你认为王老师的做法对吗,为什么?
　　2. 请你就"如何正确科学地组织演习"提出合理建议。

案例分析

　　王老师的做法是错误的。原因有两个:(1)王老师对消防演习的重要意义认识不到位,根据案例中的描述,王老师把消防演习当做奖励幼儿或惩罚幼儿表现的筹码,而且王老师的这种做法也非常容易让幼儿产生消防演习只是"一次游戏"的认识,曲解了消防演习的意义。(2)王老师在组织预演习的过程中,出现了知识性错误,即发生火灾时应该跑到楼外,而不是跑上楼。

　　建议:(1)教师必须重视并且深刻认识到"消防演习"的重要性与严肃性,切忌把这当做游戏或是无关紧要的练习。(2)教师组织演习的目的,是以"演习"为形式,传播安全教育常识。因此,教师可以在演习前进行安全主题教育活动,通过教育教学活动,让幼儿了解安全自救措施、常识等知识和技能,了解如何应对突发灾害事件。(3)教师在组织演习的过程中,要做到指令准确,组织有序,防止衍生安全问题。

85. 小红帽的故事

案例描述

　　语言领域集体教学活动中,王老师给幼儿讲"小红帽的故事"。为了加深幼儿对故事的理解,王老师利用活动玩具"狼"和"红帽"作为教具。她一边有声有色、抑扬顿挫地讲解故事情节,一边演示活动教具,同时伴随相关的轻音乐……

问题

　　请从幼儿园语言教学的角度,对王老师的教学行为进行分析。

案例分析

王老师的故事教学活动所采取的教学方法和手段比较得当。爱听美妙的故事是幼儿的天性,也是幼儿最易接受的艺术形式,儿童故事具有多方面的教育价值。讲述是最基本的教学形式,是教师运用语言和声音把作品的内容传达给幼儿。幼儿思维发展水平不高,单凭语言本身来理解故事内容还有一定的困难,所以,案例中的王老师讲述故事时,有声有色、抑扬顿挫,利用声音的高、低、快、慢、恰当的停顿、语音语调的变化等言语表情,唤起幼儿头脑中的表象,有助于幼儿对故事情节的理解。与此同时,王老师还辅助以生动形象的教具和符合故事情节的音乐,从视、听方面为幼儿提供了丰富的刺激,视听结合有助于发展幼儿的形象思维,有利于幼儿边听故事边展开各种想象。这样的故事讲述容易使幼儿受到感染,并从中接受教育。

86. 学前班好吗?

案例描述

场景一:
丁丁九月份就要升入大班了,可是暑假的时候,丁丁的爸爸妈妈却告诉他,开学后不让他去幼儿园了,而是要把他送到学前班去,原因是爸爸妈妈感觉丁丁所在的幼儿园中什么知识都不教,这样的话,丁丁到一年级以后肯定就比别的孩子"慢了半步",会输在起跑线上。

场景二:
为了吸引更多的生源,小红花幼儿园的王园长决定在暑假开办学前班,专门招收九月份就要上小学的孩子,而且为了教学效果立竿见影,王园长决定学前班上教授小学一年级和二年级的知识,并为小朋友们购买了各种练习册。

问题

1. 请你说一说案例中父母和园长的做法是否正确。为什么?
2. 做好幼小衔接工作,需要从哪些方面着手?

案例分析

案例中父母和园长的做法不正确。两者对于幼小衔接阶段的内容和任务存在误区,呈现出了不同程度的幼儿园小学化的倾向。

幼小衔接教育的实质问题是主体的适应性问题,为解决这一实质问题必须做好以下三点:(1) 培养入学意识。通过参观了解小学的生活情况,减少幼儿对小学的恐惧感。(2) 培养社会适应能力。要在认识兴趣、学习积极性、意志力、自信心等个性品质方面,以及社会交往能力方面,对幼儿进行培养和训练,这样才能缩短进入小学后的适应期。(3) 培养学习适应能力。引导幼儿从小养成爱读书、做事情认真、集中注意力听课、保持文具和书本整洁等学习习惯。

87. 王老师的烦恼

案例描述

　　中班的王老师发现，在集体教育活动中，每当老师提问，班里总是那几个固定的幼儿举手发言，而另一些孩子总是坐在一边，充当旁观者。为了使每个幼儿得到发展，了解幼儿真实发展水平，提高课堂参与性，王老师在上课时总是刻意让那些不举手的幼儿回答，但效果总是不甚理想。

问题

　　针对王老师面临的问题，请你为王老师提出有效的教育建议。

案例分析

　　我的建议是：首先要分析幼儿不发言的原因，接下来，具体问题具体处理：（1）如果是因为胆子小而不敢在集体面前说话，那么要多为幼儿创设说话的环境和机会，鼓励他大胆发言，可以让他先在熟悉的老师、同伴面前发言，再在小组活动中发言，最后在集体活动中引导他当众讲话，并及时表扬。（2）对待怕说错、不想说、自尊心强、好面子的幼儿，对其进行个别指导，有意识地请他把自己的想法告诉老师，及时肯定正确的回答，并引导他回答完整。（3）对待那些确实不知道、能力弱的幼儿，多给他们提供在集体活动中讲话的机会，让他回答最简单的问题，或重复别人回答过的问题。

88. 阳阳和波波

案例描述

　　离园前的几分钟，大一班主班张老师、配班王老师、保育员高老师都在忙于照看幼儿整理衣服，这时，波波和阳阳发生了争执，并扭打在了一起，等老师们赶过来处理时，波波的脖子上已经有一条很明显的抓痕。高老师立即带领波波去幼儿园的医务室处理伤口，张老师和王老师对此事进行调查，在了解此事的过程中，得知阳阳和波波在中班时就在一起，并且两人是好朋友，从中班主班老师那里得知这两个孩子经常会发生打闹的情况，但两个孩子打完就好，好了还会再打，一直没有出现什么情况。张老师和王老师在调查了解的基础上，准备与两个孩子的家长进行沟通……

问题

　　1. 从教师必备的能力角度，对案例中三位老师的做法进行分析。
　　2. 幼儿教师在与家长沟通时应该的注意事项有哪些？

案例分析

　　幼儿教师必备的能力有观察能力、沟通能力和组织活动的能力，其中，沟通能力尤为重要，幼儿教师需要与幼儿沟通,与幼儿家长沟通。案例中的三位老师对于幼儿冲突行为的处理较为及时、得当。保育老师及时处理受伤幼儿的伤口,张老师和王老师在与家长沟通之前将两位幼儿发生冲突的原因、经过等进行细致了解。观察、了解幼儿在幼儿园的情况是教师与家长沟通的前提,三位老师及时恰当地做好与家长沟通突发事件的准备工作,有利于幼儿园与家庭的合作和沟通,及对幼儿进行共同教育。

与家长沟通需注意以下四点:(1)在与家长沟通之前,幼儿教师应先了解清楚事情发生的原因及经过,并将其表述清楚;(2)在与家长沟通时,应清楚家长的类型,根据不同家长的类型调整语言的表述;(3)在与家长沟通时,应注意倾听,尊重家长,态度适宜;(4)在与家长沟通时,应注意语言表达的技巧,尽量使用描述式的语言,避免使用告状式的语言。

89. 幼儿教师的抱怨

案例描述

如今,幼儿园越来越重视培养幼儿良好的行为习惯,特别是幼儿在生活中的一些习惯,而这是一项长期且艰巨的任务。经常有一些幼儿园的老师在星期一时抱怨。

"好不容易经过几周才养成的良好习惯,孩子回家过个周末就又出现不认真吃饭、爱说话、不讲卫生……"

"我们老师辛辛苦苦在幼儿园培养幼儿形成一个良好的习惯,家长轻而易举地就让幼儿回到了原点,真不知家长是怎么想的,和老师站在对立面……"

"可不是嘛,不配合老师的工作,按照老师的要求做就罢了,有些家长还认为老师的方法不对,总给幼儿园提意见,好像专业的老师教育孩子还不如他,哎,真拿他们没办法……"

问题

1. 从幼儿园与家庭合作的角度,对案例中教师的观点进行分析。
2. 根据家园共育的相关知识,提出幼儿园与家庭合作的指导策略。

案例分析

案例中老师们抱怨的现象虽然具有一定的真实性,但作为幼儿教师,更应该将关注点放在如何做好家园合作上。家庭是幼儿成长最自然的生态环境,是幼儿的第一个学校,是幼儿园重要的教育力量。为了更好地促进幼儿的发展,幼儿园与家庭需要进行合作,形成家园教育合力。一方面,要鼓励和引导家长直接或间接地参与幼儿园教育,同心协力培养幼儿;另一方面,幼儿园要帮助家长树立正确的教育观念和教育方法。作为幼儿园对幼儿实施教育的主要人员,幼儿教师应明确幼儿园与家庭合作的内容及方式方法,家庭与幼儿园的教育观念并不是截然相反的对立面。

做好家园共育工作,幼儿园教师必须要和家长进行沟通,应采取家长直接参与和间接参与的方式,通过家长会、家访、家长开放日、亲子游戏、家园联系簿、家长委员会、家长座谈会、电话联系、书面练习等多种方式进行沟通,可以利用幼儿每天入园、离园的时间,围绕幼儿的行为表现、幼儿的生活习惯以及对幼儿的教育等方面与家长交换意见。

90. 谁 当 怪 兽?[①]

案例描述

　　户外活动时间,大三班的孩子们在大型户外玩具上玩"抓怪兽"游戏,时而爬上爬下,时而追逐。

　　在小朋友一片"抓东东大怪兽"的叫喊声中,被当做"怪兽"追赶的东东小脸憋得通红,拼命奔跑着、躲闪着……

　　一直在一旁观察的主班老师喊道:"大一班的小朋友到我这儿来!"

　　孩子们停下游戏围过去。

　　老师:"刚才你们玩的是什么游戏啊?"

　　阳阳:"抓怪兽游戏。"

　　豆豆:"抓东东,东东是怪兽!"

　　老师:"那我们小朋友有没有问过东东,他愿不愿意当怪兽啊?"

　　小朋友们都不作声,东东还在气喘吁吁。

　　老师:"东东,告诉大家,你愿不愿意当怪兽啊?"

　　东东想了想,摇摇头。

　　老师:"哦,大家看到了,东东不愿意当怪兽,刚才是谁说让他当怪兽的?"

　　乐乐:"我也不知道,听别人说的。"

　　辽辽:"我听阳阳说的……"

　　老师:"既然东东不愿意当,你们怎么能不问他就让他当怪兽了呢? 你们看把他追得气喘吁吁的:小朋友能不能这个样子的?"

　　壮壮说:"老师,我也想当怪兽,下次我来当!"

? 问题

　　1. 结合幼儿游戏的相关知识,对案例中教师对幼儿游戏的指导进行分析。

　　2. 结合幼儿园游戏的实际情况,提出教师对幼儿游戏的指导策略及注意问题。

案例分析

　　案例中的教师在指导幼儿游戏前对幼儿的游戏状况进行观察,教师对幼儿游戏的指导一般通过平行式介入法和交叉式介入法两种方式参与到幼儿的游戏中,或通过材料进行指引、语言指导等方法获得幼儿游戏的真实表现,以及发现游戏中存在的问题。平行式介入法指教师以平行角色的身份或教师的身份来参与幼儿的游戏,教师在幼儿附近,和幼儿玩相同的或不同材料和情节的游戏,目的在于引导幼儿模仿,教师起着暗示作用的方法;交叉式介入法指教师以角色的身份参与幼儿的游戏,以游戏情节需要的动作、语言来引导儿童游戏的发展的方法。案例中的老师采用询问式的语言指导法循序渐进地引导幼儿发现游戏中角色分配存在的问题,并进一步引导幼儿自行解决该问题。案例中老师用"既然东东不愿意当,你们怎么能不问他就让他当呢"这样的引导式问题,让幼儿自己发现关于"谁是怪兽"游戏中角色分配要结合小伙伴的个人游戏意愿,通过老师的引导,壮壮小朋友提出"下次我来当怪兽",幼儿游戏角色分配的问题得到了解决。

[①] 改编自 233 校网。

　　教师对幼儿的游戏进行指导时,要根据幼儿游戏的类型选择适当的指导方式;要结合对幼儿游戏活动的观察进行指导。游戏要从游戏环境创设、玩具和材料投放、回应幼儿游戏的表现等进行计划;在游戏中适时、适当地进行指导;在游戏过程中适时介入。

91. 游戏还是学习?

案例描述

　　豆豆和宁宁同岁,同时上了幼儿园小班。由于豆豆的爸爸妈妈工作忙,不久她被送到镇上的奶奶家。爷爷奶奶比较重视豆豆的知识量,平时会教豆豆背诗、写字,而且小镇幼儿园的老师非常强调知识学习,豆豆经常做作业。一年后,豆豆已经能认识许多字了,而宁宁却整天沉浸在游戏中,几乎看不见她学习、写作业,一个字也不认得。宁宁的爸爸妈妈开始为此担心,害怕幼儿园这样的教学会影响宁宁今后的学习和发展。

问题

1. 结合案例,运用游戏理论分析游戏对于幼儿发展的价值。
2. 结合幼儿的日常生活,提出家长对幼儿游戏支持的策略。

案例分析

　　游戏对于幼儿的发展具有重要的价值,游戏可以促进幼儿身体的发展、游戏可以促进幼儿认知的发展、游戏可以促进幼儿社会性的发展、游戏可以促进幼儿情感的发展。幼儿可以在游戏中获得关于周围物质世界的知识经验,游戏可以将幼儿已经内化的知识经验再现于特定的情境中。游戏对于幼儿身体机能、智力、创造力、语言、与同伴交往能力等方面的发展均起到促进作用。宁宁的父母将游戏与学习当作是对立面,这种观念是不对的,他们的担心也是没有必要的,因为幼儿适当的游戏能够促进幼儿的学习。

　　家长应正确认识游戏对于幼儿发展的诸多价值,理解游戏对于幼儿发展的重要性;家长要注重对幼儿游戏环境的创设、游戏玩具及材料的提供;注意观察幼儿游戏中的表现,对其进行适当引导;恰当适时地参与到幼儿的游戏中;通过亲子游戏引导幼儿多方面的发展。

92. "我还想去幼儿园……"

案例描述

　　苗苗上小学了,刚开始的一两个月,她对小学的生活充满了好奇,觉得很新鲜。渐渐地她不再对上学感到特别兴奋,当妈妈问她原因时,她的回答是:"上小学没意思,每天要上好多节课,不停地写作业,不能像幼儿园那样可以自由地画画、折纸,也没有午睡,下午上课很困。而且玩的时间也很少。我还想还去幼儿园……"

问题

1. 结合幼小衔接的相关知识，对案例进行分析。
2. 针对幼儿园的生活特点，提出幼小衔接的策略及注意事项。

案例分析

做好幼小衔接是幼儿园的一项重要工作内容，直接影响着幼儿入学后身体、心理和社会性等方面的发展。幼小衔接包括在情感方面、社会适应性方面、学习准备方面进行有效的衔接。造成衔接不好的原因是：主导活动由幼儿园的游戏变为小学的学科文化知识的学习、作息制度及生活管理、师生关系、环境的布置、社会及成人对儿童的要求和期望等方面的改变。从苗苗的回答中分析，苗苗对上小学不感兴趣了，想要去幼儿园是由于在主导活动、作息制度两大方面没有衔接好。

从幼儿园的角度，做好幼小衔接工作需要从情感上培养幼儿对小学生活的热爱和向往，从主动性、独立性、人际交往能力、规则意识和任务意识方面培养幼儿对小学生活的适应性，从学习习惯、非智力品质、思维能力和基础能力等方面帮助幼儿做好入学前的学习准备。其中，要注意幼儿园与小学之间双向的培养工作；提高教师素质，有的放矢做好过渡期的教育工作；结合地区特点和幼儿自身特点，有针对性地进行幼小衔接；加强家、园、学校、社区力量的相互配合。

93. 谁是笨孩子？

案 例 描 述

多多是班里的小明星，学习东西快，记忆力好，懂礼貌，受到很多小朋友的喜欢以及张老师的喜爱，张老师甚至直呼多多为"儿子"。班里还有几个孩子比较受关注，他们在教育活动时不会安静地坐在小椅子上，总想摸摸这，看看那，注意力不集中。令张老师头疼的是这些孩子只要学东西就不感兴趣，什么都不会，其他的活动他们倒是精力充沛，活蹦乱跳的，还经常扰乱活动的秩序……张老师总夸赞多多是个好孩子，聪明的孩子，而那几个淘气包比较笨，学本领慢。

问题

1. 结合幼儿学习评价的相关知识，分析案例中张老师对幼儿的评价行为。
2. 根据幼儿园的具体工作，提出教师评价幼儿学习的策略及注意事项。

案例分析

从评价目的分析，幼儿学习的评价可分为诊断性评价、形成性评价和总结性评价。对幼儿学习的评价属于个别化评价，这是一种形成性评价。对幼儿的学习进行评价的目的在于为幼儿提供反馈信息，促进幼儿学习；帮助教师发现幼儿学习的问题，改善教学；改善幼儿的学习态度和情感体验；修改教学方案、教学计划。案例中的张老师对于多多和其他幼儿的评价过于主观，对幼儿的学习进行评价并不是要给予幼儿一个评论，而在于促进幼儿去完善、发展自己。此外，张老师对幼儿的评价方法和评价标准过于单一，不能局限于智力或某个领域的评价。

教师在日常工作中对幼儿学习的评价可以采用多种方法，如观察法、测验法、访谈法和个案研究法等基本的评价方法;以游戏为基础的评价法、真实性评价法、档案评价法和多彩光谱评价法。教师要注意对幼儿的评价要有客观事实依据(观察记录、照片、录像等),切勿形成过于主观评价的误区;另外要避免用单一标准评价幼儿,要多角度去评价幼儿的学习。

94. 小三班的益智区

案例描述

　　在小三班活动室内,有益智区、图书区、建筑区、美工区、娃娃家和自然角,经过一个多月的观察,庞老师发现去益智区游戏的幼儿较少,即使有幼儿去了益智区,也是摆弄几下玩具就离开了,为此庞老师开始反思,是什么原因导致这种现象的发生。经过仔细查找发现,原来把大班的新来的益智玩具投放在了本班的益智区。

问题

1. 运用幼儿园环境创设的相关知识,对案例中庞老师的环境创设进行分析。
2. 教师在进行幼儿园环境创设时应遵循哪些原则?

案例分析

　　环境创设要考虑到幼儿的身心发展特点和兴趣、需要,教师对于游戏区域的设置、玩教具和材料的投放要符合幼儿的身心发展特点和兴趣需求。案例中的庞老师在投放材料时没有遵循发展适宜性的原则,没有把握好本班幼儿游戏材料的"最近发展区"。在实际投放材料时,忽略了幼儿年龄段的特点。根据年龄特征,小班玩具的投放应该是:提供玩具的种类不要太多,但相同种类的玩具数量要多些;大班玩具的投放应该是:提供的种类要多些,同类玩具的数量不需太多。

　　在幼儿园环境创设时,教师应遵循以下原则:环境与教育目标的一致性原则、发展适宜性原则、幼儿参与性原则、开放性原则、经济性原则。

95. 幼儿园还"安全"吗?

案例描述

　　近些年,幼儿园的安全事故频发。有些是社会上的一些其他行业人员造成的,而有些则是幼儿园里的教师造成的。在网上广泛传播的浙江幼儿教师虐童事件,教师笑着揪起孩子的耳朵,将其脱离地面,孩子痛苦的表情和教师脸上得意的笑容形成鲜明对比……甚至有的幼儿园监控录像显示,教师一脚将附近的幼儿踢出五六米开外,还有一些报道称幼儿教师、保育员对幼儿实施体罚,幼儿伤痕累累且大小便失禁……这些画面无一不让人触目惊心,心生忧恐。如今,幼儿家长在为子女择园时,比起幼儿园设施的条件,更担心幼儿教师的素质。

问题

　　结合案例,谈一谈幼儿教师应具备哪些基本素质。

案例分析

案例描述的幼儿教师虐待幼儿、体罚幼儿的事件，说明这些教师的职业道德素质不达标，缺乏最起码的职业道德；同时也说明目前我国幼儿教师素质有待进一步提高。我国《幼儿园工作规程》规定，幼儿教师应当"热爱幼儿教育事业，爱护幼儿，努力学习专业知识和技能，提高文化和专业水平，品德良好，为人师表，忠于职责，身体健康"。作为一名幼儿园教师，最基本的素质是爱心，热爱幼儿是教师最基本的职业道德。根据《幼儿园教师专业标准》的规定，幼儿教师要以"幼儿为本、师德为先、能力为重、终身学习"，结合《幼儿园工作规程》的规定，幼儿教师应具备的素质是：要具备一定的思想品德与职业道德素质、健康的身心素质、专业知识和专业能力的素质。其中，职业道德素质具体包括：关爱幼儿，尊重幼儿人格，富有爱心、责任心、耐心和细心；为人师表，教书育人，自尊自律，做幼儿健康成长的启蒙者和引路人。

96. 女孩儿爱玩什么？

案例描述

在某幼儿园门口，两位幼儿的妈妈开始攀谈起来……

豆豆妈妈：现在这孩子也不知道是怎么了，女孩子也没有女孩的样子，不再以洋娃娃为主要的玩具，居然开始喜欢枪呀、车呀之类的玩具。

妞妞妈妈：对呀，我们家妞妞对枪、车、球这些本该属于男孩子的玩具很痴迷，我都不知道该怎样去教育，是鼓励她玩？还是阻止她？

豆豆妈妈：想想咱们小的时候，女孩子就是特别喜欢玩适合女孩子的玩具，男孩子的玩具是很少去接触的……

问题

1. 请从幼儿游戏影响因素的角度，对案例中的家长对话进行分析。
2. 请对家长提出关于指导幼儿游戏的建议。

案例分析

影响幼儿游戏的因素主要包括主观因素和客观因素两大方面。主观因素包括幼儿的年龄、性别、个性、健康和情绪。客观因素包括物理环境因素和社会环境因素。物理环境因素包括游戏场地、游戏材料和游戏时间；社会环境因素包括家庭、伙伴和媒体。幼儿的游戏不仅仅是受到上述某单方面因素的影响，而是受到这些因素的交互影响。在本案例中，(1)豆豆妈妈和妞妞妈妈反映的问题是女孩子喜欢玩男孩子的玩具，这涉及的是性别因素对幼儿选择玩具的影响。一般来讲，女孩会喜欢选择娃娃、厨房等往往被认为是适合女孩玩的玩具。(2)案例中豆豆妈妈和妞妞妈妈的对话也反映了家庭因素对幼儿游戏的影响。家庭是影响幼儿游戏的社会环境因素中重要因素，这种影响主要体现在：父母各自不同的性别影响幼儿游戏的性质，如母亲往往让幼儿玩传统型较强的玩具和游戏，而父亲则多鼓励其选择较粗犷的、独特的游戏活动；父母对待男女童的游戏行为存在性别差异，如父母通常鼓励女孩学习跳舞、打扮等行为，鼓励男孩玩积木和卡车；父母提供的玩具及环境存在明显的性别差异，如较多的女孩屋里放的是洋娃娃，男孩屋里更多的是卡车或跟能量有关的东西。

对家长指导幼儿游戏的建议：(1)首先,明确自己作为父母对于幼儿游戏的影响;(2)其次,在指导幼儿游戏前,应综合看待影响幼儿游戏的因素,不要只看到某个单方面因素对于幼儿游戏的影响,例如,本案例中女孩儿可能喜欢玩车、枪类玩具,可能和幼儿本身的个性有关,也可能受到大众传媒的影响,或者是受到父亲的影响更多;(3)对待幼儿游戏的观点应与时俱进,冲破传统的游戏观。社会在不断进步,幼儿也是在不断发展,幼儿的游戏也在不断地更新及发展着,父母对幼儿游戏的观点也应及时更新。

97. 室内游戏在哪儿玩?

案例描述

早饭过后,中三班的区域活动开始了,小朋友们按照今天的活动区开放规则,开心地选择自己喜欢的区域。彤彤选择了自己最喜欢的美工区,拿着画笔、铅笔等坐回自己的位置;东东、小小和辽辽一起去建构区挑选自己喜欢的积木,抱回自己的座位上玩;壮壮选择了穿"毛毛虫"活动,用托盘将几只"毛毛虫"端回自己的座位上玩……除了图书区的小朋友,选择其他区域的小朋友纷纷把材料拿回自己的位置,开始游戏……

问题

1. 请从游戏环境规划的角度,对案例进行分析。
2. 提出幼儿园室内游戏区域规划的要点。

案例分析

游戏环境包括物质环境和心理环境。其中,物质环境包括游戏的空间和场地、游戏材料、游戏时间等。游戏空间、场地的大小直接影响着幼儿园的空间密度,对幼儿的游戏动机、游戏行为及游戏过程中的同伴交往等有着重要的影响。案例中的中三班幼儿能够自由选择自己喜欢的区域进行游戏,这保证了幼儿自主进行游戏的权利,但班里大多数幼儿都要拿着材料回到座位上玩游戏,这反映了本班游戏区域的空间较为狭小,不足以容纳幼儿在各区域内进行游戏。这是一种不应该出现的现象,需要引起本班幼儿教师的注意,要对室内游戏区域的空间进行规划。室内的游戏区域不能安排过满,要适度留白,供幼儿创造。

室内游戏区域的规划的六个要点:(1)分析班级物理环境;(2)凸显年龄特点;(3)确定游戏区的主要行为情景模式;(4)依据"同质互惠,异质相离"原则进行游戏空间配置;(5)建立开放、可变化和有弹性的游戏区;(6)有清晰的游戏动线。

98. 教师只是"教师"?

案例描述

蓉蓉在美工区拿起了几块橡皮泥,开始,她只是用手在每块橡皮泥上拍了几下,小声嘀咕了几句,她拿起其中一块开始用两只手搓。可是,搓了一会她突然停下来,她就一直坐在那什么也没做。王老师看见了,认为此时蓉蓉需要老师的指导和帮助,刚要询问蓉蓉遇到了什么事,被高老师阻止道:"别去了,你是老师,出现在她身边,她就不知道怎么玩了。"王老师开始犹豫起来。

问题

1. 从教师在幼儿游戏中的作用出发，对案例中老师的做法进行分析。
2. 对于教师如何在幼儿的游戏中选择角色，提出可行性建议。

案例分析

教师在幼儿游戏中具有重要的地位：教师是幼儿游戏中的重要他人；教师在幼儿游戏中的角色是动态变化的；教师的介入对幼儿的游戏进展很重要。案例中的蓉蓉在游戏过程中遇到了困难，出现无所事事，长时间无进展的情况，需要老师对其进行观察、询问及必要的帮助，教师可以结合日常对蓉蓉的观察与了解，选择适当的角色参与她的游戏，从而使蓉蓉的游戏继续，进而提高她的游戏水平。因此，王老师最初的想法是对的，高老师认为教师在幼儿的游戏中只能以"教师"的身份出现，这种观点过于狭隘。

教师在幼儿游戏中的角色有三种类型："教师"、"玩伴"和"学生"。教师扮演哪类角色要结合游戏状况进行选择：（1）如果出现幼儿无力解决、需要帮助、出现不安或长时间无进展、无所事事时，教师要以"教师"的身份出现，对幼儿的游戏进行指导。此时，教师的游戏水平高于幼儿。（2）如果幼儿需要伙伴、需要参与和引导，教师要以玩伴的身份参与幼儿的游戏，并进行观察与指导。此时，教师是平行于幼儿的游戏者或玩伴。（3）如果幼儿专注于游戏，并且轻松、快乐时，教师要以"学生"的身份参与幼儿的游戏，对其观察并通过"学习"巩固幼儿的游戏经验。此时，教师是游戏水平低于幼儿的玩伴或"学生"。

99. 教师应该介入幼儿的游戏吗？

案例描述

近期，某幼儿园的一次教学研讨会上展开了一场关于教师是否应该介入幼儿的游戏的争论，教师们各抒己见，意见不一。

王老师：我认为游戏是儿童的权利之一，自由选择游戏也是幼儿的一项重要权利。幼儿在幼儿园可以自由、自主游戏的时间不多，所以教师应该让幼儿自由自在地玩，不对其进行干预。

李老师：教师不干涉幼儿的游戏较大程度上保证了幼儿游戏的自主性，但对于一些幼儿在游戏中可能遇到的问题、方式方法的选择不当等，我们作为教师必须介入，帮助幼儿熟悉游戏规则、学会使用工具等。

问题

1. 幼儿的游戏是否需要教师的介入？并从幼儿游戏指导的角度，对上述案例进行分析。
2. 如果你赞同教师介入幼儿的游戏，请对教师何时介入提出建议。

案例分析

关于教师是否应该介入幼儿的游戏，游戏理论的研究者们持有不同的意见，有的提倡教师应介入幼儿的游戏，有的坚决反对教师介入幼儿的游戏。从幼儿教育的角度，并结合幼儿园的教育实践来讲，一定的介入是必要的，但要适时、适当地介入。案例中王老师等人的观点是不同意教师介入幼儿的游戏，但过度夸大了幼儿游戏的自主性;李老师等人的观点是教师应该介入幼儿的游戏,但一些不适当的介入不但不会起到正向的作用,还可能会对幼儿的游戏起到消极的影响。案例中两种说法都存在一定的道理,但也存在片面、不充分等问题。因此,从幼儿游戏指导的角度,教师要结合对幼儿游戏状况的观察,适时、适当地介入幼儿的游戏,一方面可以提高幼儿游戏过程中的安全性,另一方面有助于提高幼儿游戏的水平。

一般来说,当幼儿出现以下情况时,教师要适时地介入:(1)幼儿遇到困难、挫折,即将放弃游戏意愿时;(2)幼儿在与环境的互动中产生认知冲突时;(3)游戏中出现不安全的因素时;(4)幼儿主动寻求帮助时;(5)游戏中出现不利于游戏开展的过激行为时;(6)游戏中出现消极内容时。

100. 看我画的像不像?[①]

案例描述

在一次绘画活动中,童童描绘了一幅关于建筑工地的场景:大楼正在施工,画里有正在工作的吊车、有搬砖的人、有运沙子的人、有和土的人、有推小车的人,整个画面很生动,仿佛一个忙碌的劳动场面就在我们眼前。

可是,教师却指责童童道:"推小车的人胳膊太长,跟小车的距离太远。人物造型有问题,与现实情况不符,一点儿都不像……"

问题

1. 请从幼儿绘画作品评价与赏析的角度,对案例中教师的行为进行分析。
2. 结合幼儿园的绘画活动,提出评价、赏析幼儿绘画作品的要点。

案例分析

美术作品是视觉艺术,造型是视觉艺术的语言。在现实生活中很多幼儿家长及教师常用"像"来评价幼儿的绘画作品。在幼儿美术作品中的"像"应该是广义的,是一类事物形象的泛指,而不是针对哪一件具体事物的"像"与"不像",凡能把一类事物的基本形象特征表现出来,就可以说"像",这个"像"应该是"基本像",它有两层含义:一层含义是指画面中每个物体形象应是一类事物形状的基本特征的反映;另一层含义是通过物象,可以看出画的是什么和要传达的意义。也就是说,"基本像"是兼顾对物体形状的基本特征的概括及其含义的表达。因此,评价或赏析幼儿的绘画作品不能只看其"形"像不像。案例中老师对童童作品的评价过于重视"形"的表达,应该把"基本像"作为评价3—6、7岁幼儿绘画作品的标准。

评价或赏析幼儿的绘画作品,既要了解儿童的身心发展水平及特点,也要掌握幼儿绘画的特点:(1)了解幼儿的年龄差异与绘画表现力;(2)正确把握幼儿美术造型中的"像"与"不像";(3)了解幼儿美术作品中表现力的丰富与童趣;(4)了解幼儿美术作品中的认真、大胆与自信;(5)了解幼儿美术作品中的个性与风格;(6)了解幼儿美术作品中的想象力、创造力与表现欲望。

① 改编自:郭亦勤主编.学前儿童艺术教育活动指导[M].上海:复旦大学出版社.2013,20.

101. 小鸭与小鸡

案例描述

下面是一首幼儿歌曲——《小鸭小鸡》的简谱，请仔细观察该歌曲的内容。

[附：歌表演]

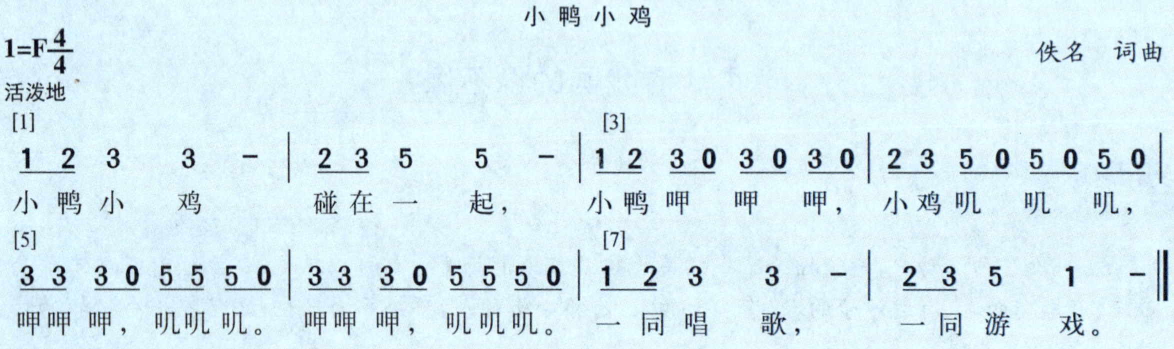
小鸭小鸡
1=F 4/4
佚名 词曲
活泼地
[1]
1 2 3 3 - | 2 3 5 5 - | 1 2 3 0 3 0 3 0 | 2 3 5 0 5 0 5 0 |
小鸭小 鸡 碰在一 起， 小鸭呷 呷 呷， 小鸡叽 叽 叽，
[3]
[5]
3 3 3 0 5 5 5 0 | 3 3 3 0 5 5 5 0 | 1 2 3 3 - | 2 3 5 1 - ||
呷呷 呷， 叽叽 叽。 呷呷 呷， 叽叽叽。 一同唱 歌， 一同游 戏。
[7]

问题

1. 从幼儿音乐教育活动角度，对案例中的歌词进行分析。
2. 结合幼儿园教学，从歌词方面提出学前儿童歌唱教材的选择要求。

案例分析

歌词是歌唱活动中很重要的一种元素，每个年龄段的幼儿在歌词方面的发展能力都有所不同。首先，案例中《小鸭小鸡》这首歌曲的歌词比较适合小、中班的幼儿；其次，歌词的内容比较贴近幼儿的生活，通过叫声“呷呷呷、叽叽叽”使小鸭小鸡的形象更鲜明；第三，歌词重复性较强，便于幼儿记忆和歌唱。

在为幼儿选择歌唱活动的教材或曲目时，从歌词角度需考虑：(1) 为儿童选择的歌曲，歌词应有趣、易记且能为儿童所理解和熟悉的；(2) 歌词要有重复，有发展余地；(3) 在选择歌曲时，还应尽量注意歌词的内容易于用动作表现。

102. 军军为什么不爱问了？

案例描述

军军是个爱问的小朋友，从小班起就爱问“这是什么，那是什么”，如今他的问题越来越多，总爱追着老师或者小朋友问个不停：“为什么花的叶子是绿色的？花瓣是红色的，黄色的？交换一下不可以吗？”…… 在幼儿园里，军军最喜欢的地方就是科学探索发现室，因为这里有好多他不知道的、感到很好奇的事情和问题。

一次，在科学探索发现室中，他对“火山喷发”的小实验很感兴趣，他就问老师除了醋和小苏打能让“火山”喷发，生活中还有哪些东西也能让“火山”喷发呢？老师被他突如其来的问题难住了，不知道怎么回答，便说：“你哪来的那么多的问题，天天就知道问，别的小朋友就没你那么多问题，没看见老师在忙吗？”一次、两次……渐渐地，军军不那么爱问老师问题了。

问题

1. 请结合幼儿科学领域目标的学习,对本案例进行分析。
2. 结合幼儿园科学教学活动,说一说应该如何保护幼儿的好奇心和求知欲。

案例分析

《纲要》中明确提出学前儿童科学领域有五个方面的目标,通过对目标的分析,可以归纳为三个方面:情感态度目标、方式方法目标及知识经验目标。其中,情感态度目标尤为重要,主要是激发幼儿的好奇心和求知欲、探索欲望。好问是幼儿好奇心、求知欲及探索欲望的重要表现形式。幼儿原本都是比较好问的,爱问问题,对事物具有与生俱来的好奇心,但是若不加以保护或激发,幼儿的问题就会逐渐减少,对事物的好奇心和求知欲等就会受到影响。案例中军军本是好问的孩子,对很多事物或现象感到好奇,愿意去思考、求解,但是由于教师一再的否定、不理睬等行为打击了军军问问题的积极性。

保护幼儿的好奇心和求知欲,应做到以下三点:(1)尊重并耐心对待每个幼儿的问题;(2)鼓励幼儿由好奇心引起的探究行为;(3)创设一个良好的环境氛围。其中,创设宽松、良好的心理氛围要做到:允许孩子出错并寻求幼儿的真实意图和认识水平;尊重并欣赏幼儿的想法和做法;鼓励幼儿大胆质疑和提问;给予幼儿激励性的评价和具体反馈,包括不用统一尺度衡量幼儿、不笼统地表扬,要对探究过程和结果给予具体评价及反馈。

103. 小猫钓"鱼"

案例描述

在一次有关认识磁铁的科学探究活动中,活动主要内容及教师准备的材料如下。

活动主要内容:通过游戏——小猫钓鱼的形式,幼儿使用磁铁将"鱼"从池塘里钓上来。意在通过游戏使幼儿知道磁铁可以吸一些生活中常见的东西,幼儿学会将这些物品进行分类,总结磁铁能吸含铁的物品。

教师准备材料:曲别针、泡沫、纸片、发夹、铁夹子、图钉、细铁丝、橡皮泥、画笔、瓶盖、海绵、小木块等。

问题

1. 请从科学探究活动材料投放的角度,对案例中教师准备的材料进行分析。
2. 结合幼儿科学探究活动,提出科学探究材料选择的标准。

案例分析

科学探究活动中,应以幼儿主动探究为核心内容,教师要起到引发、支持和引导的作用。为幼儿提供一个适宜的探究环境是十分重要的。投放的材料不仅要适合幼儿的年龄阶段特征及发展水平,还要有助于幼儿发现问题、培养幼儿的探究能力及解决问题的能力,而且这些材料要来源自幼儿的生活,方便幼儿进行操作。案例中教师准备的材料能够较好地让幼儿了解磁铁可以吸一些物体的特性,并且将所有物体进行分类,总结被吸物体的特征。能够较好地实现教育目的,但这些材料中出现了安全隐患,如图钉和吸铁丝都可能会在操作过程中将幼儿的身体刮伤。因此,教师在准备科学活动材料时,还必须要考虑到安全性。

科学探究活动中,选择材料的标准是:(1)材料物化着幼儿能达到的教育目标和内容;(2)能引起幼儿探究的兴趣;(3)因地制宜,就地取材;(4)材料充足;(5)幼儿可以自由选择,具有低指导性;(6)有多种组合的可能;(7)随时扩展和增加,满足不同幼儿的需要;(8)易构成主客体的相互作用;(9)结构性(科学性、可探索性、可操作性);(10)安全性。

104. 幼儿的科学[①]

案例描述

以下是幼儿对自然现象认识的一段对话:

教师:"太阳会不会掉下来?"

幼儿:"太阳不会掉下来,因为如果它掉下来,我们就会死了。"

教师:"为什么有春夏秋冬?"

幼儿:"这是为了让咱们换个天气,因为太冷了,就把人给冻死了,太热了就把农村的地干死了。"

教师:"为什么有白天和黑夜?"

幼儿:"白天得起来上幼儿园、上班,晚上得睡觉。""因为只有一个太阳,一个月亮。它不能光照一个地方,还得去照别的地方。"

问题

1. 请运用幼儿科学教育的知识,对案例中幼儿认识自然现象的特点进行分析。
2. 结合幼儿科学探究的特点,提出幼儿科学教育的途径及方法。

案例分析

幼儿的科学与科学家的科学有明显的不同,幼儿的科学探究活动的特点:(1)强烈的好奇心和探究欲望;(2)最初关心的问题都和自然环境有关,是基本的科学问题;(3)通过直接经验来认识事物;(4)探究方法具有试误性;(5)所获得的知识经验具有"非科学性"。案例中的幼儿对于自然现象的认识是最基本的科学问题,通过幼儿的回答可以发现幼儿对于太阳、春夏秋冬更替、白天与黑夜的认识是依靠个人的一些直接经验和感性经验。这些知识经验中,"太热了,地就干死了"具有明显的"泛灵论"倾向,这些认识和经验主观性较强,幼儿还不能客观地解释自然事物和现象及其关系,具有一定的"非科学性"。

根据幼儿科学探究活动的特点,幼儿科学教育的途径和方法:(1)探究式科学教育活动,这是主要的幼儿科学教育途径,不仅能够收获一些科学知识经验,还能较为系统地掌握科学探究的思维方式及方法;(2)区域活动,如通过科学发现区、自然角和种植园及其他区域中的科学探究等对幼儿的科学探究活动进行补充、完善,尤其对幼儿观察科学现象具有重要的作用;(3)生活中的科学教育,如通过设置天气预报栏、生活中的随机渗透、郊游和采摘等活动,让幼儿从生活中发现科学,了解科学的现象,对生活中的事物好奇,激发其好奇心和探究欲望。

---

① 引自:刘占兰著.学前儿童科学教育[M].北京:北京师范大学出版社.2008,18.

105. 学 识 字

案例描述

为了满足孩子家长"不输在起跑线上,幼儿园多识字"的愿望,有些幼儿园为幼儿制定了具体的识字目标。每学期教孩子认识大量的汉字,到学期末,幼儿园领导都会从每个班级随机抽取数名幼儿,将其带到测查室,统计孩子识字的数量,以此作为评定教师工作的主要依据。

问题

1. 请运用幼儿园教育目标制定的相关知识,分析个别幼儿园制定大量识字目标的不当之处。
2. 从理论与实践相结合的角度,提出引导幼儿体会文字符号用途的建议与策略。

案例分析

在制定幼儿园教育目标体系时,要对来源信息进行价值筛选,它将决定着教育目标的价值取向,其中的一把"筛子"是学习心理学。幼儿学习心理特征的研究告诉我们,尽管幼儿可以识字,但文字不仅是"图形"和"读音",更重要的是"意义",而理解文字的意义需要有关的经验。缺乏经验、缺乏理解的"识字"只是鹦鹉学舌,文字就成了没有生命、没有灵魂的空洞躯壳。另外,幼儿识字所消耗的时间和精力相对要多,往往事倍功半,甚至影响幼儿其他方面的发展,与小学课程也难以衔接。经过这样的分析,认为识字这一目标对幼儿来说不是最基础、最重要的,因此不宜把大量识字作为幼儿园的课程目标。

《指南》语言领域的"阅读与书写准备"条目1明确规定,"4—5岁的儿童对生活中常见的标识、符号感兴趣,知道它们表示一定的意义","5—6岁的孩子对图书和生活情境中的文字符号感兴趣,知道文字表示一定的意义"。在"教育建议"中指出,可结合生活实际,帮助幼儿体会文字的用途,如买来新玩具时,把说明书上的文字念给幼儿听,了解玩具的玩法。所以,幼儿在生活或图书中,或是游戏等各种幼儿喜闻乐见的活动中理解了文字的意义,在此基础上自然地认识一定数量的字是可行的。

106. 水是无色透明的……

案例描述

幼儿对水充满了好奇,玩水是他们的兴趣,水也是他们游戏的天然材料。为此,幼儿园开展了"水的世界"这一主题活动,力求通过一系列子活动让幼儿感知水的基本特征、存在形式,了解水的合理利用、水污染,并树立爱护水资源以及节约用水的意识。大二班的刘老师围绕这些主题活动目标,组织了一节30分钟左右的教育活动,活动目标设定为:感知水是无色透明的。活动步骤是:(1)刘老师将全班幼儿分为5个小组,并将每组小朋友桌上的一只杯子倒入水,另一只杯子倒入豆浆。(2)请每组小朋友将2颗彩色玻璃球分别放入两只杯子里。(3)请小朋友看一看,这两只杯子里有什么?期望通过对比,引导小朋友们感知水是无色透明的。尽管刘老师为小朋友准备了丰富的活动材料,可是孩子们全然不听老师的引导,把积塑片等物品都放进了水里,玩起了"小船"……

问题

1. 请运用幼儿教育活动内容选择的相关知识,分析案例中教师的教育行为。
2. 从幼儿园教育活动内容选择的角度,提出建议与策略。

案例分析

案例中的刘老师忽略了对幼儿已有学习经验的了解与认识,孩子们在日常生活中、在玩水中、在与同伴或父母的交流中,已经充分感知了"水是无色透明的"这一基本特征,也积累了相关的学习经验。刘老师选择的这些活动内容过于简单,明显不符合大班孩子的认知发展水平,活动目标也不在大班孩子的"最近发展区",因此无法吸引孩子积极地参与到活动中来。

教师在确定活动目标时,不仅要紧密结合上一级主题活动目标,而且要结合幼儿的已有学习经验和身心发展水平。孩子在进入教室前头脑中已经积累了大量的学习经验,教师组织活动的目的是帮助孩子在已有学习经验的基础上得到进一步的提升。也就是说,活动目标既要符合幼儿已有的发展水平,又能促进其进一步发展,即所谓的"跳一跳能摘到桃子"的活动目标是最好的目标。

107. 孩子该不该换地方呢?

案例描述

活动区时,麟麟选择了积木区,可玩了一小会儿,还没有搭完,就又跑到了图书区。

郑老师:"怎么这么一会儿就换地方了呢?"

麟麟:"我还想看一遍机器猫。"

郑老师:"好孩子做事要有始有终。"

麟麟极不情愿地走回了积木区。

是强调培养孩子坚持性呢?还是尊重孩子的意愿?郑老师看着孩子求助的目光,犯了难。郑老师思索了一会儿,于是这样……

郑老师:"麟麟,你看图书角的书都在外面摆着,如果下雨会淋湿的,咱们一起搭个图书馆,让图书有个家吧。"

麟麟听了立刻改变了刚才不情愿的态度,和郑老师高兴地搭了起来。在搭建的过程中,郑老师还请麟麟讲机器猫的故事,同时对他的讲述表示赞赏。就这样,麟麟对选错区域的感觉自然消失了,高高兴兴地投入积木区的活动中。图书馆搭好后,郑老师和麟麟一起休息,并提议去图书角看看书,麟麟高兴地到图书角又看了一遍心爱的机器猫。

问题

1. 案例中郑老师的做法适宜吗?为什么?
2. 从案例出发,说一说幼儿教师专业成长应具备哪些基本素质。

案例分析

案例中郑教师的做法是适宜的。郑老师采用了设置情节的方法,巧妙地帮助麟麟小朋友既保持了活动的坚持性,又满足了自己的活动意愿。郑老师提议"咱们一起给图书搭建个家",改变了麟麟不情愿的态度,以自然的方式,让麟麟坚持完成自己搭积木的活动,培养了孩子的坚持性。在搭建的过程中,郑老师不失时机地及时赞赏,增加了麟麟搭建积木的积极情绪体验。图书馆搭好后,郑老师提议一起去图书角看看书,很自然地使麟麟完成积木区的建筑后过渡到图书区,满足了他再看一遍机器猫的心愿。幼儿在游戏过程中,很容易受到环境条件、成人和同伴的影响,如果这些影响和要求适合他们的特点,就易于转变为幼儿自己的愿望和动机。郑老师合理自然的引导,既培养了幼儿的坚持性,又尊重了幼儿的意愿,充分体现了教师对幼儿的尊重,同时还考虑到幼儿学习习惯的养成以及长远发展。

教师专业成长应具备的基本素质:(1)对儿童和儿童发展的承诺。(2)全面、正确的了解儿童发展的能力。(3)有效地选择、组织教育内容的能力。(4)组织和领导能力。(5)持续不断地进行专业化学习。

108. 薯片筒和塑料杯子①

案例描述

教学活动从一个"滚动打靶"的游戏开始。周老师给每个幼儿提供了两种不同的材料:圆柱体的薯片筒和两端粗细不同的塑料杯子。要求幼儿分别滚动圆筒和杯子去击打放在不远处的物品。孩子们很快发现:薯片筒容易击中目标,而水杯难以中靶。这是为什么?

"因为薯片筒滚得比较直","杯子爱拐弯,不走直路",孩子们说出了自己的观察发现。那么,"为什么薯片筒能滚直,杯子不能滚直呢",老师请孩子们作出自己的解释。"因为杯子轻",几个孩子这样认为。"那我们来试试这个重点儿的杯子",老师拿出一个同样形状的玻璃杯,请幼儿小心地推动它,玻璃杯仍然不走直路而拐起弯来。看来轻重不是主要原因。

"因为薯片筒长,杯子短",有的幼儿这样认为。"好吧,让我们再试试这个!"老师又拿出几个预先准备好的和杯子差不多长短的圆柱形物体,让大家滚动它们。孩子们发现物体的长短也不是影响物体滚动路线的主要因素。

那是不是和粗细有关呢? 老师继续提供物品让孩子操作、试验……这样,借助于材料和试验,老师一步一步引导幼儿发现,影响物体滚动轨迹的重要原因是物体的形状。"杯子一头粗一头细,薯片筒两头一样",是这样吗? 形状不一样的物体滚动的路线就一定不一样吗? 为了试验孩子们的结论,老师又拿出一个圆锥体,轻轻推动一下,它竟然绕着自己的尖儿(圆锥的顶)转起圈来了! 孩子子们拍起手来。看来,形状真是影响物体滚动线路的原因。

问题

1. 请分析案例中周教师引导幼儿学习时所运用的教学方法。
2. 请结合幼儿的学习特点,提出促进幼儿主动学习的建议与策略。

案例分析

周教师运用了"发现法"这种教学方法。案例中的幼儿在"做中学",在解决问题的过程中,在积极地探索中得到了发展。这种方法极易引起幼儿的兴趣和内部学习动机,有益于幼儿主动性和积极性的发挥,有利于幼儿智力、创造力和独立能力的发展,能丰富、拓展幼儿的知识经验,且易于幼儿记忆、迁移和

---

① 冯小霞.幼儿园课程[M].北京:北京师范大学出版社.2000,256.

运用。

　　幼儿理解事物往往很难脱离具体的操作材料和直接的感性经验。所以，我的建议是：（1）教师采用的教学方式宜活动化，以发现学习为主。老师不应有任何直接的灌输，而应借助于活动材料一步步引导幼儿自己提出问题、检验假设，最后解决问题。（2）教师也不应直接肯定或否定幼儿的各种推测，而是让事实说话，通过精心准备好各种材料，以使他们能够不断自己验证自己的假设，逐渐排除错误，接近真理。（3）建议以表象形式储存学习结果，不强求幼儿能"说出来"。

109. 你们那里着火了吗？[①]

案例描述

　　在前几天的游戏中，几个中班孩子制作了一辆"消防车"，还驾驶着"消防车"在活动室里开来开去，很是开心。突然，有孩子叫喊道："娃娃家着火了。""消防员"闻讯立刻驾驶"消防车"感到现场，举起水管灭起"火"来。随后，齐老师和孩子们纷纷表扬"消防员"尽职，并认识到救火是消防员的天职。但是，这以后班里几乎每天都会闹一两次"火灾"，"消防员"甚至还会主动去询问其他幼儿："你们那里着火了吗？"孩子们也每天大呼小叫地要"消防员"去"救火"，这可怎么办呢？

　　一天，齐老师组织幼儿开展了分享交流活动。她问孩子们："今天的游戏活动中你碰到什么开心的事了吗？"孩子们纷纷说起来，"我买到东西了。""我去看表演了。""娃娃家着火了。"听到这里，齐老师马上追问那位孩子："着火也是让人开心的事吗？"孩子们开始纷纷摇起头来。接着，她说道："火灾会造成财产损失、人员伤亡，生活中谁会愿意遭遇火灾啊？"经过一番讨论，齐老师引导孩子们认识到：娃娃家、医院、超市等所有场所都要严防火灾。不过，这时有孩子产生了疑虑："要是没有地方着火了，那要'消防员'和'消防车'干什么？"此时，齐老师也困惑了：如果支持孩子继续玩消防游戏，那以后他们可能仍然天天会闹"火灾"；如果不允许孩子闹"火灾"，那"消防车"、"消防员"还真就没用了。

? 问题

1. 请分析案例中齐老师组织幼儿游戏时的合理之处与遇到的困惑。
2. 请结合案例，谈谈引导游戏进一步开展的建议与策略。

案例分析

　　案例中的齐老师将游戏视为孩子们"自愿、自由、自主而快乐的活动"。她不再手把手地教孩子如何做消防员，而是放手引导孩子们成为游戏的主人；她还能及时捕捉游戏中的瞬间，引导孩子来关注"消防员"的工作，帮助他们认识到救火是"消防员"的天职；她还能关注孩子分享交流时的各种表达，及时追问，引导孩子认识到火灾会给人们造成损失，要严防火灾等等。当然，"游戏自由"也给教师带来了诸多的"不确定"等专业挑战。尽管孩子们是有关于消防员的粗浅的认知经验，并依据这些经验反复模仿这个职业特有的行为，但是孩子们尚未懂得现实生活中，人们只有在危难之时才期待英雄出现，更多的时候人们期望远离消防员，过上平安、幸福的生活。总之，孩子的认知水平与成人的观念之间存在的差距，也就是孩子的"最近发展区"引发了齐老师的焦虑。

　　此时，教师更应关注游戏中孩子的需要以及"最近发展区"：一方面，不断丰富幼儿的有关认识，帮

---

　　① 改编自：徐则民. 你们那里着火了吗？［J］. 幼儿教育，2012，11.

助孩子更全面地了解消防员的工作和生活,知道消防员在没有火警时会有大量的训练活动,还要引导孩子观察日常生活中人们是以"预防火灾"为主的;另一方面,在游戏中,教师可以以"消防员"或"记者"之类的身份介入游戏,引发幼儿新的游戏需求,帮助幼儿拓宽游戏内容,提高幼儿的游戏水平。

110. 一个固体胶引起的"战争"

案例描述

　　时间是宝贵的教育资源,幼儿获得任何有意义的学习经验都需要以时间为代价。因此,在教育活动中如何有效地利用时间是十分重要的问题。一次美工区活动中,几个孩子正在用彩色纸、旧纸盒等材料制作玩具。突然,小雪叫了起来:"你干吗把胶拿走,我还要用呢!"接着"我也要用! 我也要用""再让我用用,我这边还没粘好呢!""不要挤我!"的声音不断传过来。"别抢,都别抢! 我看谁最懂得谦让!"李老师着急地说。孩子们不顾老师的引导,仍都"专注于"不在自己手中的那个固体胶……老师不得不过去制止因为只有一个固体胶而引起的"战争"……

问题

1. 请用幼儿园教育活动准备中的有关知识,分析案例中教师的教育行为。
2. 结合案例,提出教师有效利用时间的建议与策略。

案例分析

　　为了给幼儿提供更好的学习或发展机会,教师在开展教育活动前必须做好充足的准备。案例中的李老师在活动前没有准备足够多的固体胶,活动过程中材料不够用,进而造成了活动实施中时间资源的浪费,甚至妨碍了幼儿进行有意义的创作活动。

　　教师应认真对待幼儿活动中"时间"这种宝贵的教育资源。为保证幼儿有效地利用时间,教师在活动前应准备足够多的活动材料和工具,活动安排要满足幼儿的需要,避免活动中因材料不够导致的时间浪费,进而保证孩子们可以专心致志地做自己要做的事情。

111. 你愿意借给她外套穿吗?

案例描述

　　《光明日报》曾经报道过一些幼教专家在北京所做的一项测试题目:"一个小妹妹发烧了,她冷得直哆嗦,你愿意借给她外套穿吗?"结果孩子们半天都不回答。当老师点名时,第一个孩子说:"病了要传染的,她穿了我的衣服,那我也该生病了,我妈妈还得花钱。"第二个孩子说:"我妈妈不让,我妈妈会打我的。"第三个孩子说:"给我弄脏了怎么办?"第四个孩子说:"怕弄丢了。"结果半数以上的孩子都找出种种理由,表示不愿意借衣服给生病的小妹妹。

　　听到孩子们让人心寒的回答,一位幼儿园老师实在不甘心这样的结果,叫来自己4岁的儿子问道:"一个小朋友没吃早点,饿得直哭,你正在吃早点,你该怎么做呢?"见儿子不回答她又引导:"你给他吃吗?""……不给!"儿子回答得十分干脆。妈妈又劝:"可是,那个小朋友都饿哭了呀!"儿子竟答:"他活该!"

问题

1. 请分析案例折射出的主要问题，并对该问题进行归因。
2. 针对案例中的问题提出解决策略。

案例分析

上述案例折射出的是幼儿同情心缺失、缺少助人为乐的个性品质等问题。这些问题除了与社会道德滑坡、人际关系冷漠等外部环境因素有关外，与当今家庭教育、幼儿教育等因素也不无关系。独生子女的家庭环境导致孩子缺乏与同伴分享学习的机会，独二代父母的教育观念往往只关注孩子的智育发展，而不重视孩子的情感和道德教育。幼儿园情感教育落实不到位，相关课程缺失也间接影响着孩子健全完整人格的形成。

解决策略：（1）《幼儿园教师专业标准（试行）》把"建立良好的师幼关系，帮助幼儿建立良好的同伴关系，让幼儿感到温暖和愉悦"列为考量幼儿园教师环境创设与利用能力的重要指标。这从某种角度意味着，教师应努力创设适宜的心理环境实施情感教育。也就是说，情感教育并非一定要通过设计专门的显性课程来体现，有时刻意而为的情感教育不一定能达到预期效果。相反，适宜的情感教育往往通过幼儿园隐性课程的实施，如可为教学、游戏、生活等一日活动营造氛围，或者在师幼互动中，适时、适地渗透在其中。（2）幼儿园教师还应将孩子的这些个性品质融入家庭教育中，《纲要》指出：社会学习是一个漫长的积累过程，需要幼儿园、家庭和社会密切合作，协调一致，共同促进幼儿良好社会性品质的形成。按照《纲要》要求整合幼儿园和家庭的教育资源，发挥其最大的教育功能，使孩子"成人"又"成才"。

112. "汽车公司"游戏区①

案例描述

中班幼儿喜欢找一个纸箱往身上一套，很自然地就玩起了开汽车的游戏。随着中一班"汽车"主题系列活动的开展，把孩子们对汽车的关注推向了高潮。这时，有幼儿提议在游戏中也来开一家"汽车公司"。于是，刘老师帮忙腾出空间，还提供了一些空白圆形纸板，供幼儿制作各种样式的轮胎安装到纸箱车上，一家"汽车公司"正式开张了。

亲子制作活动后的"汽车展"引起了幼儿的关注和议论，她们想让自己公司出租的汽车更漂亮点。于是，刘老师就给她们添加了许多材料，如不同颜色的KT板、纸张和颜料等。材料的及时增加，"汽车公司"游戏又有了新气象，有的幼儿把她们熟悉的汽车Logo如"大众"、"宝马"等画下来贴在车头上。同时，幼儿的游戏情节也随之丰富起来："娃娃家"的"爸爸妈妈"来借车带孩子出去玩，"菜场"的"工作人员"来借车装运货物……

有一天，"汽车公司"里忽然吵了起来。原来"娃娃家"的"妈妈"想借一辆"宝马车"，但"公司"里唯一的"宝马"车又脏又旧，这位"妈妈"很生气。如何引导幼儿去解决游戏中出现的矛盾呢？刘老师引导幼儿进行了交流。一名有相关生活经验的幼儿提出，汽车脏了可以送到洗车房去洗。汽车要怎么洗？需要什么工具？这个话题引起了幼儿的兴趣。带着问题，幼儿纷纷回家找答案。一周后，"洗车房"顺利开张了……"修车部"、"加油站"也陆续办了起来……

---

① 改编自：金宇清. 动态调整材料，适时支持幼儿游戏[J]. 幼儿教育，2014，1.

问题

1. 分析案例中刘老师指导幼儿游戏时的可取之处。
2. 结合案例，谈谈教师在指导幼儿游戏时的注意事项。

案例分析

案例中刘老师的指导隐含在了所提供的环境和材料之中，刘老师不断追随幼儿的经验、兴趣和需要，动态地调整环境和材料，从而丰富幼儿的游戏内容，推动幼儿的游戏进程，增进了幼儿在游戏中的同伴交往与互动，促进了幼儿的自主学习与发展。

教师在指导幼儿游戏时应注意：(1)游戏材料的调整必须建立在观察、了解幼儿的基础上。要根据幼儿的生活经验、认知水平、自主能力及时对材料进行调整，抓住契机促进幼儿游戏水平的提升。(2)当幼儿因能力上的不足而影响游戏的顺利进行时，教师需敏锐地体察到并给予适宜的支持，既不袖手旁观，也不越俎代庖。(3)当幼儿的游戏停滞不前甚至即将陷入僵局时，教师可以组织幼儿集体讨论、分享以调动幼儿的已有经验，也可以引导幼儿回到生活中去观察、体验，以丰富幼儿的经验。切不可由教师来告诉幼儿下一步该玩些什么、怎么玩。

113. 王老师的家访

案例描述

王老师是小红所在幼儿园刚入职的新教师，担任该园小二班的教养员。一天，她对班里幼儿小红进行家访。在与小红妈妈谈话时，王老师不加解释地说"你的孩子入园焦虑十分严重"，"入园焦虑"这个专业术语让小红妈妈愣了好长时间，如此家访给家长造成很大的心理压力。王老师还在家访时告诉小红妈妈，"班里其他幼儿都乖巧听话、有礼貌，而小红爱哭爱闹、不爱学习、表现很坏"。还说道："我很难想象，这孩子出生三年来是怎样度过的。"谈话结束时，她还以命令的口吻对小红妈妈说："必须对孩子严加管教，否则会永远落在其他小朋友后面。"小红在场禁不住大哭了起来，王老师也不管不顾。结果，妈妈当面痛骂了小红；小红哭闹，妈妈又动手打了孩子。

问题

1. 分析案例中的王老师家访谈话不妥之处。
2. 结合案例，说说教师家访时应有哪些注意事项。

案例分析

不妥、错误之处：(1)案例中的王老师在家访谈话时，使用了一些专业术语"入园焦虑"，但并不加以解释。(2)谈小红的缺点时，不注意方式方法，用比较的方法大讲其他幼儿的良好表现。(3)谈话时口气居高临下，"我很难想象，这孩子出生三年来是怎样度过的"，这不符合尊重、平等、沟通、协商的原则。(4)还要求小红妈妈"必须对孩子严加管教"，不考虑保护孩子及家长的自尊心，小红在场也不管不顾，造成家长打骂孩子。

教师在家访时应注意：(1)家访谈话时忌用一些新的专业术语，或少用专业术语，对家长不理解的必须加以解释。(2)教师应本着尊重、平等、沟通、协商的原则与家长交谈。(3)谈孩子缺点时要注意方式方法,忌用比较的方法,少谈或不谈别的儿童。(4)要注意保护孩子及家长的自尊心,孩子在场,应注意谈话内容,以免出现不良局面。

114. ★"纸"、★★"布"和★★★"麻布"

案例描述

在剪纸学习区,王老师根据预设的目标投放了"纸"、"布"、"麻布"等不同层次的活动材料供幼儿选择,并用星星表示它们的操作难度,★表示比较简单,★★表示有点难,★★★表示最难。这样做的目的,是希望让不同发展水平的幼儿与适宜层次的材料进行"匹配式"互动。但在实际活动过程中,孩子们并不像王老师想象的那样,会根据自己的能力去选择材料。有的幼儿虽然剪纸的能力一般,但他也许觉得自己很棒,一上来就选择★★★的"麻布"材料,结果没能很好地完成任务。有的能力强的幼儿选择了★★★的活动材料完成任务后,觉得★★"布"、★"纸"的活动材料也很好玩,于是拿起这些材料玩得不亦乐乎……面对不会正确选择活动材料的幼儿,王老师只得让她认为能力强的幼儿剪★★★"麻布"材料,剪纸能力弱的孩子剪★"纸"……

问题

1. 分析案例中王老师在剪纸区指导活动时的不当之处。
2. 结合案例,提出区域活动中教师引导幼儿的建议与策略。

案例分析

王老师在剪纸区投放了不同的材料,这些材料的难易程度不一,可以充分满足不同发展水平幼儿的需要。但在活动过程中,当遇到不会正确选择活动材料的幼儿,王老师不应操之过急,主观、轻易地进行评判,而应尊重幼儿的想法和做法,耐心地观察,在观察过程中,或许会发现幼儿"另类"的玩法。

在区域活动中,教师以间接引导为主。这种间接引导的策略是:(1)以投放的材料为媒介。在该案例中,教师以"纸"、"布"、"麻布"等不同难易层次的活动材料供幼儿选择,能较好地激发幼儿对新的探索学习的积极性。(2)以启发性的问题为媒介。当幼儿在活动中出现学习兴趣缺失现象时,教师可以问题引导幼儿继续探索、发现。如可以启发幼儿说"剪纸也许还会有秘密呢,再试试看",以激发其继续学习的兴趣。(3)教师的引导要适时、适度。"适时"是指教师要灵活掌握介入指导的时机,这种时机一般出现在幼儿的探索难以深化之时,如剪"麻布"的幼儿无法剪出更多的花样时、幼儿缺少材料时或者幼儿发生纠纷时,等等。"适度"是指教师的指导要留有余地,要尽量鼓励幼儿自己去学习、探索,而不要直接把答案告诉幼儿。如果教师遇到案例中"孩子不会选择"的情况,建议:若是小班幼儿,教师可以让他先去尝试,如果能力弱的幼儿选了"★★★材料"被难倒或要放弃时,教师可建议他试试"★材料"或"★★材料";如果能力强的幼儿选了"★材料"时,教师可以在交流分享的过程中鼓励他"再试试难一点的,我相信你能行"。若是中、大班幼儿,教师可以直接告诉他们"★材料、★★材料和★★★材料"的难易区别,要求他们学会有计划地、从易到难地有序操作,以培养学习的目的性和计划性。(4)材料的难易、玩法往往是教师主观的预设,幼儿只有与材料真正发生作用,才能从中迸发出智慧的火花。因此,教师要用心去观察、体悟与引导。

115. 幼儿园石碑前的祭拜

案例描述

　　张老师所在的幼儿园大门口的空地上竖着一块石碑,这是块功德碑,上面记载的是向幼儿园捐助人员的名字。一天,姗姗带着几个女孩双手合十对着那块石碑祭拜,并把园里很多幼儿都吸引过来了,大家有合掌鞠躬的,有跪着的,后来竟然还有送花的。姗姗告诉张老师:"我们在拜……念死人,前几天爷爷去世后,我们去爷爷的石头前,全家人都这样做。"其他幼儿也七嘴八舌地说:"我也这样做过,还送花了呢。"……看来很多幼儿都有这样的经验。时值清明,张老师因势利导,带领幼儿步行到×××纪念馆为烈士扫墓。孩子们在现场聆听并观看了烈士的英勇事迹,感受到了肃穆的气氛。他们把亲手做的小白花放在墓前并默哀,那些原来在幼儿园石碑前"祭奠"的幼儿此时也变得格外严肃……这次活动让幼儿知道了,祭奠活动是一项庄严的活动,是表达对已逝亲人或英雄的哀思和怀念。

问题

1. 分析案例中张老师对幼儿祭拜活动的引导策略。
2. 结合案例,提出促进教师引导幼儿"祭奠游戏"的建议与策略。

案例分析

　　案例中的孩子们把幼儿园的功德碑当成了专门的"祭奠死人"的墓碑,并通过模仿和想象,自主、自由地表达已有生活经验,进而玩起了"祭奠"游戏。面对这些生活经验、认知能力有限的孩子们,案例中的张老师并没有责怪或者回避,而是把握住了教育契机,选择了清明时节,适时介入,并组织了祭扫先烈的活动对孩子进行正确的引导。可见,张老师对幼儿非常尊重和理解,并有很强的责任心,引导帮助孩子们成长。

　　清明祭扫是幼儿生活经验的一个内容,幼儿的"祭奠游戏"应成为儿童游戏的一个内容,教师不必刻意阻止,而应将其作为一个教育契机,从以下方式进行适时、适度地引导。(1)教师应观察幼儿的情绪变化,如有些幼儿对死亡充满恐惧,教师可采用适宜的方法对幼儿进行适当的情绪疏导。(2)教师可从认知的角度,帮助幼儿理解有关生命的知识。(3)教师可从实践的角度,提高幼儿的自我保护能力。(4)教师可从情感的角度,激发幼儿更加珍视自己、珍视他人、珍视生命的积极情绪。

116. 狐 狸 和 乌 鸦[①]

案例描述

　　今天的大班语言教学活动,周老师安排的是组织幼儿学习经典寓言故事《狐狸和乌鸦》。活动过程是这样的:首先,周老师引导幼儿初步了解了这个寓言故事的内容;接下来,周老师将重点放在了引导幼儿思考以下两个问题上:"如果你是那只狐狸,你会怎样和乌鸦说才能得到乌鸦嘴巴里那

---

①　改编自:郑荔等. 幼儿会受"坏"狐狸的影响吗?〔J〕. 幼儿教育,2013,3.

块肉？""如果你是那只乌鸦，你怎样做才不至于上狐狸的当？"周老师的设计意图是很明确的，即让幼儿通过讨论，发散思维，以进一步培养幼儿的想象和语言表达能力。在活动过程中，幼儿讨论得很热烈，想出了不少点子，也大胆地表达了各自的想法。

问题

1. 分析案例中周老师对这则寓言故事的教学设计意图。
2. 结合案例，围绕如何有效开展寓言故事教学，提出相应的教学建议。

案例分析

在本案例中，周老师的设计意图是让幼儿通过讨论，进一步提高想象力和语言表达能力。这样的目标定位相对于传统文学教育观强调单一、刻板的解读，的确是一个很大的进步。但是，阅读活动是以文学作品为媒介的，作品的文体特征不可忽视。寓言是蕴含深刻含义的虚构故事，既有故事性，又蕴含哲理；寓言不像童话那样注重趣味性描写，而是重在浓缩生活智慧，理性色彩较浓厚，对幼儿来说突出的价值是思维训练与哲理教育。在《狐狸和乌鸦》的阅读活动中，如果一味引导幼儿想象"狐狸是如何耍花招的"发散思维，就偏离了寓言故事的核心教育功能。案例中的周老师使用了"双重角色扮演策略"，即让幼儿先扮演狐狸，再扮演乌鸦，从而体会双方不同的立场，思考怎样才是正确的行为。这样能有助于避免幼儿受到狐狸的"不良影响"。

教学建议：教师在寓言教学中要巧妙地运用各种手段，营造一种集体导向与氛围，强有力地影响儿童的感受，使其对故事中的角色有正确的态度和评判。具体做法是：（1）巧妙设计问题，引发讨论。在《狐狸和乌鸦》的阅读活动中，教师可以引导幼儿思考以下问题："乌鸦为什么会上当？""乌鸦的羽毛真的比麻雀漂亮吗？""乌鸦的歌声真的比麻雀好听吗？""怎样做才不至于上狐狸的当？"（2）运用"龟兔二次赛跑"模式与相反结局模式创编故事。在《狐狸和乌鸦》的寓言故事教学中，可以让幼儿创编"乌鸦二次遇到狐狸"的故事："乌鸦在丢掉肉的第二天又找到了一块更大更香的肉，这时狐狸又来了，请问，这回乌鸦会怎么做？"另一种模式是"假设相反结局"，如引导幼儿创编《乌鸦没上当》：乌鸦识破了狐狸的骗术，或者乌鸦被骗后想尽办法把肉拿了回来等。在设想相反的结局并进行故事创编的过程中，幼儿可进一步理解故事的情节及其含义，从而达到锻炼思维能力的目的。（3）使用"双重角色扮演策略"，即让幼儿先扮演一个角色，再扮演另一个角色，从而体会双方不同的立场，思考怎样才是正确的行为。

117. 神奇的碘酒①

案例描述

王老师在大班组织了一个科学领域的教学观摩活动"神奇的碘酒"。她事先准备了馒头、黄瓜、香蕉、藕、土豆、白菜等材料。活动中，她引导幼儿把稀释了的碘酒分别涂在这些东西上，让幼儿通过操作、观察、比较，得出"淀粉遇碘酒会变色"的结论（馒头、香蕉、藕、土豆中含有淀粉），并要求幼儿把观察结果记录在表格中。活动过程中，幼儿看上去兴趣浓厚，思维活跃，总体效果不错。活动结束后，这位老师总结道：《纲要》指出，"科学教育应密切联系幼儿的实际生活进行，利用身边的事物与现象作为科学探索的对象"。因此，这个活动的内容贴近幼儿的实际生活，符合幼儿的现实需要。

---

① 改编自：张俊等.生活化与学科性：幼儿科学教育内容选择的两重标准[J].幼儿教育，2013,7—8.

1. 分析案例中王老师选择的科学活动内容的适宜性。
2. 结合案例,提出促进教师选择适宜的科学活动内容的建议与策略。

案例分析

在教育实践中,不能把"生活化"简单地理解成"只要是幼儿生活中存在的事物或幼儿感兴趣的事物,就一定适合作为科学教育的内容",还应进一步考量其教育价值,尤其是应评估该内容是否包含有价值的、可探究的科学概念。案例中"碘酒让淀粉变色"的实验,尽管幼儿生活中偶尔会接触到碘酒,他们每天的食物中也必定含有淀粉,但如果因此而给它贴上一个"生活化"的标签则过于牵强。事实上,绝大多数幼儿即使用过碘酒,也不明白碘酒为何物,即使每天吃米饭也不可能意识到淀粉的存在,更不太可能在生活中见过"碘酒让淀粉变色"的现象。因此,这一现象并不是幼儿在生活中遇到过、思考过的问题,他们也没有任何生活经验可借取。可以说,这是"伪生活化"的内容。而且,从这个内容所蕴含的科学概念来说,也无多少可探索的空间。由于幼儿看不到淀粉的存在,他们也就不可能通过探究来发现为什么碘酒能令此物变色而不能令彼物变色。

选择科教内容的建议:幼儿科学教育内容的选择可以有两种思路:一种是从幼儿的生活经验出发,关注幼儿的哪些生活经验是具有科学概念方面的学习价值的,即值得探究和可以探究的;另一种是从科学概念出发,思考幼儿理解这些科学概念需要建立在哪些经验的基础上,可以如何利用幼儿生活中熟悉的事物或问题引发他们对这一概念的探究和学习。幼儿科学教育的内容,既要密切联系幼儿的生活,又要体现对学科核心概念的学习,忽视任何一个方面都是不合适的。教师在进行科学教育内容设计时,无论从何种路径出发,最后都应找到"生活化"与"学科性"的交集。

118. 如此战胜大灰狼①

案例描述

在开展大班主题活动"三只小猪"时,孩子们因为对这个故事非常感兴趣,主动提出要开展表演活动。面对孩子的兴趣和需求,付老师准备借机鼓励孩子大胆创编或拓展故事情节。付老师先抛给孩子们一个问题:"虽然三只小猪赶走了大灰狼,但大灰狼以后可能还会来,到时候三只小猪该想什么办法继续战胜他呢?你们来帮小猪想想办法吧。"面对这个问题,孩子们非常热烈地讨论开了,有的说:"在小猪家附近挖一个陷阱,里面铺满钉子,大灰狼再来的时候就会掉下去,被钉死。"有的说:"让老三在河边装死,等大灰狼靠近他想要吃他时,大家把他推到河里,淹死他。"还有的说:"挖一个坑,埋上地雷,在上面放一只假猪,大灰狼看到后会以为是真的,就会扑上去,结果会被炸死。"孩子们乐此不疲地讨论着,付老师则感到十分不安。孩子们设想的方法是否过于狡猾和残忍了?她不禁陷入困惑中……

1. 分析案例中教师对孩子续编故事环节的引导方式。
2. 结合案例,提出促进教师引导幼儿续/创编故事的建议与策略。

---

① 改编自:郑荔等.幼儿为什么要让大灰狼"可怕地死去"[J].幼儿教育,2011,1- 2.

案例分析

在阅读活动中,教师应该开展以幼儿为中心的讨论,以帮助幼儿建构对作品意义的理解,分享审美感受。就本案例而言,当幼儿在创编故事中出现"钉子""地雷"时,付老师没有急着去纠正,以免挫伤幼儿的积极性。对于付老师的困惑,建议她不妨把问题及时抛给幼儿讨论,让幼儿听到不同的观点,如有的可能"残忍"些,有的可能温和些,幼儿可借此丰富自己的认知结构,自然而然地学习全面地看待问题,全面地评判观点。

引导幼儿续/创编故事的建议与策略:(1)把握故事创编要求。首先,幼儿的想象必须符合生活逻辑,符合故事结构的内在规则。其次,对不同年龄的幼儿提不同的要求,如让小班幼儿在故事行将结束时,创编一个故事结局;让中班幼儿重点创编"有趣的情节";让大班幼儿重点编制完整的故事。(2)做好故事创编准备。第一,对故事图式理解的准备。即对一个故事作品的综合理解,包括人物形象、故事情节、主题思想、故事语言等,引导幼儿掌握故事的结构要素,把握故事重点。第二,知识与经验的准备。创编故事需要调动个人经验,需要具备有关知识,这种准备来源于日常生活的积累与文学作品的学习。第三,语言的准备。引导幼儿在阅读活动中感受和理解作品的语言运用方式,从而获得创造性运用语言的特有程式,如"从前,在×××地方,住着一个×××……"(3)创设适宜的情境。教师可以通过创设情境,引发幼儿创编故事的愿望。如组织幼儿表演"小猪与大灰狼的再次相遇";教师可以抛出问题:"今天小猪和大灰狼又相遇了,这次会发生什么事情呢?"教师应注意所提问题不要限制幼儿思路,可从多个角度抛出问题,以方便幼儿找到续编故事的线索。

119. 学说甜甜的话

案例描述

小班的孩子们正在和张老师一起阅读图画书,突然,有个声音传出来:"你坐到我的位子上来了,我不要你坐在我旁边。"原来是3岁半的苗苗指着旁边的明明说话。明明愣了一会儿,说:"我要看你的书。"苗苗说:"你让开,我要自己看。"明明在一旁愣住了,不知所措。张老师关注到了这个现象,马上组织幼儿讨论,正面学说甜甜的话:"我可以和你换书看吗?""对不起,我还要再看一会儿。""请帮我拿过那根油画棒来可以吗?"……

问题

1. 分析案例中教师对孩子礼貌用语的引导方式。
2. 结合案例,提出教师引导幼儿学说礼貌用语的建议与策略。

案例分析

由于小班幼儿年龄尚小,又处于自我中心阶段,他们在与同伴交往时言语互动的质量不甚理想,不礼貌的言语行为和同伴冲突时常出现。案例中的张老师发现小班幼儿在同伴交往中有不礼貌的言语行为,便及时抓住这个教育契机,设计了"甜甜的话"的讨论活动,这充分反映了教师的专业性和敏感性。

建议与策略:(1)在日常生活中培养幼儿使用礼貌语言的习惯。当教师发现幼儿有不礼貌言行时,应及时进行有针对性的指导,诸如"你如果对我说声谢谢,我会很开心的"等。当有幼儿说了礼貌用语,教师应及时表扬,强化幼儿的这种行为,以期培养幼儿自觉使用礼貌用语的习惯。(2)组织礼貌用语的集体教学活动,帮助幼儿获得使用礼貌用语的意识和能力。教师可挑选适宜的含有礼貌用语的故事、绘本、儿歌等,组织专门的礼貌用语教育活动。(3)教师可在班级创设"今天你说甜甜的话了吗"的环境,在墙上张贴每位幼儿的照片,如果一天中幼儿都能用甜甜的话和大家交往,教师则在相应的幼儿照片下方贴上一个笑脸娃娃,一段时间后看看谁的笑脸娃娃最多,教师及时表扬那些笑脸娃娃较多的幼儿,以营造良好的班级氛围。

120. 魔法显灵,变变变

案例描述

　　一次,老师准备和小班幼儿研究有关"溶解"的秘密。老师准备了白砂糖、橘子、小石子、奶粉等材料,以变魔术的形式引出活动内容。他们马上来到各自的桌前,拿起杯子以及老师准备好的材料变起了"魔术"。"搅呀搅,拌呀拌,魔法快快显灵,变变变。"孩子们边念"咒语"边用吸管不停地搅拌。"老师,我的奶粉变没了。""老师,我的白糖也变没了。"有孩子兴高采烈地向老师报告。华华往杯子里放了一瓣橘子,但不管他怎么搅,怎么念"咒语",橘子还是躺在那儿一动不动。华华自言自语道:"怎么搞的,橘子汁怎么出不来? 我以前是弄出来过橘子汁的"……老师看到了后,没有作任何回应。一会儿,老师说:"孩子们,老师要看看大家的魔术变得怎样了。"只见华华正用手挤橘子,想把橘子挤碎。接着,老师按预先设计的过程一步步讲解起来。"华华,把你的杯子拿过来给小朋友看看。"华华显然并不愿意让小朋友知道他失败的"魔术"。老师坚持要求他把杯子展示出来,并顺势引出知识点:"华华虽然没有把橘子变没,但这正好让我们知道了有些东西是不会变没的,也就是说,有些东西是不会在水中溶解的。所以,老师决定奖给他一朵小红花。"

? 问题

1. 分析案例中教师对孩子魔术失败的处理方式。
2. 结合案例,提出促进教师处理幼儿认知冲突的建议与策略。

案例分析

　　案例中的小班幼儿华华对"溶解"和"炸出橘子汁"两个概念存在认知冲突。他原以为,这瓣橘子最终会变成一杯橘子汁,但是他的"魔法"失灵了。不管他多么执著,最终都没能出现他所期待的结果。尽管教师出于好意给了他一个"安慰奖",然而这朵小红花对他并没有起到安慰的作用。因为他真正在意的,还是他自己没能成功变出橘子汁的问题。

　　建议与策略:(1)案例中的小班幼儿还不能分清"溶解"和"榨橘子汁"这样两个概念。教师可以先了解孩子的原先想法,以及这个想法的来源:"我觉得它应该能变成橘子汁。"并了解孩子以前是如何变出橘子汁的。教师这样的介入可以降低认知冲突给他带来的情感上的焦虑或不确定感,将幼儿的注意力从对自身的焦虑转向外部现实,并能接纳所观察到的现实:不是我的错,是橘子的错。(2)教师还可以在此基础上和幼儿进一步探讨:"橘子汁究竟是怎么榨出来的呢?""橘子会不会消失呢?"进而引导幼儿亲手尝试或仔细观察一下榨橘子汁的过程。引导幼儿在亲自尝试、动手操作的过程中,分清橘子汁的产生和"溶解"不是一回事。

121. 调皮的鲁鲁

案例描述

　　鲁鲁是个聪明、可爱但很调皮的男孩子。平时的他一直脸上笑嘻嘻的,在他感兴趣的活动中却是一脸专注。他调皮时老师批评他,他就会很乖地一声不吭,或者赶忙认错、道歉、说对不起。但是,过不了多久他又会来点恶作剧,搞点小破坏,经常有小朋友来告他的状。一次户外活动后,老师带着小朋友们回教室,回到教室后孩子们有序地叠放衣服、进入盥洗室洗手、喝水。忽然间,林林在教室门口不小心滑倒了,有的小朋友来告诉老师林林摔倒了;有的小朋友过去搀扶他。鲁鲁也看见了,他不是去把林林扶起来,而是趁势压在了林林身上,林林哇哇大哭起来。鲁鲁不但没有停下来,还哈哈大笑。老师走过去把两位小朋友都扶了起来,并没有马上批评鲁鲁,让他们继续与小朋友们游戏、活动。午睡时,老师坐到鲁鲁的床旁和他聊起上午发生的事情。老师问他:"你知道吗,这样做很危险,会让压在下面的小朋友受伤!"鲁鲁说:"我在家经常和爸爸玩叠罗汉的游戏,我是跟林林做游戏呢。"老师摸摸鲁鲁的头微笑地告诉他:"爸爸是大人,知道要轻轻地压在你的身上和你游戏。你是小朋友,你刚刚很用力地压在林林身上是会让他受伤的。"鲁鲁点点头,盖好被子准备午睡了。

问题

1. 请从家庭教育的角度对鲁鲁的行为进行分析。
2. 作为教师应该怎样帮助鲁鲁呢?

案例分析

　　教师采用谈话的方法来与幼儿沟通,解决发生的问题。在谈话中教师发现幼儿是在模仿成人的动作,误将错误的行为当成一种游戏。现今社会的孩子们在家里都是小皇帝、小公主。家人过多的溺爱使得家庭教育当中带给孩子许多错误的信息,从而养成了坏习惯。当孩子犯错误时,父母对孩子有时会很严格的批评,甚至打孩子;有时会视而不见或与孩子一起打闹玩耍。孩子在父母的专制型与溺爱型的教养方式之间对行为对错的判断模糊了,渐渐形成了无所畏惧的态度,总是尝试着用不同方法犯些小错误,觉得好玩。

　　教师可以通过与家长沟通,帮助家长认识到引导孩子明辨是非的重要性,与家长商讨教育孩子的方法,给予一些建议。如:鼓励家长观察记录孩子在家中的表现,及时沟通。克服教育中的急躁情绪,以耐心来关注孩子,通过榜样示范的方法引导他向同伴共同游戏,学习与同伴交往的策略,逐渐帮助孩子建立是非观念和安全意识。

122. 君 君 春 游

案例描述

　　君君非常聪明,学习的速度、节奏与其他孩子有很大的差异,智力因素发展得非常好,但他的自我约束能力相对较弱,和小朋友之间常有攻击性行为。在一次春游活动中,君君的妈妈因为担心不想让他参加春游活动了。

老师说服了家长,利用饭后时间开展了春游讨论活动。老师就春游的安全问题请大家各抒己见,小朋友们你一言,我一语地讨论着:"我们不乱跑,不打架,互相帮助……"老师观察到君君虽然没有说话,但他一直在倾听,这时老师又说:"如果需要集合时,有什么好办法能让大家很快找到自己的班呢?"大家争论着,君君突然很兴奋地大声说:"咱们做个小旗子吧!"老师抓住教育契机,积极地鼓励君君爱动脑筋,小朋友们也赞同君君的想法。君君很得意地说:"在旗子上写上字吧! 写上我们要注意的事。老师,我就会做这个小旗子。"

第二天一早,他第一个举着旗子连蹦带跳地来到了幼儿园,把亲手制作的小旗子给大家看。只见旗子的正面写着园名与班级,背面写着游园时的注意事项。原来,他把小朋友讨论的注意事项说给妈妈听,让妈妈帮助写在旗子上。他不厌其烦地主动给陆续进来的小朋友讲解着。出发时,他主动当起了小导游,站在队伍的最前面,举着小旗子,那神气劲就甭提了。结果在整个春游活动中他都表现得非常好,不但能自觉约束自己的行为,而且还能主动提醒违反注意事项的小朋友。

问题

1. 教师应如何看待幼儿的差异?
2. 案例中教师如何引导约束力差的幼儿获得自主发展?

案例分析

幼儿的遗传素质不一样,智力结构、身体结构、神经系统各方面都不同;他们的后天生活环境也是千差万别的。因此,教师应该承认幼儿的差异,认识尊重幼儿的差异,在此基础上因人施教,以促进每个孩子获得发展。

对于像君君这样约束能力较弱的孩子,教师越是要尊重他、接纳他,发现他的长处,有的放矢地实施教育。如果仅因为幼儿易发生攻击性行为,就剥夺他外出游玩的权利,这是不公平的,教师应该首先看到幼儿是一个具有平等地位的受教育的人。在教育过程中,教师应给予不同的幼儿以针对性地指导,要接纳每一个孩子,充分挖掘其闪光点,帮助他们建立积极的自我概念,树立自信心,以此为突破口引导幼儿全面发展。

123. 害 羞 的 东 东

案例描述

区域游戏开始啦,东东、鑫鑫还有涵涵一同选择了建构区。区域游戏开始之前,教师提问:"你们想搭什么?"涵涵和鑫鑫最先说道:"搭桥。"东东犹豫了一下,小声地说:"搭桥。"准备好以后,小小建筑师开始工作啦。涵涵和鑫鑫马上走到积木架面前,开始挑选积木。东东站在后面,两手轻轻地晃了晃,刚刚把手伸向积木架,又收了回来。反复几次之后,东东最终拿起一块长方形的积木。他把它放在地毯上,自己不断地变化积木的位置,并没有和旁边的涵涵还有鑫鑫商量。此时涵涵对鑫鑫说:"我要搭一座大桥。"鑫鑫说:"我也来搭。"两人将手中的积木立起来,一个一个地放在地毯上,一边放一边高兴地笑出声来。这时鑫鑫和涵涵搭的斜坡塌了。东东回过头去看了看他们,嘴里一边说着:"哎呀,塌了。"一边拿起自己手中的积木在他们摆好的积木旁试着再搭一个斜坡,简单的试了几次后,东东又回过头去拿着手里的积木进行搭建,但仍然仅仅拿着几块积木在地毯上进行平铺，不停地更换位置。几分钟过去后，鑫鑫拿起汽车玩具试着在桥上开起来，东东也被吸引，他放下手中还未搭成的东西，和鑫鑫一起拿起小汽车在桥上开来开去。涵涵说："这里少条马路，我要搭马路。"鑫鑫赶紧跑来和涵涵一起搭。东东也想帮忙，他拿起一块积木，站在涵涵和鑫鑫旁边，跟着他们挪来挪去，但并没有动手去搭建。教师走过来问东东："你想搭什么？"东东想了一会儿说："休息站。"教师提醒东东："那你问问他们桥下面有没有休息站，你来帮他们搭一个。"东东转身走了过去问涵涵："你们这有休息站吗？"涵涵说："没有。"东东说："我们一起来搭吧？"涵涵和鑫鑫都过来帮忙，最后，三个人一起搭成了休息区。

问题

1. 请从学前儿童社会教育角度，解读东东的游戏行为，并提出适宜的教育策略。
2. 请从学前儿童语言教育角度，分析解读东东游戏过程中的言语行为，并提出适宜的教育策略。
3. 结合幼儿教育学分析建构游戏中教师的指导是否适宜，为什么？

案例分析

学前儿童社会教育是教师有目的、有计划地对幼儿施加教育影响，引导他们积极主动地参与活动，并促进其社会认知、社会情感和社会行为等发面健康发展的过程。中班社会教育目标有引导幼儿初步懂得与他人合作，初步懂得分享和谦让。建构游戏中，东东一直在很认真地搭建自己手中的积木，表明他有一定的角色意识并能自觉遵守游戏规则。但是，他与其他两个幼儿的主动交往较少，表明他的社会交往技能方面有待提高。可以通过两个途径促进东东的社会性发展：（1）同伴交往可以锻炼儿童的言语沟通和人际交往的能力，有助于儿童社会技巧的获得。教师要鼓励东东多与其他幼儿进行交往，在交往中形成自信心和归属感。（2）教师的引导。教师的引导对于幼儿社会交往能力的发展也有着不可替代的作用。教师要抓住教育契机，可以通过创设宽松自由的氛围或运用开放式问等方法来促进幼儿社会认知能力和社会交往技能的发展。

游戏中，东东很少主动发起会话，其语言表达能力也有待提高。结合学前儿童语言教育，我们可以通过日常生活和游戏来促进幼儿语言表达能力的发展，使儿童通过实践、练习、巩固理解和运用语言。教师还可以利用图书区的活动，在活动中随机指导幼儿的语言交往，以此来提升幼儿的言语交往水平。

案例中教师的指导较为适宜。幼儿教育学认为，幼儿教育过程是幼儿教师、幼儿和幼儿教育三者互动的过程。幼儿是学习的主人，我们要尊重幼儿在活动中的主体地位，激发幼儿的学习动机，让幼儿充分发挥自己的想象力和创造力。幼儿教师则是主动学习与发展的支持者和促进者，为幼儿的学习搭建桥梁。案例中的教师仔细观察幼儿表现，抓住教育契机，在东东犹豫时通过问题的提出引导其明确自己的搭建目的，并鼓励东东大胆与人交流，使其从游戏中获得更多的经验与快乐。在搭建的开始阶段，东东在表达自己搭建意愿时并不十分主动。在后面的实际操作中也与自己最初的搭建计划不符。教师的指导策略则是让幼儿在活动中将自己的想法转化为主动的操作，让幼儿想做并愿意做这个活动。教师在区域活动开展之前，可以帮助东东明确自己的想法，合理做出规划，并通过语言的指导以及材料的提供来帮助他实现自己的想法，使幼儿在活动中收获快乐，获得成长。

124. 没有菜的娃娃家

在今天开设娃娃家游戏前,教师把事先准备的蔬菜模型藏了起来,为幼儿提供了一些低结构的辅助材料(如彩条、海绵等)。能力强的幼儿能以物代物,假装切菜,假装烧菜,能力稍弱的幼儿则会找到老师问:"老师,怎么没有菜呢?"所以,教师在建筑区特意开设了菜场。今天是菜场开设出来的第一天,小朋友们都很想玩这个游戏,但是由于场地有限,教师只请了2个小朋友(佳佳和泽泽)当菜场老板。娃娃家的小主人终于可以出来买菜了,他们都很兴奋。

教师先简单介绍了新设的菜场环境,然后游戏开始了。晰晰第一个出来买菜,他自己在菜场里面拿了一个荷包蛋,对泽泽说:"我要这个。"晰晰又拿了一棵青菜对泽泽说:"我还要这个。"说完放在篮子里就走了。一会儿轩轩来了,轩轩拿了东西就走,也没有对"老板"说什么。正在这时,教师走过去对佳佳和泽泽说:"老板,我要买菜。"她们看见老师前来购物,非常开心,连忙说:"你要买什么?""我要一个荷包蛋,一个小馒头,还有一个鸡腿。"有了教师的介入,孩子们热火朝天地玩了起来。

问题

1. 请用幼儿社会性发展的有关知识,分析案例中幼儿的行为表现。
2. 请用教育学有关知识,分析案例中教师的指导策略。

案例分析

小班的幼儿缺乏社会经验,在游戏过程中幼儿不能作出恰当的反应。在游戏中,晰晰能对"老板"说"我要这个""我要那个",说明他有些购物经验,但语言表达上不是很完善;轩轩在买东西的过程中也没有说什么,只是拿了菜就走,说明他没有买菜经验,自理能力也比较弱;泽泽和佳佳在教师的引导下能作出符合"菜场老板"的举动。孩子们的行为都符合幼儿的年龄特点。

由此可见,在游戏过程中,教师适当的参与到游戏中,以参与者的身份去引导游戏,特别是在发现游戏过程中的问题时,教师并没有用言语要求孩子怎么做,只是以一个买菜人的身份进入孩子的菜场。目的是引导幼儿作出相应的举动,让幼儿有一定的社会经验,教师只要对游戏稍加引导,幼儿定能做游戏真正的小主人。

125. 小小汽车展

开学不久,琪琪小朋友从家里带来了一辆玩具汽车,一下子吸引了班里小朋友们的目光。大家围在一起,兴致勃勃地谈论着与汽车相关的话题。张老师看到孩子们是那么的兴致勃勃,于是,在本班生成了"汽车总动员"的主题活动。

为了让孩子欣赏更多的汽车,张老师鼓励孩子们把自己家中的玩具汽车带到幼儿园来分享,这使班里的玩具汽车一下子丰富了很多。张老师在班里的一个角落准备了一张桌子专门摆放孩子们带来的玩具汽车。后来渐渐地，玩具车越来越多，于是张老师又准备了四张形状不同的小桌子摆放玩具车。孩子们对汽车太喜欢了，每当区域活动的时候，总有很多孩子(特别是男孩子)要求选择玩汽车。张老师答应了孩子们的要求，从此班里又开辟了一个"汽车区"。孩子们玩得可开心了。

可是，张老师发现每次活动结束后，摆放汽车的桌子都是一团糟。原来，孩子们每当听到活动结束的音乐响起时，都拿着汽车随便往桌子上一放就走了。有的桌子上玩具车很多，很多辆汽车摆成一堆儿；有的桌子上却很少，几辆歪歪扭扭地摆放着。于是，张老师与孩子们进行了一次谈话，一起商量能改善这种现象的好办法。

道希说："我看过车展，车展上有许多车，我们也开个车展吧！"

天宇说："我们找张纸写上小朋友名字，放在桌子上，汽车上也写上名字，一样的名字就是放在一起的。"

孩子们都在发表着自己的意见。……

张老师表扬了孩子们开动脑筋想办法，最后，将孩子们的好办法结合起来，首先将汽车分成四类(卡车类、轿车类、工程车类和特殊用途类)，四张桌子分别摆放四类汽车，同时，在每张桌子上摆放与本桌汽车类型相一致的图片，为的是给孩子们一个提示。接着，又为每辆玩具车配上小桌牌，摆放在车顶上，桌牌上面简单注明了该汽车的用途和提供这辆玩具车的小朋友的名字。这样，小朋友在拿走玩具车的时候就把小桌牌直接放在桌子上，送回来的时候，先按照汽车的类型找到相应的桌子，再找到那张桌牌，将玩具车放回原处，最后将桌牌放回车顶上。

通过大家的智慧，"小小汽车展"再也就不会像一开始那样一团糟了，反而成了班里最显眼最亮丽的一角。

问题

分析案例中教师的教育行为，说一说当发现问题后，张老师采取哪些策略引导幼儿解决问题。

案例分析

张老师从琪琪带来玩具车这件小事中，发现孩子们对汽车的兴趣，及时捕捉有价值的教育契机，开展了孩子们感兴趣的主题活动，通过该主题活动使孩子们对汽车的认识、丰富了有关汽车的知识。张老师通过观察活动过程中的细节及时发现主题活动中存在的问题：(1)摆放汽车的场地不够。(2)幼儿喜欢在区域活动时间选择玩汽车。(3)幼儿玩过汽车后不能放回原处，桌面上的汽车无序、凌乱。针对上述问题，张老师引导孩子们开动脑筋，自主解决问题。具体实施的策略：(1)当教师发现摆放汽车的场地不够时，及时增添桌子数量，保证幼儿带来汽车的摆放空间。(2)尊重幼儿的意见，支持幼儿的想法，满足幼儿玩汽车的需要并提供宽松的环境和充裕的时间。(3)针对幼儿不能很好地收汽车这一环节，教师选择和幼儿谈话共同找出问题出现的原因并一起商量解决问题的方法，幼儿在教师的带领下不仅提高了发现问题、分析问题、解决问题的能力，而且当教师支持孩子想法的时候更容易被孩子接受，更加增添幼儿的自信心。张老师引导幼儿将汽车分类摆放，这样既使幼儿提升了分类的能力，又解决了每张桌子上汽车摆放数量不平均的问题。每张桌子上摆放汽车类型的代表性图片给予提示，幼儿可以准确地找到摆放汽车的桌子，为每辆汽车配备的小桌牌又可以帮助幼儿找到桌子上摆放汽车的相应位置。就这样，顺利地解决了汽车摆放凌乱的问题。

126. 孩子们又爱玩棋了

刚刚升入大班的时候,孩子们对飞行棋和安全棋产生了非常浓厚的兴趣,每每选区的时候,总有一些孩子聚集在益智区,有下棋的,有观战的,玩得很开心。

可过了一段时间,赵老师发现,玩棋的孩子们逐渐减少了。于是,赵老师故意把游戏棋中的色子拿掉。果然,孩子们很着急地找到赵老师,报告说:色子不见了,飞行棋和安全棋都没法玩了!赵老师也故作着急地说:"那可怎么办呢?你们快想想办法吧。"

孩子们互相讨论起来,最终东东的建议被大家采纳,他们决定自己制作色子。选择什么材料来制作是最合适的呢?通过尝试,孩子们决定采用最常用的橡皮擦来制作。赵老师让他们回忆色子的形状特征。孩子们发现了色子跟刚学过的正方体外形一样,有6个面,每个面是一样大小的。赵老师帮助他们切割橡皮,孩子们来标数字。赵老师惊奇地发现,有的孩子不是按常规的标出1、2、3、4、5、6,而是以2、4、6、8、10、12双数的情况标识。赵老师询问这样做的原因,孩子们的答案是:数字大一点,可以走得远一点!赵老师肯定了他们的想法。

孩子们成功制作了色子,还制定了新的游戏规则。转天选区活动,益智区的棋类区域又热闹起来。

问题

1. 分析案例中赵老师的教育行为是适宜的吗?为什么?
2. 怎样合理地为大班幼儿提供益智区材料?

案例分析

案例中赵老师的行为是比较适宜的。首先,赵老师细心地观察到玩棋的孩子越来越少,从而判断出孩子们正在对棋类游戏失去兴趣,所以需要对棋类材料进行调整。其次,赵老师引导幼儿参与到区域材料的制作与游戏规则的制定当中,发挥幼儿自主学习与创造。案例中,赵老师将棋类游戏中的色子藏了起来,请幼儿商讨解决办法,很巧妙地引发了幼儿自己动手、动脑制作游戏材料,并通过不断尝试寻找适宜材料的过程,引发了幼儿的自主性和主动参与。另外,在原有色子形状、点数的基础上,孩子们还有所创新,做成了"双数"色子,并制定了新的游戏规则,赵老师给予积极的鼓励和肯定,保护了幼儿的创新性。第三,赵老师为幼儿的讨论、材料制作与规则制定提供了宽松的氛围,并给予支持和帮助。

为大班幼儿提供益智区材料时可以考虑:(1)材料投放要根据幼儿年龄特点,兴趣爱好,有计划、有目的地投放。(2)材料要富有层次性,适合不同发展水平幼儿的需要。(3)材料具有丰富多样性。同一个内容,可以使用多样的材料,发展幼儿的发散思维。孩子可以自由选择,用自己喜欢的材料进行制作。(4)材料的准备还要具有生成性、发展性,并不是所有的内容都是教师在一个学期中所制定好的,而是在计划的基础上,不断地更新和调整。(5)材料提供的适宜性,材料在活动的基础上一点点丰富。(6)材料来源的多渠道性,鼓励低结构材料的投放。(7)鼓励幼儿参与到材料制作与规则制定当中。

127. 娃娃家里的故事

娃娃家里，放放在"打电话"，辰辰在一旁"吃东西"，而雨竺在给娃娃"洗衣服"。三个小朋友之间没有交流，各自做事情。雨竺洗了一件又一件，并把洗好的衣服放在桌子上。所有的衣服洗完了，她又把娃娃身上的衣服脱了下来，又放到盆里洗起来。这时，在一边观察的赵老师走了过去。

赵老师："雨竺，洗了那么多衣服啊，看，娃娃光着身子坐在椅子上，多冷啊，我来帮他盖上被子吧。"说着，赵老师帮娃娃裹上小被子，并抱在怀里。

雨竺不说话，继续洗衣服。

赵老师："娃娃的衣服都洗了，她没有衣服穿了，这可怎么办啊？雨竺，你有晾干的衣服给娃娃穿吗？"

雨竺："没有，那我把衣服晾起来。"说完，她找来了衣架，开始晾桌子上"洗好"的衣服。

辰辰放下手里的勺子："赵老师，我来帮你抱娃娃吧。"

赵老师："你为什么不帮雨竺晾衣服呢？她洗了好多衣服。"

辰辰："好的。"说完，两个人一起晾衣服。

放放不再打电话了，也走了过来："赵老师，我也想一起晾衣服。"

雨竺："我们两个人晾就行了，对吧，辰辰？"辰辰点头。

赵老师："娃娃饿了，你帮他做点吃的吧。"

放放："好的，我去给他沏奶。"他向"厨房"跑去。

雨竺和辰辰有说有笑，把所有的衣服都晾好了。

赵老师："娃娃已经坐在餐椅上等着了，一会儿你们帮他喂饭吧。"说完，赵老师离开娃娃家。

雨竺："我们去帮放放做饭吧。"辰辰点头，三个孩子一起玩起来。

问题

1. 结合案例分析小班幼儿角色游戏的特点。
2. 案例中，教师是如何指导幼儿开展游戏的？
3. 对角色游戏的支持性策略还有哪些？

案例分析

小班幼儿角色游戏的特点：小班幼儿处于独自游戏、平行游戏的高峰时期。对模仿成人动作或玩具感兴趣，角色意识差，游戏的主要内容是重复操作、摆弄玩具，游戏主题单一，情节简单，幼儿之间相互交往少，主要是与玩具发生作用，与同伴玩相同或相似的游戏。生活经验主要来源于家庭。

案例中，教师通过观察、与幼儿平行游戏的方法，拓展和丰富了幼儿的游戏活动内容，使幼儿原本"缺失"的"假装和想象"、"同伴交往"、"语言交流"等多种因素出现在幼儿的游戏活动中。如在案例中，赵老师说："娃娃的衣服都洗了，她没有衣服穿了，这可怎么办啊？""雨竺，你有晾干的衣服给娃娃穿吗？"……这时教师就给予了幼儿游戏建议，并得到幼儿回应。又如，辰辰提议想帮老师抱娃娃，老师却说："你为什么不帮雨竺晾衣服呢？她洗了好多衣服。"教师让出了"交往"的机会，鼓励幼儿之间的互动。再有，在放放帮忙晾衣服的请求没有得到认同的情况下，老师提出："娃娃饿了，你帮他做点吃的吧。"提供给了放放"介入游戏"的方法。赵老师在实现了游戏指导的目的后,立即从游戏中抽身出来,尊重了幼儿独自玩的意愿。

角色游戏的支持性策略还有:(1)教师要根据幼儿的生活经验为幼儿提供种类少、数量少、且形状相似的成型玩具,避免幼儿为争抢玩具而发生纠纷,满足幼儿平行游戏的需要。(2)教师以平行游戏法指导幼儿游戏,也可以角色身份加入进游戏中,在与幼儿游戏的过程中达到指导的目的。(3)要注意规则意识的培养,让幼儿在游戏中逐渐学会独立。(4)通过讲评帮助孩子积累游戏经验。

128. 重新火爆的"米奇影楼"

案例描述

中班的"米奇影楼"一直是孩子们自选区域活动非常喜欢的区域,但是随着开业时间的增长,"顾客"的流量逐渐减少,"服务员们"产生了工作的懈怠,影楼中的工作人员要么在一起说说笑笑,要么自己摆弄材料,有的甚至感到无事可做,面对日益萧条的场景,谷老师以"店经理"的身份决定对影楼进行"停业整顿"。

针对问题,"店经理"和孩子一起讨论如何使"影楼"重新受欢迎,增加客流量等招揽"顾客"的办法。大家纷纷议论起来,有的说可以发宣传单,有的说可以增添新背景、新服装,有的说可以打折等等,于是大家一起制作了很多个性化的宣传单、优惠券,有的还亲自动手制作头饰、简单的服装。"服务员"在完成自己的工作后,到处招揽顾客并告示一系列的促销活动。慢慢地,孩子们的兴趣点被带动了,整个"影楼"再次成了孩子们喜欢的区域,生意重新火爆起来。

问题

1. 分析案例中谷老师的教育策略。
2. 从教育学角度,谈一谈游戏的作用。

案例分析

案例中,谷老师以"店经理"的身份参与游戏,成为幼儿的"玩伴"。在游戏过程中,谷老师并没有直接、生硬地指导,武断地将自己的解决办法告诉孩子们,因为那样会打扰孩子们的游戏情境。谷老师的做法是,将自己的身份合理化,以"店经理"的身份参与游戏,采用间接指导的方式,引导孩子们一起商讨解决办法,自己解决遇到的问题。这样做,不仅自然而然地引导游戏顺利进行下去,使孩子们始终沉浸在角色游戏中,而且提高了幼儿发现问题、解决问题的能力。

"幼儿期是游戏期",幼儿特别喜欢模仿一些他人的行动和语言,扮演一些他人的角色,将个人的生活经验通过在游戏中扮演角色,并运用想象、创造性地进行再现。因此,角色游戏的开展在很大程度上能满足他们身心发展的需要,符合了孩子们生理和心理的发展水平,深受孩子们的喜爱。尤其中班幼儿,正是角色游戏发展的高峰期,幼儿能够在宽松、有趣的游戏中与环境、材料、同伴进行充分互动,从而主动地获得学习与发展,真正实现了"玩中学"。

129. "猫捉老鼠"

案例描述

　　上肢动作的发展是幼儿身体动作发展中最基本、最重要的部位之一,如何使幼儿的上肢动作得到充分有效的发展呢? 刘老师设计了了"猫捉老鼠"的投掷教学活动。

　　活动开始,幼儿充当小猫,在刘老师带领下听音乐做小猫模仿操。

　　游戏一,教师带领小猫去树林里捉老鼠。小猫捉到老鼠后,教师提出"猫捉到老鼠后不会马上吃掉,会先玩老鼠。"针对教师的提议,有的用手抛、接老鼠,有的用脚踢老鼠,有的踩老鼠。

　　游戏二,当幼儿尝试各种玩法后,教师提出:"猫在吃老鼠前,会将老鼠摔死,你们试试!"引导幼儿练习原地向下摔打老鼠。

　　游戏三,经过一段练习时间后,教师再引导幼儿向远扔老鼠:"由于距离太近了,老鼠还没摔死,我们使点劲,向远处扔。再向远扔一点!"

　　游戏四,在幼儿投远过程中,突然跑出一只大老鼠,幼儿追逐大老鼠。

　　活动结束,大家捉到了所有的老鼠,围在一起美美地饱餐一顿。

问题

　　请运用游戏理论,对案例中刘老师的教学策略进行分析。

案例分析

　　游戏是幼儿活动的基本方式,兴趣则是幼儿自主学习的原动力。在"猫捉老鼠"的教学活动中,老师使用情景游戏的方式贯穿教学始终,通过"猫捉老鼠"这个情景的创设,利用游戏紧紧抓住和调动了幼儿参与活动的兴趣。(1)在准备活动中,优美欢快的音乐,加上老师生动逼真的动作模仿,激发了幼儿的学习兴趣。为下面的活动做了很好的铺垫。(2)在基本部分,教师用巧妙的过渡语,通过三个游戏过程:玩老鼠——摔老鼠——扔老鼠,不仅激发幼儿玩的兴趣,而且使幼儿练习了投掷动作,发展了幼儿的上肢力量和动作协调能力,体验成功带来的快乐。最后在追逐大老鼠的情节中使整个游戏达到最高潮。(3)在整个活动过程中,教师把动作练习的要领和动作练习的要求通过游戏化的语言,融入游戏当中,让幼儿从情景中不断产生学习技能的需要,运用所学的技能,获得最佳的学习成效。避免了因枯燥重复的动作训练而使体育教学陷入技能训练的误区。(4)同时,教师在指导过程中遵循幼儿的身心发展特点,动作要求由简到繁、由易到难,活动量由小到大,坚持身体全面发展。幼儿在教师层层递进、循循善诱的指导中获得积极的自我体验和成功乐趣。

130. 爱打架的小虾

案例描述

　　这天,小可从家中带来了几只小虾,吸引了孩子们的兴趣,"呀! 好可爱呀!"孩子们一下子围到了小虾周围观看。小虾好像被吓着了,一下子都躲到了鱼缸中的石缝里,小可不高兴了,说:"你们不要都围过来,小虾会害怕的!"小朋友们说:"小虾会害怕吗?"接着小朋友们的问题就来了,问:"小虾吃什么? 怎么换水?"孩子们看到小虾的大钳子,又问:"它会夹人吗?""小虾在鱼缸里会死吗?"……孩子们一连串的问题弄得小可也不知怎么回答了。她说:"我爸爸说给小虾换水时水不要太清,不能直接用自来水,需要放一天。""那小虾吃什么?"小朋友又问。"吃点鱼饲料就行。"小可说。"它吃水草吧! 我记得妈妈说过小虾不用喂的。"小朋友们你一言我一语就讨论开了。

第二天,小朋友又有了新发现,熊熊说:"我看见小龙虾打架了。"久久说:"不可能,小虾不会打架?"这一发现引来了更多的小朋友,大家都很好奇,想看看小虾打架的情景,并在一起兴奋地讨论起来。

王老师看到孩子们兴致这么高,就走了过来和他们一起讨论:到底小虾怎样饲养? 它们吃什么? 小虾会不会打架呢? ……王老师让孩子们一起来探究,鼓励他们寻找饲养小虾的方法和相关资料,并尽可能让他们在饲养中找到答案。

问题

以案例为例,从理论与实践相结合的角度,说一说幼儿园科学教育的指导策略。

案例分析

从案例中幼儿的表现,我们不难看出5—6岁的幼儿喜欢饲养动植物,喜欢观察动植物的生长变化,他们对一切充满着好奇和幻想。当看到孩子们如此喜欢小虾,而且还提出了这么多感兴趣、富有挑战性的问题,王老师及时抓住这一教育契机,开展了科学教育活动。在幼儿园实施科学教育,可以从以下四个方面出发:(1)充分让幼儿亲近自然、学会观察、提出问题、尝试着解决问题。(2)教师要将教育的出发点从教师兴趣转向幼儿兴趣,由多数预设的探究活动转向生成的科学活动,让科学更贴近幼儿生活,生活中孕育着科学教育。(3)科学教育的目的不再局限于获取科学知识,而是更注重幼儿的探索能力、思考能力和创新意识,在实践中逐步完善学习的过程和探索的过程。(4)幼儿是在环境中进行学习的,是进行探索的主人。在幼儿园可以利用自然角进行科学教育活动。让幼儿成为自然角的创设者,使自然角不再是一种背景、一种支持,而是一种活的课程。鼓励幼儿带来书籍,让家长帮助从网上下载资料,丰富自然角的材料。在自然角,从幼儿的问题入手,教师与幼儿一起做实验;还可以以小组合作的形式让个体的探索行为变成群体探讨的热点,利用幼儿之间的互动探索激发幼儿更浓厚的兴趣,加深幼儿探索的深度和广度。

131. 给死去的小鸡治病

案例描述

随着小二班孩子们的逐渐入园,所有人都知道了班里饲养的那只小鸡死去了。于是,王老师和孩子们一起商量如何帮助小鸡有一个好的归宿。

"给小鸡送到医院中,让医生给它治病。""我们家有真正的针管,给它打一针就好了。"孩子们你一言,我一语地出着主意,可是答案都是一样可笑和天真。只有三岁多的孩子,还天真地认为医药可以挽救失去的生命,他们怎么能理解"死"是大自然无可挽回的悲哀?

品味着孩子们的天真和质朴,王老师答应了孩子们的要求,一同来到了保健室。"彭医生,我们的小鸡死了,快给小鸡治病吧。""给小鸡打一针病就好了。""我们的小鸡都这样了。"淘气的苑苑说着，还模仿着做了一个四肢僵硬瘫倒在地的样子。

王老师轻轻地会意彭医生不要打碎孩子们美好的愿望，彭医生反应很机敏，一边询问具体情况，一边介绍治疗和爱护小鸡的方法，最后她和孩子一起很认真地检查了小鸡的病情，当她举起僵硬的小鸡，告诉孩子们小鸡已经死去的时候，孩子们紧张地制止着："彭医生，你会把小鸡弄疼的！"

这时候是该揭示答案的时候了，王老师难过地告诉孩子："医生已经尽了最大的努力，但小鸡已经死了，因为医药是无法救活死去的动物。"这是孩子们第一次理解了失去生命意味着永久的消失，他们无可奈何地决定放弃对小鸡的救治。

？ 问题

请运用学前教育理论对案例中王老师的教育行为进行分析。

案例分析

班中饲养的小鸡死了，善良的孩子们竟然想让医生给它治病。面对孩子们的天真和质朴，面对孩子以自己特有的方式表现出他们对此的兴趣，并希望获得答案时，王老师没有用简单告知的方式给他们即时的满足，而是积极运用皮亚杰的教育理论"孩子正是在与物质的相互作用中获得经验"，鼓励孩子们带着自己的想法实际的试一试，并且给孩子们提供了探索的空间和时间，使他们通过自己的探索获得解决问题的策略。经过这个过程孩子们终于理解并主动地决定放弃对小鸡的救治。对于成人来说，给死去的小鸡治病，似乎有些荒唐。王老师通过鼓励，支持了孩子们这个看似荒唐的想法，正体现了"为幼儿的探究活动创造宽松的环境，让每个幼儿都有机会参与尝试，支持鼓励他们大胆提出问题，发表不同意见，学会尊重别人的观点和经验"的思想。正是因为能够在空间、时间以及物质和精神上给予幼儿鼓励和支持，所以孩子们对于小鸡能否救活的假想，得到了验证的机会，验证的结果调整了孩子们的原有认知，促进了孩子们的发展。

132. 胆怯的馨馨

案例描述

馨馨的性格比较孤僻，而且任性，与小伙伴交往相处不是很融洽；很少主动参与集体的体育活动，做事多是跟从别人，慢人一拍，动作发展欠协调；她的最大特点是对新的体育活动项目或是有点难度的活动总表现畏惧和胆怯，缺乏自信。

情境一：

如在一次走平衡木的练习中，其他小朋友都兴致勃勃地参与活动，并为自己的"探险"成功而欢呼，此时，馨馨却躲在队尾想逃避练习。

情景二：

在一次跑步活动中，当时馨馨没有多大的信心，刚好妈妈来幼儿园交费，看见了就在旁边不停地"督促"："快跑啊！快跑啊！看人家多棒！"结果反而使馨馨更想逃避练习。

情境三：

在一次绘画活动中，馨馨画得很慢，她旁边的小朋友已经画好，我过去一看，表扬了那个孩子几句，正想夸奖馨馨的时候，对面有小朋友叫了我，我赶紧过去。等我再回来时，发现馨馨已经把自己画的画涂掉了，画上了和那个孩子一模一样的画面。

？ 问题

假如你是老师,你将采取哪些教育策略帮助馨馨?

案例分析

假如我是老师,我将从采取以下教育策略:(1) 给予信任,帮其战胜胆怯心理。针对馨馨畏惧、怯懦的特点,可以采取树立榜样和耐心帮助相结合的方法,帮助馨馨克服胆怯心理,以勇敢、无畏的精神去锻炼自己。例如,在情境一的平衡木练习中,老师要给予馨馨信任与耐心帮助,鼓励她:"勇敢一点,你一定能成功!"对馨馨的点滴进步给予及时肯定。(2) 发挥其专长与爱好,使其获得成功体验。针对馨馨被动与消极的情绪状态,要从其所感兴趣的事物中捕捉教育契机,让她有机会发挥出自身的兴趣爱好,让她多参与能发挥其强项的活动,在已有经验的基础上,获得更多的成就感。(3) 引导她在幼儿园的一些集体表演的节目中,担当一些适当的角色,让其有更多的机会与其他幼儿直接接触,彼此相互影响,培养她的集体意识。(4) 家园配合,共施良策,促其转变。主动与家长联络交流,共同研究探索一套科学的、适应馨馨的特点的教育方案。例如,让馨馨动手做自己能做的事;关注和支持馨馨有益的兴趣和爱好,并为之提供方便;培养她的主动性和参与意识;多以积极肯定的态度来帮助馨馨树立自强、自立、自信的信念。

133. 孩子们为什么争当排头

案例描述

到了户外活动的时间了,孩子们像要出笼的小鸟,喊着:"老师,咱们是不是要出去了?""对,准备排队吧。"老师的话音刚落,莫然"嗖"地跑了过来,丁丁也跟着跑到老师的面前。为了当上排头,这两个人就当着老师的面儿,用胳膊撞、用小屁股顶,都想把对方挤到后面去。别看莫然个子小,可一点也不甘示弱。老师拉起莫然的手,丁丁立马哇哇大哭:"明明是我先来的,是莫然把我挤到后面的。"老师耐心地对丁丁说:"你看,莫然已经站在前面了。"丁丁哭得更加委屈了。

这样的情况并不少见,为了当上小排头,不论男孩还是女孩,经常发生争执甚至用身体碰撞来达到目的。最近,孩子们争当排头的现象屡见不鲜。户外活动出门前,孩子们你争我抢地站队当排头。有时,集合的信号刚发出,幼儿立刻放下正在玩的玩具跑到老师的面前站队了。户外活动结束时,在大型玩具上玩得不亦乐乎的孩子一溜烟儿跑下来,你推我搡地争当排头。到底是什么原因促使幼儿争着抢着当排头,甚至不惜用"武力来对决"? 发生这样的事情后,范老师就问孩子们:"你们想当排头吗?"幼儿异口同声地回答"想"。"为什么?"福瑞小手举得高高的:"站在后面什么也看不见。"莫然红着小脸:"我想拉着老师的手。"丁丁说:"我就是想当排头,我想得第一。"

？ 问题

1. 请根据幼儿社会性发展的有关知识,对幼儿"争当排头"的行为进行分析。
2. 根据案例描述的现象,帮助教师提出有效的指导策略。

案例分析

造成幼儿相当排头的因素有两方面原因:一是幼儿自身需求,二是教师的观念和行为使然。

源于幼儿自身需求而想当排头一般有以下三种情况：(1)幼儿想与老师亲近。比如，"我想拉老师的手"、"我可以挨着老师近一点"以及"我喜欢老师"等。这类幼儿抢排头，主要是想站在老师身边和老师亲近，引起老师注意，通过肢体的接触，感受老师对自己的爱。中班幼儿喜欢肢体接触，拉起老师的手，不仅获得安全感，同时也满足情感的需求，心里觉得很愉快。(2)矮个子的小朋友想当排头为了看得更远。比如，案例中一个小朋友的回答"因为站在后面什么也看不见"，类似这样个子矮的孩子他们根据自身的生理特点以及内心需要做出了清晰的回答。从回答中可以看出，这类幼儿能准确地认识到自己的特点、长处或者短处，并能用适当的方法，满足自己的需要。这说明他们的内省智能占据优势，内省智能是指对自我有相当的了解，能意识到自己内在的情绪、意向、特点等。(3)想当"领袖"。案例中的丁丁说"我就是想当排头，我想得第一"，从这个回答可以看出，这类的孩子有领袖意识。在幼儿群体中，总会有一些孩子往往表现出较强的组织和领导才能。他们喜欢参加各种集体活动，并有自己的主见，不经意间就在活动中负责一些事情。而且，他们能主动发起游戏，同时在游戏中担任"领导"和"指挥"角色。这些孩子领袖往往清楚规则，也知道怎么做更好，他们的应变能力、交往能力、语言表达能力等比同龄孩子强，因而赢得同伴的信赖和拥护。

幼儿当排头的原因也受教师的行为影响，有些教师把当排头看做是对孩子的奖励和肯定，有些教师则把更多的选择机会给了当排头的小朋友。这种不恰当的做法导致孩子们争着抢着当排头。当排头的小朋友是受到教师肯定的小朋友。"当排头可以带着小朋友做操""当排头可以提醒别人做操做得好不好""可以带着小朋友走""可以带着小朋友跑步"……而且，当了小排头以后，表现的机会更多，得到老师肯定、赏识的机会也就会更多。所以，教师的这种观念和行为就导致了期待认可的孩子都想争当排头。

根据上述分析，教师可以采取以下措施：第一：机会均等——让每个孩子都来当排头；第二：发现每个幼儿的闪光点，推荐选举；第三：弱化排头意识，善于表扬。

134. 捡树叶

案例描述

秋天来到了，天气渐渐凉了，熬不住风霜的树叶枯萎了，一片片往下落，在秋风中翩翩起舞，在幼儿园后身的公园里飘落了很多小树叶，孩子们只要到这块乐园来游戏，就会不由自主地捡落叶观察一下。为了顺应孩子们的兴趣，范老师在中班生成了"捡树叶"这个活动。"我们一起去捡树叶吧！"老师的一声令下，引来了孩子们的欢呼，他们飞快地跑开了。"范老师，我的树叶像扇子，可以扇风的。""范老师，我捡到两片树叶。"……

"东东，那你的树叶像什么？"

"美美，你捡的树叶一样吗？"

"大智，数一数，你捡到几片树叶？"

……

范老师在一旁不断地引导孩子们观察落叶的外形，启发他们进行大胆联想，并且用正确而响亮的数数声引导着孩子们，孩子们的数数声不再凌乱，而变得有序起来，越来越多的孩子们加入捡落叶、数落叶的队伍中来，孩子们七嘴八舌地讨论开来，有的还把树叶摆在地上，趴下来一片一片很认真地数。

范老师不时地肯定孩子们的发现，及时地鼓励他们。为了进一步深入活动，范老师又找来了四个小筐，启发幼儿把一样的树叶分放在一个个小筐里。在范老师的提问下孩子们说出了为什么这样分类，有的孩子说："这里的树叶颜色都一样。"有的说："这里的树叶长得都一样。"有的还说："这里的树叶都是大的，那里的都是小的。"

孩子们沉浸在捡树叶的兴奋中，开心地告诉老师他们的每一个发现，也在不知不觉中回答着老师的问题。

问题

1. 从幼儿园数学教育的角度,分析案例中范老师的教学行为。
2. 教师如何在日常生活中抓住契机开展数学教育。

案例分析

在日常教学活动中,当范老师发现孩子们对"捡树叶"发生兴趣时,就立即给予了支持,充分满足了他们的需要。当孩子的愿望得到满足后,孩子们表现很积极,所以他们很乐意去发现、去探索。与此同时,范教师采用提问的方式积极引导,比如孩子们在探讨树叶的形状和颜色的时候,教师趁机提出了问题,让孩子们利用树叶特征进行分类,孩子们在不知不觉中知道整体集合和部分集合的关系。在引导幼儿在学会单个特征分类的基础上,再按照树叶的两种特征进行分类,分好后又巩固了幼儿对整体集合和部分集合的理解。这样层层递进,让幼儿能更好地掌握按物体特征分类的方法。范老师还有意识地去引导孩子们看一看、摸一摸、比一比、想一想、数一数等等,让他们用不同的感官去感知,这种多感官参与能够使幼儿更有效地认识事物。

数学知识蕴藏在日常生活中。在日常生活中教师应该善于发现、善于把握幼儿的兴趣点,丰富幼儿的感知经验,让幼儿在自然、愉快的游戏活动中学习数学概念和知识,使之在不知不觉、潜移默化中学习数学,给他们提供合适的发展环境和空间,必然会引起孩子探索的愿望。

135. 做幼儿游戏的支持者

案例描述

在第一次的建构活动中,幼儿搭建房子的形状、结构没有突破以前的模式,在对小区环境布局时,孩子们似乎无从下手。李老师在几次区域活动中尝试亲自搭一搭。在和孩子们共同游戏的过程中,李老师发现了孩子们搭建中的一些问题:两个人的作品太近,就容易碰撞;小区里作品随处都是没有空间感等。于是,李老师利用一些小区的图片让幼儿观察,对小区建筑、环境布局有丰富而深刻的印象。在此基础上,师幼共同设计"我们的小区"主体建构布局图,有助于幼儿有目的地进行创造性建构游戏。

今天的区域活动中孩子们正在搭建美丽的小区。这时,李老师看到阳阳小朋友在小区里搭建了一座大门,于是蹲在她的作品旁说:"上面这块积木摆得很稳,一定很不容易架上去,如果我低下头,可以从中间看过去。但是怎样开车进到小区里呢?"这时,另一个小朋友将这堵"围墙"拆掉,说:"这样就能进来了。"李老师又说:"天天回家,还要先拆这堵墙,真不方便。"这时淳奕小朋友说:"老师,我应该将门建在那儿。"说着他指了指围墙。我又说:"你去试试看……"

问题

1. 请运用游戏理论,分析案例中的教师行为。
2. 从理论与策略相结合的角度,谈一谈教师怎样才能在游戏中真正发挥支持者、帮助者、合作者、促进者的角色。
3. 如果你是这位老师,你将怎样做呢?

案例分析

游戏是幼儿最喜爱的活动，是幼儿生活的主要内容。游戏是幼儿对生长的适应，让幼儿创造并参与游戏，到游戏中去满足需要，适应生长。幼儿身心发展的水平决定了幼儿游戏的水平，幼儿所玩的游戏内容、形式等与其实际身心发展水平是相一致的。对幼儿来说，游戏不仅仅是一种消遣，还是幼儿的主要学习方式。幼儿在游戏中学习，在游戏中健康成长。案例中的李老师在活动中能够善于观察幼儿，以同伴的身份参加他们的游戏，观察发现幼儿在游戏中出现的问题以及解决问题的方法，以伙伴身份加入孩子们中间，适时指导幼儿，支持帮助幼儿，使幼儿游戏得以深入发展，使孩子真正享受游戏的快乐。

教师在游戏中发挥支持者、促进者的作用，应做到：尊重幼儿的意愿，与幼儿共同确定主题或以幼儿感兴趣的话题引出主题。在幼儿的建构游戏过程中，教师的指导是一个隐性的教育过程，教师要善于发现幼儿感兴趣的事物、游戏和偶发事件中隐含的教育价值，把握时机，积极引导。这时教师要学会聆听幼儿的心声，从幼儿的兴趣入手，引导幼儿进行商量。适宜指导，能推动建构游戏的开展。教师在游戏中，仍然起着主导的作用，要根据幼儿建构的兴趣、产生的问题和困难，支持、帮助、引导、鼓励他们去建构，这其实是师幼互动和相互应答的过程。当发现幼儿没有完全投入在建构游戏或者遇到困难时，教师不要马上给予制止，应静静地在旁边观察，看一看孩子在做什么，看一看他所从事的活动，听一听与同伴间的交流。然后针对看到的、听到的现象，对照其发展水平及个性特点进行分析，并进行适当、适时、适宜的指导。

案例中的李老师首先肯定了孩子的作品，使幼儿感到教师非常重视他的作品。之后设定的情景，能让幼儿观察并发现问题、解决问题。假如我是这名教师，在建构区我将提供一些可供观察的有关的玩具，照片、图片等，以弥补直接观察的不足，使他们能掌握物体的特点，并在游戏中创造性地反映出来。真正的游戏，应该是孩子们自主地活动，教师应该充分发挥玩伴的角色作用，顺应孩子的兴趣，自然地引导他们在游戏中快乐的发展！

136. 看，一只小瓢虫

案例描述

孩子一出生就处在一定的自然环境之中，他们与大自然之间有着一种天然的情缘，他们喜欢大自然，眷恋大自然，大自然又以其独特的魅力吸引着儿童。幼儿生来是好奇的，他们总是在不停地探索周围的世界，大自然好比一个为孩子们敞开的知识宝库，吸引着他们去探索、去发现。

一只小瓢虫正在公园的栏杆上欣赏着大自然美丽的一切，圆圆的身体，红色的外衣，时尚的黑色斑点，亮亮的身体仿佛擦了油一般。刘老师本以为：这么小的一只瓢虫，谁会注意到它呢？没想到，孩子们经过的时候，不止一个人发现了它。孩子们瞪大了眼睛望着它，七嘴八舌地议论着，还有的小朋友想用小手摸一摸它。"我们去捡树叶吧。孩子们！树叶宝宝还在等着我们呢！"可是没有人听到刘老师的提议，孩子们依然兴趣不减，看不到小瓢虫的孩子还在努力地想挤到前面去仔细看一看。为什么孩子们对小小的瓢虫如此感兴趣呢？刘老师终于也被孩子们同化，放弃了提议，走到孩子们中间。看见刘老师走过来，孩子们再也按捺不住开始向老师发问："老师，它有爸爸和妈妈吗？他在这里干什么了？它是住哪的呀？它怎么吃饭呀？它喝水吗？它怎么是红色的呀？它身上怎么还有点点呀？……"刘老师听着一个接着一个的问题，将知道的答案告诉给孩子们。可是，这样远远不能满足孩子们对小瓢虫的好奇与探索。"这样吧，我们从今天开始一起收集有关小瓢虫的事情，然后我们大家一起讲一讲，好不好？"从那天开始，班级里进行了与小瓢虫相关的一系列活动。孩子、家长和老师一起行动起来，不仅收集了图片，还一起讨论了有关小瓢虫的各种小知识，孩子们争先恐后地发言，详细地讲述他们对瓢虫的了解……

问题

1. 这个案例给你带来哪些启发？
2. 当孩子们的好奇与老师的预设活动发生冲突时，应如何应对？

案例分析

大自然的环境是丰富多彩的，是幼儿获得感性经验的源泉，是接受外界信息，开发幼儿智力的天然因素；大自然对孩子来说既神秘又富有吸引力，自然环境能引发幼儿的兴趣，吸引幼儿去观察、探究、发现，从而获取有关周围环境的感性认识和经验。幼儿的年龄特点决定他们对周围的事物充满好奇，有太多太多的问题需要弄个明白。作为教师要知道孩子们对周围世界积极的探究对他们一生的发展是多么有价值，要鼓励他们去观察、思考、表达。

当孩子们的好奇与我们预设活动发生冲突时，教师要做个有心人用敏锐的眼光去关心、发现幼儿的偶发性活动，在发现、了解了幼儿的偶发性活动后，教师应及时地做出反应，以积极的态度支持、鼓励幼儿。教育应是具有灵活性的，教师应让幼儿真正成为活动的主体，根据幼儿的心理需求和知识经验，将预设的教育内容和幼儿的突发兴趣融合起来，以支持者、合作者和引导者的身份参与到活动中，调动幼儿参与活动的积极性，使幼儿积极投入，大胆尝试。幼儿虽然是我们的教育对象，但他们对生活、对大自然的热爱，对身边事物的关心，他们的好奇与好问，难道不值得我们向孩子们学习吗！

137. 漂亮的紫树叶

案例描述

夏天是最富有生机的季节。在夏天，所有的生物都在不失时机地释放着自己的生命力。树叶密密的、绿绿的，树干粗粗壮壮，小草也不甘示弱地越长越高，每个人都在欣赏着绿树成荫、绿草如茵、鲜花争艳。自"阳光课程"开展以来，孩子们和老师们不仅每天都可以欣赏到这种勃勃生机和斑斓的色彩，同时，公园里也恢复了本该属于它的热闹。

涂色画"美丽的公园"是我们班的一次美工活动，孩子们走进公园，通过各种感官已经对小草、树木等有了一定的认识，孩子们坐在草地上，将手中的图画用蜡笔着色。当我走到优优身旁时，只见她正用紫色蜡笔涂树叶。"咦？优优怎么用紫色涂树叶呢？你看公园里绿色的树叶多漂亮呀？"只见优优马上用手捂住画，两只无辜的眼睛看着我，好像在等待我的批评。"紫色的树叶很漂亮，可是公园里很多的树叶都是绿色的。"优优指着远处地上的灌木，"那个特别小的'树'的叶子就是紫色的。"我没有让孩子必须按照我们的要求去给树叶涂颜色，而是鼓励她给树叶涂上自己喜欢、认为的颜色。优优完成涂色画之后，我请其他小朋友欣赏了优优的作品，并鼓励幼儿不一定按老师提供的范画涂色，孩子们可以根据自己的观察找出自己喜欢的公园的颜色。作品展示环节中，孩子们的画不再是千篇一律。树叶有深绿、浅绿、紫色、黄色，小花也是五颜六色的。

问题

1. 孩子一定要和成人的视角一致吗？我们该不该给孩子这种束缚？
2. 运用艺术教育的相关知识，谈谈如何开展幼儿美术教学？

案例分析

在日常教学中，我们一提到树叶就是绿色的，仿佛绿色就是树叶唯一的色彩。但孩子却有着自己的视角，孩子在生活中看到了紫色的树叶，说明孩子对事物有自己的认识，我们所给的标准对孩子来说是一种限制和束缚，我们应该鼓励幼儿充分表达自己对事物的认知。作为教师，不应该让孩子必须按照我们的要求去给树叶涂颜色，用大家常常习惯的、固定的对某些事物的认识束缚孩子的认知，这样才能激发幼儿观察事物的积极性。

美术的特点是直观形象性，主要依靠视觉来进行感知，以直观形象传递信息为主的教学方法，最能体现美术的特点。儿童画的题材大多来源于生活，所以应不忘在日常生活中，引导幼儿发现生活中的美，观察生活中细微的事物，孩子们观察的角度和成人不同，能够通过观察发现成人找不到的东西，用绘画的形式再传达出来。但是，成人固化的思维方式不仅会抑制孩子绘画能力的发展，而且会抑止幼儿的自主性和创造性的表现与发展，封锁了幼儿看世界的通道，使幼儿失去了自我。给幼儿用自己的眼睛看事物的机会吧，尊重幼儿的体验，与孩子在共同的探索中认识和发现事物。每个人都有自我，包括幼儿。承认幼儿的认识和尊重幼儿是幼儿学习和探索世界的动力，让我们把认识和探索的权力交给孩子。

138. 尊重＋理解＝成功

案例描述

春天的阳光温暖、明媚，春姑娘向所有人展开了她的双臂，太阳那暖暖的光束射过来，温柔地抚摸你，让人不舍离开。青青的小草也迫不及待地想分享这份暖暖的阳光，纷纷地从土里钻出来，嫩嫩的，绿绿的。公园里，一片生机盎然，让人按捺不住地想快些加入它们……

一天下午，孩子们听说老师要带他们去公园里做游戏，拍手跳着，笑着，非常高兴。草坪上，大家做好了准备活动，"今天我们要玩的新游戏是'小蜈蚣'"。这边，大多数的孩子听着游戏的玩法、规则，几位幼儿做着游戏示范，小朋友们四人一组游戏着；那边，明明一个人站在角落里，一副不愿意参加游戏的样子。文文说："老师，明明不玩儿。"我马上说："我们的新游戏很有意思，但是小朋友如果像明明一样想自己玩游戏，也是可以的。"听了老师的话，明明好像得到了允许，独自蹲下来看着草地……其他的小朋友还是被新游戏紧紧地吸引着。明明好像在草地上发现了什么，看得很专注，礼礼也跑了过去趴在草地上，两个人指指点点地还在说着什么。不一会儿，我们将分组的人数增加，"小蜈蚣"长大了，孩子们在游戏中欢快的声音重新吸引了礼礼，他又加入我们的游戏中。老师悄悄地走到明明身边，原来他正在专心地看着草地上的小蜗牛，他用小手将两只小蜗牛分开，可是过不了多久，小蜗牛就探出头来，两只触角一伸一伸的，好像在找寻他的好伙伴。"小蜗牛也在和他的朋友做游戏，他们在一起才会更快乐。"明明好像明白了什么，冲着蜗牛点了点头。

过了一会儿，老师再次让小蜈蚣"长大"，让男孩子一组，女孩子一组，分别成为两只长长的小蜈蚣，这样就加大了游戏的难度，男孩子和女孩子们的竞技开始了，他们各自努力朝终点走去，欢笑声、鼓劲儿声不绝于耳。这时，明明跑了过来，加入男孩子的队伍中，高兴地玩了起来。

问题

1. 幼儿是否有自主选择游戏的权利？
2. 教师遇到这样的情况应如何应对？

案例分析

幼儿具有自主选择游戏的权利。游戏是幼儿园最基本的活动形式,游戏对幼儿社会化的影响早已被许多心理学家、教育家所证实。每天的游戏时间是大家最开心的时刻了,游戏本是促进幼儿的身心健康,如果忽略了让幼儿自己选择游戏的权力,让幼儿勉强参加,活动的仅是幼儿的身体,而没有让他们的心里感到愉悦,对健康反而不利。

每位幼儿都有他特有的看法、想法和感情,作为教师应如何应对? 要尊重、理解幼儿,当幼儿提出自己的想法时,不要去责备或强迫他们,老师要成为一名善于抓住教育契机的智者,幼儿思维有"拟人化"的特点,他们往往把动物当做人,并把自己的生活经验和思想感情加到小动物身上。我们必须理解和尊重幼儿的思维特点和情感需要,善于启发和等待幼儿主动参与集体游戏,在他们主动参与过程中,感受集体游戏带来的积极的情感体验,从而达到更好的教育效果。

139. 快乐的分享活动

案例描述

通过日常活动的观察,刘老师发现大多数孩子们我行我素,不懂得与他人分享,经常出现一些争抢的问题。其实,这也是家长们普遍反映的一个问题。孩子不肯和别人分享,表示的很自私,他们也不知该怎么办? 现在的孩子都是独生子女,家长手中的掌上明珠。对于孩子的请求,基本上都满足。所以造成孩子不会和别人分享,不懂和别人互换。如何才能让孩子能够懂得分享呢? 刘老师根据这个问题,开展了一次分享活动:请小朋友把自己最喜欢的玩具带到幼儿园来,让他们相互交换,体验分享的快乐,这对孩子们来说是一个非常好的活动。

活动开始了,当小朋友们把自己的玩具拿出来和小伙伴们分享时,孩子们表现得非常开心。明明先把自己的玩具藏了起来,然后他就费尽心机想办法去玩别人的玩具,当其他小朋友看见他没有玩具,不愿给他玩时,他就着手去抢,还嘟囔着是刘老师让互相分享的。乐乐见此赶紧用手牢牢捂住自己的玩具,藏在怀里不让明明看见,他自己也不去玩别人的玩具,看见其他小朋友走来,他就匆匆嚷着:"我不玩你们的,你们也不许玩我的,我不想互换。"媛媛很大方,谁来到她身边,她都很热情地去和别人分享她的玩具,她自己也在分享着别人的玩具,还说着:"好玩、真好玩!"孩子们的表现是各种各样的。

刘老师把孩子们在这次活动中的表现用相机拍了下来,播放在电视中,把昨天发生的事情真实地反映了出来,并加以提问:"如果别人把自己的玩具藏起来不玩,去玩你的玩具,你心里觉得怎么样?"等等。刘老师请幼儿来自由来说一说他们比较同意哪一种做法,经过孩子们的讨论,他们同意媛媛的做法是对的。于是,刘老师把孩子们带来的玩具再次拿出来,让他们再一次进行分享。效果和昨天完全不一样,他们都很愿意和同伴分享,此时孩子们都非常高兴,而且都学着媛媛的做法和小朋友一起分享。

问题

1. 请用幼儿社会性发展的相关知识,分析案例中教师的教育手段。
2. 从理论与实践相结合的角度,提出促进幼儿社会性发展的指导策略。

案例分析

刘教师有意识地创设了两次体验分享行为及情绪情感的情境,在第一次体验分享活动中,有的幼儿还不能做到分享,就像明明和乐乐那样,从中也没有体验到快乐。在这次体验的基础上,刘老师及时展开交流与讨论,引导幼儿充分表达自己的内心体验与感受,树立起媛媛这个好榜样,有效激发了幼儿的分享行为。在第二次的分享活动中,孩子们体验到了分享的快乐,这种快乐也强化了分享意识和分享行为的形成。

分享行为往往发生在游戏材料或游戏机会不足时,教师要有意识地利用这一教育契机,在区域活动或游戏中,引导孩子主动的分享行为。在进行教育活动时,可以创设观看动画片、听故事、做游戏等具体生动的交往情境,让幼儿在轻松、友好、快乐的交往氛围中,积极与人交往。

140. 调 皮 的 牛 牛

案例描述

牛牛的父母都是机关干部,虽然文化水平都比较高,但是每天忙于应酬和加班,每次和孩子在一起要不是过度的疼爱,就是犯错误了的挨打,表现得比较极端,根本就没有时间亲亲孩子。接送孩子的任务和平时的生活大多由爷爷奶奶照顾,由于是隔代照看,奶奶非常疼爱孩子,总觉得父母不能经常陪孩子,对不起孩子。对于孩子的不良行为,管得不是很严,甚至放任自流。每次老师找奶奶沟通,奶奶虽然都表示会配合,但是实际上并不然。

牛牛是一个矮个子且攻击性行为很强的男孩子。平时任性、我行我素,不注意个人的清洁卫生,总是随随便便不遵守秩序,如果不满足他,就会大哭大闹,扔东西或攻击其他的小朋友,每天小朋友午睡的时候,他都不睡觉。趁老师不注意时捣乱。小朋友都很害怕和他交往。家长们也一直和老师反映牛牛的问题。一天早上,淘淘带来了一个新的变形金刚。晨间活动时,小朋友们都在进行着自主游戏,这时齐齐和牛牛都想玩,齐齐先拿到了,牛牛马上跑过去,一把夺过来。齐齐追过去抢,就这样你也不肯让,我也不肯让,一直抓着玩具不放。突然,听见"嘎"一声,变形金刚的一条腿坏了,接着牛牛就给齐齐一个耳光,齐齐哭了起来。

离园时,齐齐的奶奶来接孩子,老师向家长说明今天发生的这个情况。齐齐的奶奶听到自己的孩子被打了,而且还是被牛牛打了,非常生气,要找牛牛和他的家人算账。在老师的多次解释和道歉下,总算劝住了齐齐的奶奶。为了做好家长的工作,老师对两位孩子进行了家访。通过与家长的交流和沟通后之后,这件事情总算平息了。

问题

1. 请用家庭教育的相关知识,分析案例中家长的教育行为。
2. 从理论与实际相结合的角度,提出幼儿园对家庭教育的指导内容。

案例分析

从这个案例中,我们可以看出现代家庭教育中普遍存在的问题。牛牛的父母不能经常陪伴孩子,与孩子沟通少,教育方式简单粗暴。牛牛的奶奶虽然能经常照看孩子,对牛牛疼爱有加,但过分溺爱、对孩子行为不进行规范要求,造成牛牛任性、攻击性强、不会与同伴友好相处等问题。幼儿的攻击性行为大多是幼儿模仿学习的结果,幼儿年龄小,很多行为大多来自对父母行为的模仿,父母是孩子的第一任教师,父母的教育行为对幼儿的成长具有举足轻重的作用,因而父母的教育行为进行规范就显得特别重要。

幼儿园家庭教育是为了引导家长的教育行为,提高家长的教育素质和家庭教育水平,促进幼儿全面和谐的发展。幼儿园应帮助家长掌握家庭教育的主要原则,使家长认识到家庭的内外部生活都是教育孩子的重要途径,向家长讲解有效的教育方法以及运用的策略,家园共育,保持一致。

141. 玩具,大家一起玩

案例描述

　　早餐后,伴随着欢乐的音乐声,孩子们按照惯例手拿自己的进区标志,分散在教室的各个区域,自由选择自己喜欢的区域活动。突然,从建构区中传来了福慧的尖叫声,刘老师连忙跑过去,原来福慧和林林正在争抢一块积木。林林看见刘老师来了,大声地说:"这是我的!他抢我的!"在耐心询问了情况之后,刘老师找了一块相同的积木给福慧,让她们握手言和,还做好朋友,并告诉福慧玩具要一起玩才好。两个人的争吵终于平息下去了。

　　过一会儿,英文角又传来了福慧的尖叫声。刘老师走过去一看,福慧和萱萱在争抢一个空盒子,当福慧发现萱萱不肯松手时,竟然动手推了小朋友一下,而此时地上仍然有好几个相同的空盒子。刘老师又连忙用相同的办法制止了福慧的行为。

　　从这以后,刘老师便开始留意起福慧在自选游戏区时的表现了。经过几天的观察,发现在区域游戏进行自由活动时,福慧的眼睛总是注意别人手上的玩具,即便她拿到了和别人相同的玩具,也不会玩太久,玩一会儿就放弃了。刘老师于是又与福慧的家长进行了沟通,了解到福慧从小由奶奶带大,奶奶对她宠爱有加,为了减少孩子的吵闹,奶奶经常让她看电视,对福慧的要求更是百依百顺。福慧到了幼儿园后,她看到幼儿园有这么多家里没有的玩具,很高兴,这个也想玩,那个也要玩,但却不知道怎么玩,一旦发现同伴有好的玩法,她就认为这是好玩具,就去抢同伴手中的玩具,哪怕是自己的手中已有了一个和同伴相同的玩具,也会把它据为己有。

问题

1. 请对福慧小朋友的行为进行分析。
2. 如果你是老师,会采取哪些措施帮助福慧?

案例分析

　　福慧自幼由奶奶带大,上幼儿园之前,她生活的空间就是自己的家庭。由于是独生子女的原因,在家里她想要什么就有什么,奶奶对她百依百顺,养成了孩子任性的坏脾气,更不会与他人分享。进入幼儿园后,一旦要她和同伴们一起生活时,就不太容易和同伴和平相处,更谈不上合作与分享。幼儿园的生活是集体生活,需要同伴之间谦让分享与合作,但福慧从小没有养成这样的行为习惯,于是表现出同伴交往上的问题。

　　如果我是老师,针对以上情况,我会采取以下措施:(1)在进行区域游戏活动时,多关注福慧的行为,让她拿和同伴相同的玩具,引导她看同伴怎么玩,自己也学着怎么玩,适当的时候给予积极的个别指导。(2)在户外分散游戏时,多带领福慧一起玩,让她体验不同游戏的乐趣,同时也感受和大家一起玩的快乐。(3)与家长沟通交流,引导家长一方面能尽量多抽点时间陪孩子玩,教孩子一些游戏的方法和规则，另一方面适当为孩子添置一些玩具，满足孩子对玩具的喜爱与渴望，家园合作，共同帮助福慧提高交往能力。

142. 我会自己穿鞋子

案例描述

伴随着愉快的收整游戏区的音乐声，小三班的孩子们结束了日常的餐后自选区域游戏，郭老师请孩子们去把自己的鞋子穿好。这时睿睿拿着自己的鞋子站在那里对郭老师说："郭老师，你帮我穿一下好吗？我穿不好。"郭老师低头一看，原来睿睿今天穿了一双系带子的休闲鞋，虽说带子系得很松，孩子不用解开也能把脚穿进去，但是鞋舌头比较软，容易随着脚滑到里面去。郭老师想了想说："好的，我来帮你的忙。"

于是，郭老师带着睿睿在孩子们的面前坐下，举起睿睿的一只鞋子说："我是鞋宝宝，你们知道我的大嘴巴在哪里吗？"孩子们一下子愣住了，你看看我，我看看你，郭老师一指鞋口说："哈哈，这是我的大嘴巴，大家穿鞋的时候，只要把脚伸进我的大嘴巴就可以啦！"孩子们开心得笑了起来，睿睿也急着想从郭老师手里拿过鞋子去穿。郭老师接着说："别急别急，我的大嘴巴里还有舌头呢！"郭老师边拉鞋舌头边说："喏，在这里，大家穿鞋的时候，一定要把我的舌头拉住放在外面哦，否则它会躲到里面去的，小脚穿在里面就会不舒服了。"郭老师转头又对睿睿说："睿睿，现在你再来穿穿看好吗？""好！"睿睿高兴地接过鞋子，孩子一边穿，郭老师一边说："鞋宝宝，鞋宝宝，张开大嘴巴，拉住小舌头，把脚伸进去，一二三，用力蹬，小鞋穿好喽！"

问题

1. 请对案例中郭老师的做法进行分析。
2. 结合案例，谈一谈如何帮助幼儿提高生活自理能力？

案例分析

2—3岁的幼儿在日常生活中已开始渐渐表现出独立的倾向了。他们愿意尝试做一些自己力所能及的事情，例如：自己吃饭、自己穿简单的衣裤、鞋子等。对于年龄小的孩子来说，由于受动作发展的制约，他们获得成功体验的机会比较少，遇到困难而放弃的时候却比较多。成人简单的说教幼儿不一定能理解、接受，而且也容易忘。案例中的郭老师针对小班幼儿的年龄特点，积极创设一些有趣的游戏情景，用形象化的手法，鼓励幼儿尝试做自己没有做过的事情，并尽可能让孩子们体验到成功的喜悦。

幼儿独立做事、生活自理需要成人的帮助与指导，以自己穿鞋子为例，我们可采取以下措施：（1）利用生活活动的机会，向幼儿介绍穿脱不同鞋子的方法，丰富幼儿的生活经验。（2）利用区域自选活动结束后和午睡起床的机会，指导个别幼儿穿脱自己的鞋子。（3）利用家长开放的机会，积极和家长们沟通，统一教养方式，家园共育，让家长在家中和我们一样让孩子自己学习穿脱自己鞋子的方法；同时提示家长不要给孩子穿过硬、过大、过小或过于复杂的鞋子，这样不利于孩子脚的生长与身体的发育。（4）进行生活技能大比拼的竞赛活动，激发幼儿独立做事情的浓厚兴趣，并给予积极的鼓励与赞许。

143. 和小水杯做朋友

案例描述

"孙老师、李老师,我找不到自己的水杯了,水杯格子里的水杯不见了。"一连几天,教养员孙老师和保育员李老师常常能听到孩子们这样的"投诉"。于是,孙老师和李老师共同展开了秘密的调查。经过近一周的观察,终于发现了其中的"奥秘"。

原来在过渡环节中总有一个小小的身影会悄悄地溜到水杯架旁边调换小朋友们的水杯。这个小身影就是班里的"机灵鬼"小文。小文为什么总要拿别人的小水杯呢?这让孙老师和李老师很是不解。两个老师共同商讨后,为了不伤害也不吓到这个"小鬼",李老师故意在孩子们饮水环节自言自语道:"我记得这个水杯应该在琪琪的格子里、那个水杯应该在小文的格子里,它们怎么交换了?"听到李老师这样说,孩子们你看看我,我看看你,只有小文低着头。于是,孙老师把孩子们都叫在一起围坐在老师身边,对他们说:"最近孙老师和李老师发现了一件怪事情,小朋友的小水杯常常偷偷溜走,找不到家,有的小朋友找不到自己的水杯。"这时候孩子们议论纷纷开了。孙老师故意提问了小文,这个机灵鬼慢慢地说:"我喜欢和亮亮的新水杯做朋友,不喜欢用那些磕瘪了的旧水杯。"一语道破天机,这个机灵鬼还真把自己的心里话说出来了。孙老师没有揭穿机灵的小文,而是顺着他的话和孩子们开展了一次"我和小水杯做朋友"的主题谈话。孙老师请幼儿们观察每个小水杯,看看哪个水杯漂亮,哪个水杯变丑了。孩子们纷纷指着边沿磕瘪了的小水杯说:"那个水杯不漂亮了,它身上有的地方瘪进去了。"孙老师借机问道:"水杯上为什么有地方瘪进去了?"孩子们异口同声地说:"磕坏的。"于是,孙老师告诉他们:"其实所有的小水杯一开始都是很漂亮的,可是有的小朋友不爱惜小水杯,不会轻拿轻放,有时候还把它掉在地上,所以身上留下了瘪进去的伤口。"听了孙老师的话,孩子们一个个瞪大了眼睛。小文对孙老师说:"我们给小水杯治伤口吧。"孙老师走过去摸了摸他的头,对他说:"小文真是个好孩子,我们以后一起来爱护小水杯,好吗?"小文认真地点了点头,全班孩子也附和着说:"好,我们一定爱护小水杯。"

自从那天的活动后,孩子们真的开始爱护小水杯了,不但再没有幼儿向老师告状,而且还有许多小朋友在离园前主动帮助李老师整理水杯。

问题

1. 请分析案例中孙老师和李老师的教育行为。
2. 从案例出发,说一说如何实施保教结合。

案例分析

案例中的孙老师和李老师的配合充分展现了保教结合的效果。孙老师与李老师共同发现现象、侦查线索、找到答案。小文平时是一个懂事的孩子,但却做出了偷偷拿走别人小水杯的行为。两位老师没有采取指责批评的方式,而是一起用一种间接合理有效的方式,巧妙及时地矫正了小文的不良行为。最后又把"如何和小水杯做朋友"的这个问题的解答权力留给了孩子们,抓住小文拿水杯这件事,引导孩子们学会如何规范行为。

保教结合是幼儿园教育的基本原则。在每个班级的工作中都离不开保教的配合,无论是哪个老师发现问题都要共同探讨研究,用教育的合力引导幼儿。像上面提到的这样的小事,随时随地都会发生,孩子的无知、孩子的淘气、甚至孩子间的纠纷往往会使老师感到头疼或无所适从。如何应对呢?(1)要站在孩子的立场上去想。幼儿渴望的是老师的理解与帮助，只要老师稍微深入地问一下孩子的想法和做事情的初衷，也许会发现在他"鲁莽"行为的背后却是一颗纯洁无瑕的心。作为教师，我们势必要耐下心来以平等的姿态与孩子沟通、探讨，以有效的方法解决他们的问题。(2)要尊重孩子。老师的尊重、关心、信任能使儿童感到被关怀、受重视，增强了自信而乐意愉快地在交往中接受成人的引导，逐渐建立起积极的自我意识、自我概念，继而对心理发展的各个方面产生积极的影响。(3)人的个性各不相同，应承认孩子间的差别，宽容每个孩子的善意的错误。(4)作为引导者，教师要通过合理的、孩子可以接受的、有效的方式使他们不断成长。其实，幼儿园的教育是一点一滴地渗透到日常生活中的，有时孩子身上发生的小事也是能生成很有意义的教育活动的，所以教师要抓住日常生活中蕴藏着的教育契机，保教形成合力。这样的教育和引导将会使幼儿一生受用。

144. 我也是宝宝

案例描述

闹闹和迪迪是一对好伙伴，由于他们的父母是同一单位的同事，两个孩子间的关系也显得比别人更亲近些。闹闹的性格外向，活泼，一双大眼睛，特别招人喜欢。而迪迪呢？虽然很聪明，但由于体弱，性格显得比较内向，平时也不太多言语。有一天，迪迪回家问妈妈："妈妈，什么叫宝宝？"妈妈说："宝宝是说小孩子很讨人喜欢。"迪迪想了想说："妈妈，我是不是宝宝？"妈妈说："当然是了，小孩子都是大人的小宝宝。"迪迪说："那为什么老师总是叫闹闹宝宝，而只叫我的名字呢？"迪迪妈妈一时无语。

问题

面对迪迪提出的问题，你认为作为教师应该怎么做？

案例分析

从迪迪的最后一句提问可以看出来，老师一声亲切的称呼，已使孩子感受到自己在老师心目中的地位与别的小朋友是有差别的。别看幼儿年龄小，但他们的心是敏感的。成人在实现自我价值时强调的是公平竞争的原则。孩子作为一个社会的人，一个具有独立人格的人，也享有获得老师公平的、公正的爱的权利。近年来，随着新教育观的建立，不少老师已明确认识到，教育孩子首先要关心爱护孩子，但在爱的程度上却存在着这样或那样的偏差。有的老师遇事总是请班上几个能干出众的孩子，给其他孩子造成不公正的印象：老师又请他(她)！而这些孩子在完成老师交给他们任务时，目的并不明确。因此，老师对他们的爱，给他的机会变成了孩子的一种特权，进一步加深了这种不公正。我们说关爱是重要的，但偏爱却是不可取的，教育的公正性就在于给每个孩子同等的教育机会，同等的发展机会。

145. 小凯为什么"淘气"

案例描述

刚刚进入幼儿园小班的男孩小凯第一天就打哭、抓伤了好几个小朋友，当晚孙老师把情况向其父亲反映后，他的父亲立刻对孙老师说回去一定好好管管他。第二天，当小凯来到幼儿园时，他的眼睛红红的,脸上似乎还挂着泪痕。孙老师拉过他的小手,刚想问他怎么了,谁知他一下子将小手抽回去,然后默默地回到座位上。孙老师轻轻地走过去看到小凯的眼睛里满含着委屈,还有一点敌意。看着他,孙老师能够想象得到他父亲昨晚一定严厉地斥责了他。

当天的户外活动时,小凯想玩蓝皮球,可球筐里只剩下红皮球了,孙老师递给他一个红皮球对他说:"这个红色的皮球也很漂亮,你玩这个好不好?"小凯抱着皮球跑掉了。可不一会儿,孙老师就听到一个女孩子的哭声,只见小凯正在拼命地抢姗姗手里的蓝皮球,姗姗不松手,他便一个巴掌打在了姗姗的脸上,顿时姗姗的脸上出现了红红的手印。

当天晚上,孙老师利用幼儿离园的时间和小凯的父亲长谈了一番。小凯的父亲告诉孙老师,孩子的母亲常年在外地工作,所以自己只能父兼母职承担起照顾小凯的责任,但自己的日常工作又很忙,看到儿子顽皮淘气的时候,缺乏耐心的他就会采取打骂的方法来管教孩子。事与愿违,儿子的情况却愈来愈糟,小凯淘气得更出格了,而且变得很叛逆,不听大人的话。

问题

1. 结合案例描述,分析小凯爸爸的教育行为。
2. 结合本案例,说一说教师在教育过程中如何平等对待每一位幼儿。
3. 结合本案例,为家长提出指导建议。

案例分析

小凯父亲的做法是不对的。小凯本来就缺少母爱,怎么能再用他那小小的缺点去伤害他呢?小凯的行为是一种宣泄、是一种无言的反抗。小凯的父亲不应打骂孩子,打骂不能改变孩子,不会起到教育的作用,只会深深地伤害孩子,伤害父子间的亲情。

在现实生活中,人们在与交往对象交往时,往往先在心理上将对方归入某一类别,然后再确定对待的方式。师生之间的交往有时亦是如此。在面对一个平时乖巧和一个平时顽皮的孩子时,成人往往会忽略那个顽皮孩子的感受。例如:两个孩子同时提出入厕的要求:老师会爽快地同意乖孩子去,而顽皮的孩子,老师就要犹豫一下:他是不是又在找借口出去淘气?在这种先入为主的印象之下,面对两个孩子的相同需要,教师往往会做出不同判断、处理。由于教师经常消极地对待"淘气"的幼儿,因此他们会对教师失去信任与亲近感。再加上教师在个别交往中的不平等对待,幼儿的自尊心、自信心以及情绪情感会不断受到伤害,他们会表现出一系列的消极行为。这不仅影响幼儿智力发展,而且会严重影响幼儿社会行为及个性心理品质等方面的健康发展。所以,平等的关爱是实施教育的前提,只有有了这个前提,幼儿才会积极地参与活动、大胆地表现自我,从而达到我们教育的目的。

家长的尊重、关心、信任能使幼儿感到被关怀、受重视,从而愿意愉快地在交往中接受成人的引导,逐渐建立起积极的自我意识、自我概念,继而对心理发展的各个方面产生积极的影响。人的个性各不相同,一个孩子一个样,应承认孩子间的差别,宽容每个孩子的缺点。孩子的每一进步无一不是在成人的引导下学习、积累的结果。要取得最佳的教育效果,尊重孩子、关爱孩子是关键。

146. 美发厅里的新发型

案例描述

午点过后,孩子们像往常一样进入各个活动区中开始游戏。这时就听到正在"美发厅"玩的子涵大声说:"王老师您快看,这是谁把发型册画得乱七八糟?"王老师急忙赶过来一看,昨天还好好的发型画册不知被谁在上面用黑笔、蓝笔、红笔乱画了一通，成了名副其实的"大花脸"！王老师对子涵小声说："这本先给我，你拿其他的发型画册给顾客看，好吗？"子涵点了点头，回去继续游戏了。

王老师查看了昨天到"美发厅"游戏的区域活动记录，把昨天下午在美发厅里游戏的孩子们叫到面前。王老师拿着被乱画的画册，问："今天王老师在美发厅发现了一个小问题，昨天我们的发型画册上有许多新发型，能告诉老师是谁画的吗？"孩子们看到发型册被画得又乱又难看，你看看我，我看看你，没有人回答。

"你们觉得画得好看吗？"孩子们纷纷摇了摇头。

"是林林画的，我看到他昨天在这上面乱画了。"石头一边说一边用手指向了林林。

王老师将目光移到林林身上，用询问的眼神看着他，林林看了一眼王老师马上又低下了头，两只小手不停地搓着衣角。看到林林的表情，王老师心中已经有了答案。

"林林，是你画的吗？"王老师拉过林林的小手问。

"是我画的。"林林小声地说。

"能告诉王老师为什么要画成这样吗？"

"我上次陪妈妈去烫头发时，看到那个美发厅里面的杂志上有好多好多我们这儿没有的头发，我就想把他们画上。"

"那你觉得你画的发型册好看吗？如果你是顾客，你会喜欢吗？"

林林摇了摇头，没有回答。

王老师轻轻地抚摸着林林头，对林林说："你想画新的发型，让我们的美发厅头发款式更多是很好的想法，王老师非常支持你！可是你把原来挺漂亮的发型画册给画花了，这个做法没有得到好的结果，那你想想应给怎么做才能改变这个错误呢？"林林听到王老师这么说，抬起头转动着大大的眼睛说："我可以先找几张纸，把发型画在上面，画好了再把它们粘在一起。"王老师微笑着对林林说："你真是个聪明的孩子，下次做事情之前要动动小脑筋想一想，选择一个最好的办法。好吗？王老师去给你拿纸，我们马上画一本'最新发型'。怎么样？""嗯！"林林使劲点点头。

问题

1. 从幼儿社会性发展角度出发，分析案例中林林的行为。
2. 当幼儿不能正确面对错误的时候，教师应该如何引导？

案例分析

生活中，每个人都会犯错误，大人会犯，孩子亦如此，当我们做错事情时，是勇于承认还是想法子推卸？是积极地想办法改正还是不负责任地逃避？在上述案例中，一开始林林并没有鼓足勇气承认错误，而是用迟疑、沉默来躲避。后来，在王老师的启发与小朋友的坦白下，林林才不得不面对错误，承认自己的行为。在日常生活中，当孩子做错事情时，很多时候都不能勇敢地站出来面对错误，往往都是"逼不得已"而承认错误。

面对问题或自己的错误，孩子不能够勇敢面对、承担，不会积极地寻找解决办法去改正弥补。针对这种普遍的现象，老师应该有目的地对幼儿进行积极的正面教育，就像案例中的王老师那样，抓住教育契机，利用集体谈话、个别交流等形式以讲道理、树榜样、勤表扬等手段引导孩子懂得做错事情并不可怕，只要你勇于承认和担当，想办法改正错误，老师和小朋友会更加喜欢你、爱你。《指南》社会领域发展目标中明确指出：幼儿做了错事要敢于承认，不说谎。大班的孩子，正处于辨别是非的重要时期，老师应该善于观察、及时捕捉、深入了解、客观分析、正面引导，帮助幼儿树立正确的是非观念，提高幼儿辨别是非的能力，培养责任感和认真负责的态度，教育幼儿诚实守信，树立正确的人生观。

147. 洗手风波

晚餐之前,孩子们在盥洗室洗手,不一会传来了哭声,王老师走进去,发现嘟嘟坐在地上哭,看到王老师,站在嘟嘟旁边的胜胜理直气壮地说:"他洗得特别慢,都洗了老半天了,我一直都洗不了手。"这时其他的小朋友开始反驳胜胜说:"你推人不对,洗手时应该大家轮流洗。"孩子们七嘴八舌地争论起来。王老师一边扶起摔倒在地的嘟嘟,一边把孩子们都带回到教室里问大家:"今天这件事你们说说是谁错了? 错在哪里了?"孩子们一下子开始了热火朝天的讨论。有的说:"是胜胜做错了,他不应该推人。"有的说:"嘟嘟也有错,我看见他堵水管玩水。"有的说:"他玩水告诉老师不就得了,也不应该去推人呀!"孩子们你一言我一语的争论之后,王老师问嘟嘟和胜胜:"听了小伙伴们的话,你们觉得自己做得对吗?"原本理直气壮的胜胜低下头小声说:"我推人不对。"委屈的嘟嘟擦了擦眼泪说:"我洗手时玩水,别的小朋友就洗不了手了。"王老师脸上露出了笑容,对大家说:"今天小朋友们特别棒,帮助嘟嘟和胜胜解决了问题,我们班是一个大家庭,虽然人多但是我们彼此都应该关心和谦让,以后不论是洗手还是喝水、拿玩具、玩游戏,你们说说应该怎样做呀?""我们分组洗手""我们排好队"……

问题

1. 分析案例中"洗手风波"的原因。
2. 针对此原因,分析案例中王老师的教育行为。

案例分析

对于幼儿在园的集体生活来说,"问题"无处不在,特别是低龄幼儿,大多以自我为中心,喜欢独占、争抢,不会注意到他人的情绪,不会考虑到他人的感受。在集体生活中孩子没有感受到规则的重要,还不能自觉遵守规则。这些都是造成"洗手风波"的原因。

小班孩子爱模仿,喜欢跟从,简单的批评与说教也不会起到很好的教育效果。当孩子们发生了问题时,王老师并没有直接指出谁对谁错,也没有严厉的批评,而是让大家来说说,让做错的孩子听听同伴的意见与想法,让孩子们共同来解决问题,既教育了做错事的孩子,又对其他孩子起到了正面引导的作用,还进一步商定出一系列集体活动的规则,让孩子们在生活中逐步感受到规则的意义与重要性,教育孩子自觉遵守规则。"一日生活皆是教育",面对孩子们日常生活中的冲突,教师应充分重视幼儿的生活体验,运用适宜、灵活的教育方式教育孩子们关心他人、遵守规则,正面引导孩子们学会解决生活中遇到的问题,培养良好行为习惯,这才是我们的教育目标之所在。

148. 泉泉的味道

泉泉是我们班一个非常帅的小伙子,聪明可爱,是个小精灵鬼,没事就总往老师跟前凑,和老师要要赖,撒撒娇,老师们也都非常喜欢他。可最近他生病感冒后,大黄鼻涕一直总在流,好多天了,也不见好。这不，他又到郑老师跟前凑合来了，这一次郑老师感觉泉泉身上有一股味道。郑老师知道，泉泉平时一直非常注意卫生，妈妈也是每天都给他洗澡，所以，这股不好的味道引起了郑老师的注意，她决定和泉泉妈妈沟通一下，建议家长带孩子去医院看看。泉泉妈听了郑老师的反映，也是很纳闷，说："我也是觉得他身上总有股怪味道，可是我们每天都洗澡换衣服，不知什么原因。既然老师建议了，我回头带孩子去医院看看吧！"果不其然，泉泉妈妈从医院回来感激地说："郑老师，多亏了您，孩子前些日子感冒，擦鼻涕把纸巾塞到了鼻孔里，在里面发炎了，医生给拿了出来，这不就好了嘛。要是时间长了可就坏了，后果不堪设想了……"

问题

1. 请对案例中郑老师的教育行为进行分析。
2. 从理论结合实际角度，谈谈保育和教育的关系。

案例分析

《纲要》中明确要求：身为一线老师，每天和孩子们打交道，孩子们在园的点点滴滴都和老师连在了一起。幼儿园必须把保护幼儿生命安全和促进幼儿的健康放在第一位。案例中郑教师是教养老师，但她把幼儿健康放在工作的第一位。树立正确的健康观念是促进幼儿健康的前提，生理的健康更是幼儿和谐发展的前提。由于郑老师仔细观察、细心分析，及时发现并保持了与家长沟通的畅通，及时避免了由于成人疏忽而造成泉泉病情加重情况的发生，保证了孩子的身体健康。

《规程》第三条明确指出：幼儿园的任务是实行保育与教育相结合的原则，对幼儿实施体、智、德、美诸方面全面发展的教育，促进其身心和谐发展。作为一名教师，不论是教养员还是保育员都是为幼儿服务的，只有两者合理的分工合作才能使工作协调开展，只有保教结合成一个整体才能帮助孩子全面发展，健康成长。保育和教育既有区别，又有联系，它们之间相互结合，相互渗透，构成不可分割的统一体。我们要做到"教中有保，保中有教"。幼儿教育常常是从保育开始的。幼儿年龄小，自理能力弱，许多生活习惯尚未养成。保育工作不仅要保护幼儿不受伤害，健康发展，同时还要培养幼儿积极的态度和良好的行为，要对幼儿进行健康教育，向他们介绍健康知识，让他们认识到健康的重要性，以及身体保护的简单措施。教育工作也要教会幼儿最基本的生活常识、学会最基本的生活技能、掌握相应的健康知识，在教育过程中要为幼儿创设宽松、民主的教育氛围，让幼儿在愉快的、健康的环境中学习。

149. 彭彭讲故事

案例描述

阅读课上，赵老师请彭彭和大家分享故事。一开始，彭彭就告诉大家"我的故事很短"，然后就用简短的几句话结束了自己的故事。彭彭的故事虽短，但是结构完整，也清楚地描述了一件事情的始末，但是故事一讲完，赵老师立刻"条件反射性"地表扬道："彭彭，我们觉得你讲得特别好。"但是，老师还是觉得故事有点短，就不断地追问到："然后呢？然后呢？"可是彭彭一直坚持自己的观点："没有然后，我的故事就是很短，我讲完了。"紧接着，又补充道："你刚才不是说我讲得好吗！现在为什么又这么问我呢？我真的讲完了。"

问题

1. 你认为案例中赵老师的做法对吗？为什么？
2. 你认为赵老师应该树立什么样的儿童观和教育观？

案例分析

案例中赵教师的做法是不恰当的。不当之处在于：(1)赵教师使用成人的标准去衡量故事的好坏，而不是从故事本身结构是否完整去评价彭彭的讲述。(2)赵教师前后评价的标准不统一，故事刚刚结束时，赵教师告诉彭彭故事讲得非常好，而后赵教师的不断追问恰巧表明其对故事的不满意，这是前后矛盾的两种评价。

作为教师应该认识到：幼儿不是小大人，不是成人的缩小版。幼儿是和成人有质的差异的独特心理结构的个体，不是成人灌注的容器，也不是可以被任意塑造的小泥人。幼儿是具有生命力的、能动的、发展着的活生生的人。我们不应该用成人的标准和看世界的标准去要求他们。虽然引导幼儿向着更好的方向发展是教师的责任，但是，教师应该清楚地认识到幼儿有不同于成人的独特的看法、想法和情感。他们不需要成人提供的"捷径"，也不需要成人的标准来"修剪"。刻意的修剪短期内可能会使得幼儿"快速学会学习"，但是这种学习方式是没有意义的，这样的学习模式是没有创造性的。

150. 我的压岁钱

案例描述

春节过后，王老师发现班里的很多幼儿都收到了不少的压岁钱。王老师认为，对幼儿来说如何合理使用压岁钱，如何树立正确的金钱观念非常重要，于是，她组织了一次讨论。

王老师：今天我们来说一说我们过年的时候收到的压岁钱。压岁钱是谁给你们的？

孩子们：爸爸、妈妈、爷爷、奶奶、外公、外婆、叔叔、阿姨、舅舅……

王老师：你们想用压岁钱干什么呢？

丁丁：我妈妈答应我用压岁钱买毛绒兔。

明明：我想用压岁钱买玩具飞机。

苑苑：我想用压岁钱买动画片。

芳芳：我要把钱收起来，长大以后买真的飞机。

王老师：想想，怎样使用压岁钱最有意义？

丁丁：把压岁钱给妈妈买菜。

明明：用压岁钱买苹果给爷爷吃。

苑苑：我想用压岁钱买好多的书，我喜欢看书，妈妈说小朋友多看书会很聪明。

芳芳：我想把钱捐给希望工程，给那些贫困山区的小朋友。

问题

1. 在这次教育活动中，王老师运用的主要教学方法是什么？
2. 运用这一方法时要注意的主要问题有哪些？

案例分析

在这次教育活动中，王老师主要运用的教学方法是：谈话法。谈话法是指在学前儿童社会教育中，师生通过对话的方式对幼儿进行教育的一种方法。

运用谈话法的注意事项：教师要在幼儿社会教育的重点核心内容处采用谈话法；谈话的问题应该是幼儿熟知的；教师提出的问题应具体、明确、难易适度，具有开放性；问题提出后应留给幼儿一定的思考时间；谈话的最后，教师要用准确的语言进行总结。

151. 苗苗幼儿园进社区

案例描述

《纲要》指出："社区环境应被视为可以利用的教育资源，应引导幼儿实际参与社会生活，丰富生活经验。"为了落实《纲要》的这一指示精神，苗苗幼儿园结合自己所在社区居民多为军队、市直机关退休老干部的特点，与社区里的老干部活动中心联合，开展了"我听爷爷奶奶讲故事"的系列活动。老干部活动中心的爷爷奶奶每次都非常乐意接受邀请，来到幼儿园为孩子讲述革命故事，有时候幼儿园还组织小朋友们和爷爷奶奶一起去烈士陵园和纪念馆参观。

问题

1. 苗苗幼儿园组织的"我听爷爷奶奶讲故事"的系列活动说明了什么？在此基础上，谈一谈幼儿园开发利用社区教育资源的途径有哪些。

2. 幼儿园与社区合作的形式有哪些？

案例分析

苗苗幼儿园组织的"我听爷爷奶奶讲故事"的系列活动说明幼儿园对社区教育资源的开发与利用。幼儿园开发利用社区教育资源的途径有：（1）以区域人文资源为线索进行发散性开发，本案例中苗苗幼儿园组织的"我听爷爷奶奶讲故事"就属于这个途径；（2）以家长学校为阵地进行辐射性开发；（3）围绕幼儿园主题教育活动进行线性开发；（4）以参观社区活动为基点进行动态生成开发。

幼儿园与社区合作的形式：（1）利用幼儿园自身的教育资源优势，向社区提供学前教育服务。（2）利用节假日与社区的老人、孩子开展"尊老爱幼"联欢活动或"志愿者服务活动"、"献爱心活动"等，提高教师与幼儿的社会服务意识。（3）充分利用社区现有资源对幼儿进行教育，如：利用社区环境资源，扩展幼儿游戏的空间；邀请社区相关人员，为幼儿、家长和教师进行相关讲座和教育；利用社区文化资源，建构贴近生活的、特色化园本课程。（4）参观社区具有教育意义的场所，让幼儿感知社会生活的丰富性。

152. 教会幼儿如何面对困难

　　选区活动开始了,孩子们正在做着自己喜欢的事情。突然教室里传来了哭声,顺着哭声看到,在美工区中康康边哭边用力地按压着"曹冲称象"的手工,还不时地用渴望的眼神看着孙老师。孙老师走过去,没有急于帮他弄好,而是模仿他的样子,故意也弄不上,假装发愁地说:"这样粘也不行,这是怎么回事呢,咱们仔细检查一下,为什么粘不上呢?"康康边试边说:"老师,胶水好像不粘,这边刚粘上,一粘那边这边就又开!""那我们想个办法把这边固定住。"坐在一旁的园园建议说,"用订书机钉一下吧。"康康点了点头,不一会就拿来了订书机,订了一下,果然固定住了。康康起初很高兴,而后仔细端详着说:"可这样就不漂亮了!""那我们就再想一想,还有没有其他办法,又结实又不影响它的美观?"孙老师说。康康沉思了一会儿,说:"有了。"便跑到美工区,拿了一个双面胶和一个小夹子:"用它来试试吧。"他很快将小船的一边粘好,再用小夹子把它固定住,然后,再粘另一边,这种方法果然奏效,不一会儿小船做好了! 康康高兴地举着作品给他周围的小朋友看。孙老师也伸出大拇指,向他示意,表示赞扬,并摸摸他的头说:"有了困难哭是不能解决问题的,只要动脑筋,就一定能想出好办法。"康康不好意思地点了点头。

问题

1. 从幼儿游戏过程中的行为表现对康康进行简单分析。
2. 请对案例中孙老师的教育行为进行分析。

案例分析

　　康康的性格比较脆弱,遇到困难表现出急躁,不能很好地控制自己的情绪,喜欢哭鼻子,希望得到别人的帮助。在过程中愿意听取他人建议,经启发能想办法把事情做好。

　　当孩子遇到困难和挫折时,作为教师应该做的并不是包办代替式的帮其解决问题,而是教会他们用正确的态度来面对困难,学会主动寻找解决问题的方法,如与同伴学习、查找资料、用不同的方法反复尝试等等。同时,养成遇到困难能够坚持并动脑筋想办法,而不轻易放弃或求助的品质。案例中教师运用了"师幼共同寻找解决问题的方法"、"同伴互助"等策略,引导并在过程中对幼儿给予适时的支持和帮助,使其体验到通过努力获得成功的快乐,并增加自信心。正所谓"授人以渔"比"授人以鱼"更重要,更有价值。

153. "啧啧"声中的节奏

　　在一段时间以来,杨老师发现班里幼儿常发出怪声。往往是一个孩子嘴里发出"啧啧"声、"咝咝"声,就引来众多孩子的效仿。杨老师劝导了几次,均未见效。一次,孩子们又开始了他们的"声音游戏",杨老师仔细听了听,发现孩子们的"啧啧"声还挺有节奏。杨老师突发奇想,可不可以引发他们尝试音乐节奏的学习呢?

于是,杨老师找来了两只小猫的图片,问幼儿:"小猫怎样叫?"他们高兴地回答:"喵。"老师继续问:"两只小猫他们会怎样叫?"孩子们一起"喵喵"地叫起来。杨老师仿照着孩子们用"唑唑"声表现出相应的节奏,他们新奇地模仿杨老师小猫叫的节奏(××)。杨老师建议孩子们用声势训练的方式来模仿叫声的节奏。

接下来,杨老师又找出了大狗和小狗的图片。"你们看,谁又来了?""小狗和大狗。""小狗怎样叫?""汪汪。"太熟悉了,孩子们对答如流。杨老师对孩子们说:"小狗的个子小,叫起来声音短;大狗的个子大,叫起来声音长。"然后,带着孩子们用他们独特的"喷喷"声表现出小狗的叫的节奏(×××)。

"你们能想一想别的小动物是怎样叫的吗?"幼儿用"喷喷""唑唑"声编出了新的节奏型。如小鸡叫(×× ××);老牛叫的声音"×—"等。

吃饭的时间到了,孩子们还意犹未尽,后来,孩子们高兴地利用过渡环节学习了用拍手、拍肩、拍腿、踩脚等方式来表现小动物的叫声。

看到孩子们兴致正浓,杨老师决定组织一节音乐节奏训练。杨老师找到"小青蛙"这个节奏训练的音乐,它的节奏感非常强,其中重点节奏型为:××|××××|,歌词为生动而简单的"数蛤蟆"的儿歌,杨老师首先引导孩子们将节奏型融入青蛙叫、青蛙跳水的声音当中。

在孩子们熟悉了歌曲后,老师开始融入小乐器为歌曲进行伴奏,一半孩子使用小鼓来用节奏型模仿青蛙跳水的声音,另一半孩子使用蛙鸣器用节奏型来模仿青蛙"呱呱"叫的声音,这个训练既有很强的操作性,又要与同伴默契配合。让幼儿通过听觉、视觉全方位地感受节奏,使幼儿成为积极主动的参与者。

❓ 问题

1. 请对案例中杨老师的教育行为进行分析。
2. 杨老师的行为给你带来哪些启示?

案例分析

当幼儿发出"怪声"时,教师越是禁止,他们会越好奇,而且还会乐此不疲。这样的情境是教师难以预料且非常不希望看到的。当班里的孩子们发出"喷喷"、"唑唑"声时,杨老师并没有禁止或加以批评,而是巧妙地把幼儿发出怪声这一无意行为经过有效引导,转变为有意义的、幼儿感兴趣的音乐节奏学习,并且将孩子们发出的有节奏的"喷喷"声与他们喜欢的小动物的声音结合起来,利用模仿动物叫声表现节奏,这不失为一种有趣而且有效的方法。实践效果也表明,在整个活动过程中孩子们始终处于主动参与的状态,表现得很活跃、很积极,而且体验到了模仿小动物声音带来的趣味性和快乐性,激发了幼儿对音乐的热情和兴趣。结果表明,孩子们很快掌握了"××|××××|"这一节奏型。

在平时的教育活动中,由于缺乏对幼儿的了解、对幼儿能力的信任,以及对幼儿兴趣点关注点作价值判断的经验的缺乏,教师往往捕捉不到教育契机。案例中杨老师的做法给我们带来的启示是:孩子们的兴趣所在往往是出乎教师意料之外的,教师要敏锐地感知幼儿的兴趣与关注点,并挖掘其教育价值,方能抓住教育契机。此外,教师要宽容、耐心地对待幼儿,积极分析幼儿行为中的教与学的元素,采取适宜的教学策略,生成有效的教育教学活动,实现教育目标。

154. 幼儿观察记录

案例描述

　　某教师在幼儿行为观察记录中写道:"丁丁是我们班最淘气的孩子,做什么事都不认真,喜欢东看看,西摸摸,没有一件事能够坚持做完,总是半途而废。今天在课间操时,其他小朋友都已经按照要求把跳绳放在指定位置,做好准备姿势,可是丁丁手中还拿着跳绳,头转来转去,不知道他想要做什么!"

问题

　1. 从幼儿教师必备能力的角度对案例中老师的观察记录进行分析。
　2. 结合幼儿园实际工作,提出教师观察幼儿行为的指导性策略。

案例分析

　　观察能力是幼儿教师的必备能力之一,观察是教师了解幼儿最直接、最有效的手段;观察幼儿是教育幼儿的基础;观察是幼儿教师专业发展的重要基石;观察能够更好地促进幼儿与教师的互动。常用的观察方法有日记法、时间取样观察法、事件取样观察法和轶事记录法。案例中的教师采用日记法对幼儿的行为进行观察、记录,但该教师没有做到客观地观察并且客观地记录,对于幼儿行为的描述使用了"什么……都"、"没有……能"、"总是"等过于主观的词语。主观色彩过浓的观察记录不利于教师对幼儿真实情况的了解。

　　要想较好地对幼儿进行观察,教师应做到以下四点:(1)教师应明确对幼儿行为观察的种类是日常生活中的观察或有计划的观察,并熟悉这两种观察方法的优点和不足;(2)常用的观察方法包括日记法、时间取样观察法、事件取样观察法、轶事记录法,教师应根据观察的内容选择恰当的观察方法;(3)教师应做到客观观察并记录,避免主观地记录或描述;(4)观察记录不仅有对幼儿行为的描述,还应有教师的思考及反思。

155. 丢失的布娃娃

案例描述

　　孩子们正在开心地玩着区域自选游戏,突然苗苗很着急地跑来说:"王老师,慧慧拿了我的布娃娃,娃娃是我带来的,被她拿走了……"这时,其他小朋友也围上来,你一言我一语地说:"慧慧又拿东西了,她老拿幼儿园的东西……"王老师发现慧慧和几个小朋友在剪纸区,于是,走过去问:"娃娃家少了一个布娃娃,小伙伴们都不能玩娃娃家的游戏了,怎么办呀? 大家帮老师找找,看看谁先找到,好不好?"王老师一本正经地在活动室里仔细寻找"丢失的布娃娃"。不一会儿,慧慧跑到活动室门口,在外面的储物柜里拿出了布娃娃,并把它交给王老师。王老师不动声色地接过布娃娃,高兴地说:"我们慧慧真棒,帮伙伴们找到了布娃娃,我们大家都要感谢你!"这个时候慧慧有些不好意思了,她拉着王老师的手,小声说:"是我藏起来的,因为苗苗不让我玩……"说完,她难为情地低下了头。王老师点了点头,笑着说:"慧慧,你很诚实,老师很喜欢。布娃娃找到了,小朋友们也会很开心的,她们还会和你做朋友的。"

问题

1. 分析案例中教师对幼儿拿他人东西的处理方式。
2. 结合案例，说说教师在处理幼儿拿他人东西时应注意的要点。

案例分析

当幼儿拿他人东西时，案例中的教师能将心比心，运用教育机智和智慧帮助幼儿认识到自己拿他人东西的行为欠妥，并能帮助幼儿悄无声息地融入集体中。

注意事项：教师不应用传统的说教直接指出幼儿的不良行为，并采取措施抑制幼儿的不良习惯，因为这在一定程度上会伤害幼儿的自尊。教师应从幼儿的角度出发，尊重幼儿，引导幼儿正确地认识自己。

156. 树叶拓印画

案例描述

秋末冬初，孩子们对落叶很感兴趣，开始拾落叶、画落叶，观察叶子。一天，俏俏把从幼儿园外捡来的叶子带到幼儿园，还有几张叶子拓印画。这些画吸引了孩子们，纷纷跑来问老师："这是怎么画的？"老师没有直接回答他们，和他们一起讨论，并开始了"第一次试验"。

孩子们兴致勃勃地开始试验了，晰晰选择了不太完整的树叶来印，俏俏用干枯的树叶来印，涛涛用树叶的正面来印，婷婷用蘸了颜料的叶子来印……老师在幼儿第一次实验的时候没有提任何要求，幼儿体验着初次实验的自主和乐趣，和老师一起布置了互动墙饰《小树叶长什么样》。

几天后，"第二次实验"开始了，老师首先引领幼儿回顾互动墙饰，想一想第一次拓印出现的问题，老师问晰晰："你第一次拓印树叶遇到了什么问题？""你是怎么解决的呢？"晰晰说："我就是用手按住树叶，把树叶画出来。"然后他又开始了再一次拓印。晰晰经过思考，再次尝试在第二次试验之后又进行了第三次试验。此后，老师还带领孩子们进行了延伸活动，晰晰将自己喜欢的小树叶进行添画、拼贴，让画面更加丰富，共同布置了墙饰"小叶子穿新衣"。

问题

请运用幼儿绘画技能发展的有关知识，分析案例中教师的教育行为。

案例分析

三次"试验"，让孩子们充分体验到了成功的乐趣，幼儿通过自己的观察、思考、探究、操作、实践，掌握了树叶拓画的方法。活动中教师克服了艺术活动中过分强调技能、技巧和标准化要求的偏向，将艺术教育和科学教育有机的融合在一起，以真诚的态度去接纳和认可幼儿的想法，让幼儿感到老师对他们每个人的探究和发现都是关注、支持和鼓励的，此活动不仅使得幼儿掌握了一定的艺术技能，而且培养了他们探究从不同角度解决问题的兴趣，体验到自我表现和创造的成就感！

模块三　幼儿卫生类案例

157. 怎么又是胡萝卜？

案例描述

　　幼儿期是儿童视力发育的重要时期，胡萝卜中富含丰富的胡萝卜素，进入机体内转化为维生素A，这是维持幼儿视力正常发育的一类营养素。因此，幼儿园常常为孩子们提供带有胡萝卜的餐点。今天的午餐，王老师给每个孩子盛了一碗"青菜、胡萝卜、肝末煨饭"。"胡萝卜！怎么又是胡萝卜？我不吃饭了。"瞧，大班的花花双手托着下巴，一副愁眉苦脸的样子。原来这是花花在幼儿园进餐中经常出现的一个场景。"花花什么都好，就是经常挑食，不吃这，不吃那……"提起花花，王老师无奈地说："小嘴巴嚼上一口饭得费半天的神，让她不挑食真是比登天还难。"花花由于长期挑食，经常生病，长得特别瘦小，小朋友们不约而同地叫她"豆芽儿菜"。

问题

1. 请用有关幼儿园进餐的知识，说说王老师应如何引导花花改掉挑食的不良习惯。
2. 从幼儿卫生学的角度，提出幼儿园激发幼儿食欲的建议与策略。

案例分析

　　针对幼儿的挑食或偏食现象，教师虽不应强求幼儿所有的食物都要吃，但是必须尽可能地吃，教师应让幼儿慢慢尝试接受不喜欢吃的食物。为了引导花花吃胡萝卜，教师在进餐前应选择合适的方式，提醒花花胡萝卜能促进他们的身体发育。例如，餐前引导孩子唱儿歌："小白兔，白又白，两只耳朵竖起来；爱吃胡萝卜和青菜，蹦蹦跳跳真可爱！""小朋友们吃了胡萝卜，你的眼睛就会变得更明亮，更可爱了！"进餐时，尽量把花花跟食欲旺盛的小朋友安排在同一餐桌上，同桌间的相互影响可帮助他们扬长补短。

　　为了激发幼儿的食欲，改善幼儿挑食偏食的行为，幼儿园应注意幼儿饮食多样化，注意食物的色、香、味、形、温度等。幼儿园可以尝试将幼儿不太爱吃的食物做成各种造型，例如，胡萝卜宝宝、芹菜娃娃，以便吸引幼儿进食。幼儿进餐前，教师应采用多种方式，如播放轻音乐、报菜谱、猜菜名等方式，提醒幼儿这些食物富含的营养素，引导幼儿意识到这些食物能促进他们的身体发育，补充身体需要的能量，以便激发幼儿对食物的喜爱。幼儿进餐中，教师应适时介入，精心照顾幼儿进餐，如问幼儿："今天的饭菜香不香？好吃不好吃？"还可采用"同桌影响法"，即安排食欲旺盛的小朋友和挑食偏食的小朋友一起进餐，利用他们的不同特点扬长补短。

158. 我 不 爱 吃 饭

案例描述

午餐时间到了，中一班的小朋友们都坐在自己的座位上吃饭了，只有姗姗还待在娃娃家玩，不肯洗手吃饭。张老师走过去，请姗姗过来吃饭，她才慢吞吞地走向盥洗室去洗手，洗手的时候动作也是十分慢，嘴里还不停地说着："我才不想吃饭呢，我还得带我们家宝宝去看病呢，我还要在家等快递呢……"洗完手，回到座位前，只见姗姗也只是拿着勺子，不盛饭吃而是东张西望，或者和旁边的朋友说话，张老师提醒了她好几次，都没有什么效果。

于是，张老师走过去，问道："姗姗，你为什么不吃饭啊？"

"我不喜欢吃，我吃不了这么多……"姗姗委屈地说道。

"不行，你快点吃，你看别的小朋友都快吃完了。"

"我吃不下去，我要回娃娃家玩。"

"你怎么这么不听话呢。不听话就不是好孩子了，晚上不让妈妈接你回家了！"说着张老师便走开了。

"不行，不行！"说着，姗姗慢吞吞地吃起来，但是直到午餐时间结束，姗姗的碗里仍然是满满的饭菜。

问题

1. 请对案例中张老师的做法进行分析。
2. 结合案例，围绕该如何组织进餐环节帮助幼儿形成良好进餐习惯，给张老师提出建议。

案例分析

案例中张老师的做法不正确，对于姗姗不吃饭的原因没有进行分析，只是单纯用命令的方式让姗姗吃饭，在对于姗姗的进餐行为并没有进行有效指导和帮助。

张老师应合理组织进餐环节，帮助幼儿建立良好的进餐习惯：（1）餐前准备。进餐前安排幼儿进行一些较为安静的活动：进餐前25分钟结束相关活动，为进餐做准备；进餐前20分钟，运用游戏方式组织幼儿进行盥洗活动，关注需要个别指导的幼儿。（2）进餐过程中。饭菜分发前，介绍饭菜和食物中的营养成分，激发幼儿食欲。遵循正确盛饭顺序和分发顺序，如对于进餐困难的幼儿可采取先给，每次少量多次给予的方法；关注并个别指导幼儿饮食习惯的建立；关注并指导幼儿进餐速度和进餐质量。（3）餐后。组织或提醒幼儿进行餐后服务和自我服务工作；午餐后可组织散步活动或文学艺术欣赏等安静活动。

159. 这样的挑战合适吗？[①]

案例描述

一次，张老师展示了一个体育活动"从高处往下跳"。在活动中，张老师鼓励幼儿尝试从不同高度往下跳，着重练习并脚跳的方法。例如，从低的平衡木上往下跳，从高的平衡木上往下跳，从小椅子上往下跳，从桌子上往下跳，等等。为提高活动的安全性，张老师在地上放置了体操垫子；为了帮助幼儿掌握动作技巧，又反复示范和强调要领。但张老师发现，越是这样做，个别幼儿就越是紧张，动作也越是僵硬。还好，大多数幼儿还是很轻松地跳下来了。于是，张老师总结道："你们很勇敢，都勇于挑战自我，老师很为你们高兴……"接着，张老师又让幼儿尝试难度更高的"搭高跳"，即在桌子上放椅子，让幼儿站在椅子上往下跳，张老师则在一旁保护幼儿。这时，他的心都提到了嗓子眼了，生怕幼儿发生安全问题。此时的高度大概有90厘米，但大多数幼儿仍轻松地跳了下来。不过，个别幼儿还是胆怯的，但在张老师的鼓励和帮助下，孩子们最后也成功地跳下来了。

活动虽然看似圆满结束了，但张老师却产生了困惑：在体育活动中，把高度增加到90厘米后，中班幼儿依然轻松跳下来，他们从高处往下跳的高度究竟应该是多少？幼儿的动作是否需要强调准确性？体育活动的挑战究竟应该体现在哪里？

问题

1. 案例中张老师组织的"从过高处跳下"的体育活动是否适宜？为什么？
2. 从理论与实践结合的角度，说说教师应如何组织"从高处往下跳"的体育活动？

案例分析

案例中的张老师的做法是不适宜的。从过高处跳下不利于幼儿身心健康成长：（1）会影响幼儿的身体发育。3—6岁儿童骨骼正处于骨化过程中，幼儿从高处向下跳双脚落地时，身体对地面产生的加速度冲击力立刻会转化成一股强大的反作用力，如果这种反作用力超过幼儿的承受能力，就会对幼儿健康成长造成不利的影响，如造成幼儿骨盆发育畸形，小腿骨弯曲等。（2）易给幼儿造成心理压力。当要求幼儿从过高处往下跳时，幼儿身体的各器官会因受到激烈震荡而产生隐痛，进而使幼儿产生一种超越生理极限的恐惧。如若不断地要求幼儿进行这种高强度的运动，很可能会导致幼儿不断积累消极情绪，从而对幼儿的身心健康发展产生不利影响。

幼儿园体育绝不是"更高、更快、更强"的竞技体育，各种基本动作教学的难度、强度必须适合各年龄段幼儿的身心发展水平。（1）合理地设定各年龄阶段幼儿"从高处往下跳"的高度。在有目的、有计划、持之以恒地开展各项基本动作练习的基础上，幼儿"从高处往下跳"的高度可以定为：小班30—35厘米，中班40—45厘米，大班50—55厘米。（2）将指导重点放在从高处往下跳的动作技巧上。"从高处往下跳"的动作要领是：屈膝摆臂，抬头平视，用力蹬踏，跳起下落，双脚落地，双腿屈蹲，两臂前伸，保持平衡，起身站立。（3）教学调控策略。合理设置高、中、低三种难度，如可取班级中身高最高的三名幼儿下肢长度的平均数为练习"从高处往下跳"动作的最高高度。然后，再根据幼儿能力的变化有效调控锻炼难度。开始练习时，教师可要求每个幼儿都从最低高度跳下，凡连续三次都能轻松、正确跳下的幼儿，方可进入中等高度进行练习。当幼儿从最高高度跳下时，如果连续两次动作都变形或摔倒，则要求其退后一档高度重新练习，以降低难度、舒缓压力，促使其进一步掌握正确的动作技能。

---

① 改编自：陆克俭.正确看待幼儿体育活动中的挑战[J].幼儿教育,2013,1—2.

160. 幼儿的歌曲

案例描述

　　元旦到了，幼儿园里到处都洋溢着新年的气息。为了筹备幼儿园的"庆元旦"活动，幼儿和老师们准备了各种各样的节目：舞蹈表演、儿童操表演、相声、歌曲表演……其中，在歌曲表演栏目单上有以下歌曲：《小龙人》、《我的歌声里》、《喜羊羊和灰太狼》、《精忠报国》、《最炫民族风》、《好汉歌》、《蓝精灵》、《Nobody》、《中国功夫》。据园里的一位老师说，这几首歌可是该园的经典曲目，幼儿平时经常喜欢哼唱这些歌。

问题

　　1. 请从呼吸系统的角度，分析案例中的歌曲是否适合幼儿唱，并说明原因。
　　2. 从幼儿园实践角度，提出保护幼儿声带的指导策略。

案例分析

　　案例中的部分歌曲适合幼儿唱，如《小龙人》、《喜羊羊和灰太狼》、《蓝精灵》；而《最炫民族风》等歌曲属于成人歌曲，不适合幼儿歌唱。因为幼儿的呼吸系统尚未发育完全，鼻、咽、喉、气管与支气管等呼吸器官的功能发育还不成熟，如果保护不当就会影响幼儿的健康。喉是气体的通道也是发音器官，幼儿喉腔中的声带短而薄，声门短而窄，所以声调高而尖。由于声带的弹性纤维及喉部机构发育不完善，声门肌肉容易疲劳，当高声叫喊、长时间唱歌或有炎症时，声带往往充血水肿、变厚，从而出现声音嘶哑。因此，教幼儿唱歌时，要选择适合幼儿音域的歌曲，不宜唱成人歌曲。

　　在日常生活中，除幼儿不宜唱成人歌曲之外，保护幼儿的声带还要做到保证孩子唱歌的场所空气要干净、新鲜，冷暖、干湿适宜，不宜在冷空气中唱歌。教育孩子不要大声喊叫或唱歌。当感冒、咽喉有炎症时，应减少发音，更不应唱歌，不宜吃辛辣的食物，以保护声带。

161. 不爱吃鱼的霍霍

案例描述

　　开学一个月，大多数的幼儿能停止哭闹，心情愉快地自己主动拿起餐勺大口大口品尝幼儿园营养美味的饭菜，可是，霍霍却经常对这样美味的饭菜不那么感兴趣。

　　午餐开始了，霍霍一只手放在腿上，另一只手拿着空勺子往嘴子不断空放，眼睛忽闪忽闪的"欣赏着"同伴吃饭……老师悄悄地走到霍霍的身边，鼓励霍霍品尝一下美味的"茄汁鳕鱼"，告诉她，吃了这些鱼和菜，霍霍就会变得非常聪明、会和最喜欢的"喜羊羊"一样变得有力量。

　　霍霍用无奈的表情看着老师："老师，我不饿，我不爱吃鱼……"

　　"加油，霍霍，老师相信你，尝尝看这鳕鱼，它的味道可香可甜了，霍霍吃得好，就会被小朋友评选为这星期的小明星的，会有大奖励的哟！"老师用鼓励的话语激励着霍霍。

十分钟过去,在老师和同桌萱萱的鼓励下,霍霍开始握住勺子,吃了一小口,随即全吐到了桌子上。她惊慌地看着大家,老师一边用微笑鼓励她多吃一些,一边清理桌面。

霍霍继续用勺子艰难地把饭菜放到嘴里。过了一会儿,她小心翼翼地将黑豆粥移到面前,并直溜溜盯着粥,老师问她为什么不喝粥?霍霍的一声回答"老师,黑色的我害怕!"引来了班里孩子的笑声。顿时,霍霍大声哭起来,吃下去的东西全部吐了出来。接着,"咣当咣当"碗一个个掉在地上,桌上、地上弄得一片狼藉……

问题

1. 请用幼儿卫生学的有关知识,分析霍霍小朋友的进餐行为。
2. 试用《指南》中的3—4岁教育目标和教育建议,分析怎样帮助幼儿改变不良的进餐习惯。

案例分析

霍霍的进餐行为属于挑食、偏食。幼儿挑食、偏食主要有两方面的原因:① 家庭因素。幼儿挑食、偏食大多是后天因素造成的。幼儿受父母的影响,再加上自己从饮食中得来的经验,开始对食物进行选择。父母对孩子的过分溺爱,迁就幼儿的饮食,长此以往会产生偏食、挑食的坏习惯。② 幼儿自身因素。偏食的幼儿见到喜欢吃的食物胃口大开,对不爱吃的食物不屑一顾。时间长了会导致营养摄取不全面。例如,对只爱吃肉不爱吃蔬菜的幼儿而言,摄入的维生素和纤维素少,容易造成维生素C和胡萝卜素的缺乏,导致肠蠕动减慢,影响消化吸收功能,出现便秘现象。幼儿挑食、偏食会给孩子生长发育带来危害。幼儿的挑食、偏食是一种不良的生活习惯,对幼儿的生长发育极其不利。挑食、偏食容易造成某些营养素的摄入不足或过量,造成体质虚弱,抵抗力差,容易生病或是过度肥胖;挑食、偏食还容易导致膳食的酸碱不平衡,幼儿正常的体液应是偏碱性,但如果过多地摄入动物类食品、谷物类食品,会导致血液呈偏酸性,体液偏酸性会使身体的抵抗力下降,易患疾病,严重影响幼儿的生长发育。此外,体液偏酸性还会使孩子的性情变得敏感、暴躁,性格比一般幼儿倔强;挑食、偏食的幼儿大多是受父母娇宠,吃饭时经常霸占自己爱吃的食物,以自我为中心,听不进别人的劝告,表现出霸道、自私任性的不良心理,这对孩子的心理成长也是不利的。

《指南》中,对于3—4岁的幼儿在"生活习惯与生活能力"中明确表示:幼儿应在引导下不偏食、不挑食,喜欢吃瓜果、蔬菜等新鲜食品。在教育建议中明确表示:教师要帮助幼儿养成良好的饮食习惯。例如:合理安排餐点,为幼儿提供营养均衡的膳食;帮助幼儿了解食物的营养价值,引导他们不挑食、不偏食、少吃或不吃不利于健康的食品;多喝白开水,少喝饮料;吃饭时不过分催促,提醒幼儿细嚼慢咽等。从《指南》可以看出,幼儿良好进餐习惯的养成与教师正确的引导、巧妙的帮助密不可分。教师要善于观察每个孩子的不同,采取有趣的、不同的教学方法来进行教育,做到因人而异,从而纠正幼儿的偏食、挑食及不良的进餐习惯,使孩子从小养成自觉良好的进餐习惯。

162. 冬冬尿裤子了

案例描述

冬冬:张老师,我想尿尿。

张老师:还有5分钟活动就结束了,你再忍一下。你现在5岁半了,是大班的小朋友,要学会控制自己,为小班、中班的弟弟妹妹们做榜样。

冬冬：哦。

冬冬安静地坐了不到两分钟，他开始东瞧瞧，西看看，两只手摆来摆去，过一会儿身子也左右摇摆，终于他忍不住了。

冬冬：张老师，我……我想尿尿。

张老师：马上就下课了，不到一分钟，冬冬再憋一小会儿。

瑶瑶：呀！张老师，冬冬尿裤子了，地上全是他的尿！

所有幼儿看向冬冬，冬冬不好意思地低下了头……

问题

1. 从幼儿泌尿系统发育特点的角度，分析案例中张老师的做法适合吗？为什么？
2. 结合幼儿园实际情况，谈一谈如何帮助幼儿养成定时排尿的习惯。

案例分析

张老师的做法是不适合的，幼儿的泌尿系统由肾脏、输尿管、膀胱和尿道四部分组成，幼儿的泌尿系统还处于发育中，功能尚不健全。膀胱是储存尿液的肌性囊袋，由平滑肌组成。幼儿新陈代谢旺盛，每日对水的需求量和摄入量较多，每日总排尿量也较多，而幼儿的膀胱容量较小，肌肉层薄，弹性组织发育不完善，储尿机能差，所以排尿次数多。4—7岁时，每日排尿6—7次。另外，幼儿的神经系统发育不完善，对排尿的调节能力较差，因此憋不住尿。张老师不能让冬冬憋尿，限制其小便，一方面冬冬年龄小，憋不住尿，另一方面，憋尿会使冬冬的膀胱失去正常功能而发生排尿困难。因此，案例中张老师的做法是不适合的，让孩子憋尿很有可能会影响幼儿膀胱的发育，甚至影响孩子身心的健康发展。

幼儿园是一个集体机构，为了培养幼儿对排便的控制能力，养成定时排尿的好习惯，应该在活动前（包括教育活动、户外活动、游戏活动等）、午睡前提醒幼儿小便，不能让孩子憋尿。

163. 讨厌的琴

案例描述

月月4岁了！妈妈听说小区里好多幼儿都报了兴趣班，学习一技之长，有学钢琴的、有学舞蹈的、有学美术的、有学表演的……为了不让孩子输在起跑线上，月月的妈妈给她报了一个钢琴的特长班，并且在报班的第二天就买回了一台价值近十万元的钢琴。起初，月月对钢琴很感兴趣，能坚持每天练习1小时，但随着难度的增加，练琴时间的强度也随之增加，月月开始对钢琴不感兴趣了，甚至有些厌倦了。可是，少儿钢琴比赛即将开始，除了完成钢琴老师布置的任务，每天月月还要按照妈妈的要求，额外练习钢琴1—1.5小时，后来每当要练琴时，月月都会情绪不好。直到有一天，月月直接大声地对妈妈说："我讨厌琴，讨厌练琴……"接着便呜呜地哭了起来，而妈妈便用各种方法哄着月月坚持练琴……

问题

1. 请从幼儿运动系统发育特点的角度分析此案例。
2. 结合幼儿园实际工作，谈一谈如何促进幼儿骨骼的正常生长发育。

案例分析

幼儿处于生长发育的旺盛时期,幼儿的骨骼、肌肉等都还没有发育完全。幼儿的整个骨骼处在骨化的过程中,腕骨、手指骨和手掌骨在 9—11 岁才能完成,所以幼儿腕部力量不足;而且,幼儿的肌肉含水量较多,肌纤维较细,能力储备差,幼儿的肌肉收缩力较差,容易疲劳。因此,不能让幼儿作精细动作,如写字、画画、弹琴等时间过长,否则会影响幼儿的正常生长发育。案例中月月的妈妈没有考虑到月月身体的发育情况及承受能力,每天 2—2.5 小时的练琴对于 4 岁的月月是不适宜的;月月妈妈更没有注意到,长时间的弹琴不仅对月月的身体发育有影响,也对月月的心理发展有影响。另外,家长在为幼儿报兴趣班、特长班时,要尊重幼儿的意愿,根据他们的需要和兴趣决定,而不仅仅是家庭为此投入的财力、物力或人力。因此,月月妈妈的做法是不正确的。

在幼儿园中,促进幼儿骨骼正常生长发育要做到以下五点:(1)幼儿不能提拎重物,运用手作精细动作(如写字、画画、弹琴等)的时间不能太长。(2)教育幼儿保持正确的坐、立、行姿势,防止骨骼变形,幼儿不能长时间行走或站立。(3)给幼儿配备适合身高的桌椅,防止胸廓畸形和脊柱弯曲变形。(4)膳食中提供充足的营养,例如富含蛋白质、维生素 D、钙、磷的肉、蛋、奶、大豆类制品。(5)多组织幼儿进行户外活动和体育锻炼,多晒太阳。

164. 把玩具收拾得又快又好

大一班的几个小朋友正欣喜地玩着新来的拼插玩具,玩兴正浓。这时,丁老师走过来,说:"孩子们,不玩了,快点收拾玩具,我们该上课了。"有的幼儿没有反应,继续玩。高老师过来说:"孩子们,一会儿老师要带小朋友去小花园玩儿,现在我们比一比,看看谁能把玩具收拾得又快又好!"大多数孩子停止玩耍,开始收拾玩具。

问题

1. 请你根据幼儿高级神经活动的特点,对上述案例进行分析。
2. 结合上述幼儿发育的特点,谈一谈幼儿园活动安排的注意事项。

案例分析

幼儿的高级神经活动的特点之一是兴奋过程强于抑制过程,兴奋占优势。幼儿大脑皮质发育不完善,兴奋过程强于抑制过程,即兴奋占优势,抑制过程形成较慢,表现为容易激动,控制自己的能力较差。让他干什么,他乐于接受;不让他干什么就难了,因为"别干什么"是一种抑制过程。案例中的丁老师发出的信息是让幼儿"不要"玩了,需要幼儿大脑皮质的抑制过程起主导作用,但此时幼儿的大脑皮质兴奋占优势,所以小朋友对丁老师的反应不大;高老师对幼儿发出的信息是"收拾玩具",代替"不要玩了",这是一种"让幼儿做什么的"指令,幼儿会欣然接受,所以大多数幼儿都很快开始收拾玩具了。

结合上述幼儿神经系统的发育特点,即兴奋占主导,且兴奋过程强于抑制过程,在安排幼儿园活动时应注意:(1)在实际教学中应充分利用幼儿兴奋过程占主导的特点,发挥其积极作用。在教育活动时,要想办法引起他们的兴趣,以便形成优势兴奋,使其注意力集中。(2)"动"的活动要多于"静"的活动,能够通过较多的"动"的活动让幼儿在做中学、玩中学,快乐地发展。(3)结合"动静结合"的原则设置活动。

165. 东东为什么在吃饭时哭?

案例描述

午餐前,东东因为与同班的小朋友打架,被李老师教育,并要求他自己反思。过了一会儿,东东开始哭泣,李老师见状,就让东东回到座位上吃饭,但是东东一直在啜泣着,没有吃进几口饭菜。李老师批评道:"让你回来吃饭你还哭,再哭就别吃饭了!"东东的哭声更大了……

问题

1. 结合幼儿消化系统发育的知识,分析案例中李老师的教育行为。
2. 结合幼儿园的一日生活安排,提出促进幼儿消化系统良好发育的有效对策。

案例分析

幼儿的消化系统尚未发育完善,胃的消化能力弱,要特别注意胃的保健:要选择容易消化的食物、培养孩子良好的进餐习惯,更需要让孩子愉快地进餐,激发孩子的食欲,这样可以促进消化;教师须注意在进餐时不要处理孩子的行为问题,要创设愉快的进餐环境。案例中的李老师不应该在午餐前后处理东东的打架事件,导致东东没有一个良好的情绪,进而影响进餐,这对东东消化系统的发育不好,李老师应该先让东东吃饭,然后再找适宜的时间解决他的打架问题。

促进幼儿消化系统良好发育的有效对策:注意口腔卫生,保护乳牙:养成饭后漱口、早晚刷牙的习惯,不给幼儿提供过冷、过热的食物,加强营养,定期检查牙齿;养成良好的饮食习惯,注意胃的保健:选择容易消化的食物,培养幼儿形成良好的进食习惯,要让幼儿愉快地进餐,促进消化;饭前饭后不做剧烈运动,注意胃肠的保健;合力安排膳食,有序地组织进餐环节,以利于食物的消化和吸收。

166. "老师!我要尿尿!"

案例描述

幼儿园小班的王老师正在安排大家午睡,突然,小华说,"老师,我要尿尿。"王老师同意了,因为从小华妈妈那里了解到,这孩子就是小便频繁了些。过了一会儿,小明也想尿尿。小明可是班里头号的调皮大王,王老师表示怀疑,因为有些小朋友嚷嚷着去尿尿,是因为自己一时睡不着,到厕所里转转。于是,王老师责问他刚才有没有和大家一起去小便,小明说:"刚才,刚才我没有小便,现在才有的。""好的,你去吧!"王老师答应了。小明果真是有小便。为了满足孩子的生理需要,什么时间孩子需要大小便,王老师都会同意让他们去的,只是引导他们,要做到轻手轻脚,不影响其他的小朋友,对个别"假小便"的孩子,王老师则会单独进行教育,慢慢帮他们改掉这样的坏习惯。

问题

1. 请运用卫生保健的相关知识,分析案例中王老师的教育行为。
2. 针对幼儿在幼儿园尿尿的现象,给出建议与策略。

案例分析

王老师没有让孩子憋尿,这是正确的。因为,一方面孩子神经系统发育不完善,对排尿的调节能力较差,憋不住尿。另一方面,幼儿的膀胱容量小,肌肉层薄,弹性组织发育不完善,储尿机能差,排尿次数多,憋尿会使小儿的膀胱失去正常功能而发生排尿困难,所以整个学前期,无论游戏活动中,还是午睡期间,或其他活动中,我们都不能限制孩子的大小便,平时应经常提醒孩子们上厕所。

在幼儿睡眠、进餐、集体教学活动、户外活动等活动前后,教师应有意识地提醒孩子们上厕所。活动过程中,如果有孩子想尿尿,教师可以用眼神或手势示意孩子去尿尿,并应提醒他轻手轻脚,以免分散其他孩子的注意力。

167. 我是大力士!

案例描述

明明是个争强好胜的 5 岁男孩,凡事都喜欢跟人比一比,明明的妈妈也以此为荣。一天,8 岁的刚刚来他家做客。刚刚个子比他高出半头,他信誓旦旦地对刚刚说:"刚刚,我是大力士!咱们来掰手腕吧,比比谁最棒。"还没等刚刚反应过来,他就把刚刚拉到桌旁,把右胳膊放到桌子上。接着,两只右手紧紧地握到了一起,他们都弓着腿,眼睛死死地盯住对方,脚紧紧地踩在地上。明明的妈妈在一旁,兴高采烈地大喊,"加油!加油!"过了好一会儿,两人继续僵持着,僵持着,咬紧牙关挺住,脸都憋得通红,额头也渗出了汗珠……

问题

1. 请运用幼儿骨骼生长发育的知识,分析案例中明明妈妈的行为。
2. 请从体育锻炼的角度,提出促进幼儿骨骼、肌肉发育的建议与策略。

案例分析

明明妈妈的做法是不对的。幼儿手部骨骼正处在骨化过程中,腕骨的 8 个骨化中心到 10 岁左右才全部出现,手掌骨,手指骨 9—11 岁时骨化完毕,而且幼儿腕部力量不足,不能拎提重物或做掰手腕等活动,否则会影响其正常生长发育。因此,最好不让幼儿玩掰手腕的游戏。

促进幼儿骨骼、肌肉发育的建议与策略:(1)有意识地培养幼儿正确的坐、立、行、走等姿势,防止骨骼变形。做到十个字——头正、身直、胸舒、臂开、足安。(2)合理安排体育活动,多进行户外活动,多晒太阳。体育锻炼可以促进全身的新陈代谢,加速血液循环,使骨骼和肌肉得到更多的营养。户外活动和晒太阳可以促进新陈代谢,促进钙的吸收以及骨骼发育。(3)建议幼儿不要牵拉肘,悠圈子,防止脱臼和伤孩子筋骨。当肘部处于伸直位置时,若被猛烈牵拉,就可造成牵拉肘。

168. 刚刚的全麦面包"领结"

案例描述

　　幼儿园早餐时间，第一餐桌的小朋友红红拿起餐盘中的全麦面包片，捏成蝴蝶结状，放在了邻座小朋友刚刚的衣领上，并大声对他说："你的领结，你的领结……"其余几个小朋友听到后笑得前仰后合。王老师见状赶忙过来大声呵斥红红，"你太过分了，不要吃饭了。"

问题

　　1. 请结合幼儿消化系统的生理特点，分析该教师的教育行为。
　　2. 针对案例中红红的表现，请你给案例中的王老师提出相关的建议与策略。

案例分析

　　案例中的教师大声呵斥红红，这样做是非常不合理的。因为这样会影响她的食欲，孩子的食欲与进餐情绪有关，从生理角度来讲，消化酶的分泌受神经系统的控制，如果幼儿情绪不愉快，就会抑制消化酶的分泌，进而降低食欲，俗话说"气得吃不下饭去"，所以在进餐过程中千万不要大声呵斥幼儿。

　　建议：（1）教师应用眼神或手势等适宜的方式，引导幼儿由说笑转变为相对安静地进餐，并逐步培养幼儿安静进餐的习惯，为幼儿营造相对安静的进餐环境。因为幼儿喉部软骨柔软，且神经系统功能发育不完善，喉部的保护性反射功能较差，往往会因软骨来不及盖住喉口而导致食物进入气管。（2）案例中的小朋友红红，能把面包片加工制作成新郎官佩戴的领结，这本身是一件非常好的"作品"，是来自孩子自身生活经验的一次创新，也是教师引导幼儿学习的"契机"。建议教师把红红的"作品"作为一个主题教育活动的来源。

169. 看看谁先把玩具放整齐

案例描述

　　这是一次折纸活动，王老师引导孩子们用各种各样的彩色纸制作玩具。几个女孩子折好一种作品后又尝试着其他造型，其他孩子也在全神贯注地创作着……这时，课间操的时间到了，老师让大家把东西收好，排队，出去活动。"老师，我还没做好呢，再让我们做一会儿吧！""快！快！到时间了，下午有空时再接着做吧！"孩子们不得不依依不舍地放下手中尚未完成的作品。王老师召集孩子们排队，回头一看，还有几个小朋友在桌前忙着，爱不释手。来来往往，你等我待，排队排了很长时间。……

问题

　　1. 请根据幼儿神经系统发育的特点，分析案例中幼儿的行为表现。
　　2. 从理论与实践相结合的角度，提出引导幼儿结束活动的建议与策略。

![案例分析图标] 案例分析

案例中的教师让孩子放下手中的任务时，孩子们极不情愿，这与他们神经系统的发育以及高级神经活动的特点是有关系的。幼儿大脑皮质发育不完善，兴奋过程强于抑制过程，即兴奋占优势，抑制过程形成较慢。具体表现为，自我控制能力较差，让他干什么他乐于接受；不让他干什么就很困难，因为"不干什么"是一种抑制过程。此外，幼儿的兴奋过程容易扩散，大脑皮质往往形成较大的兴奋区，注意力易扩散。

教师在组织孩子活动时，应少抑制，多想办法激发孩子的兴趣，以便形成优势兴奋，集中其注意力。如本案例中的王老师，可以采用"比一比，看看谁先把手中和桌上的材料摆放整齐"的比赛活动，引导孩子放下爱不释手的材料，结束刚才的活动，并顺利参与到下一个环节课间操中去。

170. 37℃恒温母乳的味道

案例描述

李彤是市区某国企的80后职员，今年年初刚刚"荣升"为新妈妈。关于喂宝宝母乳还是奶粉这事，她一早便下了决心——舍弃小宝宝"最初"的营养母乳，而以奶粉取而代之。这一方面是由于工作繁杂的原因，另一方面是为了保持好身材。为此，她在临产的前几天，就让老公去买了好多奶粉备用，生产后两三天便开始母乳、奶粉混合着喂了。后来，由于她要在三个月的产假后投入工作，于是干脆放弃喂母乳，把婴儿配方奶粉作为婴儿食物首选，甚至误以为婴儿配方奶粉比母乳更符合婴儿的营养需要。因此，她的宝宝也根本不知道37℃恒温的母乳是什么味道。

❓ 问题

1. 案例中妈妈的喂养方式是否科学？为什么？
2. 请你向母乳不足或因故不能按时喂哺的妈妈们提出建议与策略。

![案例分析图标] 案例分析

案例中妈妈的喂养方式是不科学的。世界卫生组织推荐的婴儿最佳喂养方式：0—4个月或6个月内应以纯母乳喂养。我国营养学会结合中国婴儿身体和消化系统发育状况认为，要大力提倡母乳喂养。母乳喂养好处多：（1）母乳营养丰富，易被婴儿消化吸收。母乳中含有婴儿生长发育所需要的各种营养素，而且营养成分含量和相互搭配比例都易被婴儿吸收利用。（2）母乳富含溶菌酶和各种抗体，能提高婴儿的抗病能力，减少婴儿的患病率。（3）母乳喂养经济、卫生、新鲜、温度适宜，可以减少过敏反应。（4）婴儿在享受母乳的同时，还可以感受到母亲的体温与爱抚，进而增强婴儿的安全感，有利于心理的健康发展。

当母乳不足或母亲因故不能按时喂哺时，需要添加牛乳或其他代乳品，即混合喂养。混合喂养应坚持母乳优先的原则，也就是说，先吃母乳，哺乳时间不限，每次要吸空两侧乳房，再增加配方奶粉进行补充。一般不主张宝宝3岁前喝鲜牛奶，鲜牛奶中酪蛋白与乳清蛋白比例不合适，不易被宝宝消化吸收。当然，无论母乳喂养还是混合喂养，都应在适当的时候添加各类辅助食物。

171. 我的眼睛模糊了

案例描述

　　刚刚现在四岁六个月大了，在上中班。他特别喜欢看动画片《喜羊羊和灰太狼》，周末可以在家看上一整天，平时放学回到家就要看电视，而且不想让其他人看。看到精彩的内容，他还会跑到电视屏幕前，自己一个人独占着电视目不转睛，真是令爸妈头痛。一天，他边看动画片，边揉着眼睛喊道："妈妈，我的眼睛模糊了……"

问题

　　1. 请运用幼儿卫生与保健的相关知识，分析刚刚用眼的不当之处。
　　2. 从用眼卫生以及营养的角度，提出保护并促进幼儿眼睛发育的指导建议。

案例分析

　　从眼睛的发育过程看，自胎儿出生到 3 岁，主要完成眼睛的结构发育；4—13 岁，基本完成眼睛功能的发育。所以，幼儿正处于预防各种眼病的重要阶段。同时，幼儿眼球的晶状体具有较好的弹性和很强的调节能力，如果用眼不当，很容易形成近视。案例中的刚刚每天都长时间看电视，并且离电视太近等都是用眼不当的行为。

　　指导建议：(1) 3—6 岁儿童应养成良好的用眼卫生习惯，不宜长时间用眼。教育孩子不躺着看书，不在乘车或走路时看书，不在光线过强或过暗的地方看书；看电视等要有节制、不沉迷，保持 3 米左右的距离。《指南》明确指出，3—4 岁孩子连续看电视等的时间不超过 15 分钟，4—5 岁孩子不超过 20 分钟，5—6 岁孩子不超过 30 分钟。集中用眼后，还要远眺或进行户外活动，养成做眼保健操的习惯，以消除眼睛的疲劳。(2) 为幼儿提供良好的采光环境、适宜的读物和教具。幼儿活动室采光应充足，采光系数（室内窗玻璃面积与室内地面面积之比）应不小于 1∶5。幼儿用眼时，光线最好来自左上方，教具和儿童读物的字体要大、图案清晰、颜色鲜艳、对比鲜明。(3) 为幼儿补充足够的养眼营养素。膳食中要供应充足的优质蛋白质、胡萝卜素、B 族维生素、维生素 A、维生素 C、DHA 等。

172. 消防演习一团糟

案例描述

　　让幼儿学习逃生本领，小红花幼儿园中一班万老师随机组织了一次消防演习活动。为了使情境更逼真，万老师故意表演地很惊慌，大喊着："着火了，着火了，赶快逃！"班里孩子马上陷入一片混乱，一部分幼儿急火火地往门外跑，但却在门口挤成了一团；有的幼儿则不知所措，被其他小朋友撞得东倒西歪；还有的幼儿居然吓得大哭起来。孩子们早已忘了以前学过的安全、有序地逃生本领，万老师则陷入了困惑之中……

问题

1. 请分析万老师随机组织的消防演习活动为何效果不佳。
2. 如何在幼儿园进行有效的消防演习,请提出建议与策略。

案例分析

《指南》在教育建议中指出:幼儿园应定期进行火灾、地震等自然灾害的逃生演习。幼儿逃生演习的成功必须同时具备以下条件①:(1)带班教师的指令简明扼要,既能促使幼儿立刻停下眼前的活动,又不至于使胆小的幼儿恐慌过度。(2)幼儿注意力集中听指挥,一个跟着一个走,不拖沓、不推挤、不踩踏。(3)幼儿的走、跑动作发展水平足以应对快速撤离的需要。(4)全园对于紧急时刻的撤离线路有明确规划,且幼儿对本班的撤离通道及行走线路留有印象。(5)带班教师能够在最短的时间内将湿毛巾交给每一个幼儿。由于万老师缺乏前期准备,"随机"演习很难达到理想的效果。

对于幼儿教师而言,只要听到园里警报器拉响,一位带班教师就要迅速切断室内电源,并将湿毛巾迅速提供给幼儿;另一位带班教师则要在第一时间发出简明扼要的指令。对于不同年龄的幼儿,教师的指令应有所区别。大班幼儿,尤其是经历过几次演习的幼儿,可以明确地要求他们:"失火啦!跟着×老师,一个跟着一个,快跑!"对于小班幼儿,尤其是没有任何演习经验的幼儿或是行走还不够迅速、稳健的幼儿,教师最好能急中生智地用一句话创设情境,比如:"园长妈妈在外面发新玩具,赶快一个跟着一个出去!晚了就没有了!"对于中班幼儿,除了可以以上、下学期加以区分,更应当以幼儿的实际认知水平、动作水平为依据,分别参照小班或大班的策略,以引导幼儿尽可能减少恐慌、加快速度,奔向安全地带。烟雾起来时,教师还需要及时提醒幼儿用湿毛巾捂住鼻子和口腔。此外,幼儿迅速逃离危险与其反应能力密切相关。因此,在日常生活中要高度重视幼儿的动作发展,在体育活动中经常性地训练幼儿一个跟着一个快速跑以及沿墙侧身跑,在平时生活中训练幼儿有序快速地上下楼梯。此外,小班幼儿的活动室尽量安排在一楼。

173. 孩子鼻出血怎么办?

案例描述

大班幼儿明明在户外活动时,突然流起了鼻血,他不禁吓得大哭起来。张老师见状后,迅速跑到明明面前,让明明将头向后仰,鼻孔朝上,并把一块纸巾折成条状,塞到明明鼻孔。她还安慰明明不要哭,一会儿就好了。

问题

1. 案例中张老师的做法是否合理?为什么?
2. 请说明如何正确处理幼儿鼻出血。

案例分析

张老师的做法是不合理的。张老师不合理的做法有:(1)把纸巾塞进明明鼻孔。纸巾不卫生,如果

---

① 案例分析改编自:顾荣芳.安全演习是形式,快速反应是关键[J].幼儿教育,2014,1—2.

出血较多,可用脱脂棉卷塞入鼻腔。(2)流鼻血时让明明将头部后仰,鼻孔朝上。这个姿势有下列坏处:① 会使鼻腔内已经流出的血液因姿势及重力的关系向后流到咽喉部,并无真正止血效果;② 咽喉部的血液会被吞咽入食道及胃肠,刺激胃肠黏膜产生不适感或呕吐;③ 出血量大时,还容易吸呛入气管及肺内,堵住呼吸气流造成危险。

正确处理幼儿鼻出血的方法:(1)安慰幼儿不要紧张,安静地坐着,不能躺着。(2)让幼儿头略低,张口呼吸,成人捏住幼儿鼻翼,压迫5分钟后松手看看是否止血,若继续流血,重复压迫5—10分钟。(3)用冷水拍或冷毛巾敷前额、鼻部以及颈后部。(4)止血后,禁止幼儿在2—3小时内剧烈运动。(5)如果出血较多,可用脱脂棉卷塞入鼻腔。若有麻黄素滴鼻液,可把药滴在棉球上,止血效果更好。

174. 可爱的梦精灵

案例描述

　　幼儿园每天中午两个小时的午睡对于李老师来说成了一个难题,小朋友们躺在床上翻来覆去,不是伸手、挠腿,就是呼唤一下旁边的小朋友。还有的幼儿以小便为由,干脆到厕所转一圈。这样一来,中午没有几个小朋友能睡好觉。

　　一天,李老师想出了一个妙计——请小朋友们做梦!首先,李老师编了一个有趣的梦讲给小朋友们听,在他们听得津津有味时,问道:"你们想做梦吗?""想!"小朋友们异口同声地说。"那好,我们一起闭上眼睛吧,这样可爱的梦精灵就会把最好的梦送给睡得最香的孩子!"李老师的话音未落,小朋友们就把自己的眼睛闭得紧紧的。这次午觉他们睡得香极了。起床后,小朋友们争先恐后地给李老师讲述他们做的梦。

问题

　　1. 请分析案例中李老师引导孩子午睡的方法。
　　2. 结合案例,提出保证幼儿充足睡眠的建议与策略。

案例分析

　　案例中的李老师从幼儿的心理需求出发,根据幼儿爱听故事、爱讲故事的特点,将日常生活中简单的午睡变成了一个可爱的童话"梦精灵",让幼儿带着这样美丽的联想进入梦乡,午睡后又可以满足他们讲故事的愿望。这样既提高了午睡的质量,又增强了幼儿的语言表达能力。

　　保证幼儿充足睡眠的建议与策略:(1)为幼儿创设一个舒适、安静的睡眠环境。睡眠室要保证空气流通,温度适宜,睡眠前可播放轻松优美的背景音乐,睡眠室的环境创设应以温馨、暖色调为主,以便使幼儿安静入睡。(2)重视睡眠的护理工作。幼儿睡眠前,教师要观察床铺上有无杂物,同时还要细心观察幼儿是否将一些小东西,如发卡等带入被中。睡眠过程中,教师应观察幼儿的睡姿,并注意观察身体是否露在被子外面等。(3)细心照顾个别幼儿。新入园的幼儿睡眠时可能要抱着枕头或老师入睡,教师应适当地保持他们的入睡习惯,并陪伴他们入睡,帮助他们慢慢适应集体生活;对于某些精力充沛的幼儿,教师可允许他们减少睡眠时间,但注意不要他们影响其他幼儿。

175. 爱哭的戴戴

案例描述

　　幼儿在进餐过程中,戴戴突然大声哭了起来,杨老师赶紧上前安慰他并询问原因。戴戴一边流眼泪一边说:"我不会自己吃饭。"杨老师安慰他道:"不要着急,老师喂你,慢慢再自己练着吃,好吗?"戴戴擦擦眼泪,点了点头。杨老师喂着他吃下去一大碗饭。以后的日子里,戴戴还是会突然大哭起来,问他原因,他会说"不会自己吃饭"或是"不会撸袖子"。综合对戴戴平时的观察,杨老师发现戴戴的自理能力水平不高。为此,杨老师开始制定策略来促进幼儿自理能力的发展。有一天,午餐吃的是蚝油鸡翅,戴戴没有让老师喂,自己很快就吃完了两个鸡翅,而面对剩下的蔬菜,戴戴开始坐在那里发呆。杨老师猜想戴戴的自理能力弱的问题可能有家长方面的原因,便开始和戴戴家长进行了几次约谈,约谈中发现,戴戴的家长平时对戴戴很宠爱,平时都是喂他吃饭,而且戴戴不爱吃蔬菜时,只要他一哭,家长就采取妥协的态度。随后,教师也发放了有关幼儿进餐习惯以及自理能力培养方面内容的问卷。经过一段时间的家园共同努力,戴戴有了很大进步,他开始尝试自己动手吃饭,自己穿衣服等等。戴戴的自理能力有了一定提高。

问题

1. 请结合幼儿健康教育理论对上述案例进行分析。
2. 请从托幼机构家长工作的角度,说一说如何对戴戴这样的幼儿进行教育。

案例分析

　　学前期是个体发展关键时期。处于这一时期的幼儿接受能力强,行为可塑性大,因而学前期也是幼儿养成良好的身体保护和生活自理能力的最佳时机。幼儿健康教育的内容包括身体、心理和社会适应三个方面。戴戴相比于其他同龄幼儿,自理能力较差,这对他今后的发展有不利影响,所以教师应抓住教育契机,及时对幼儿进行引导。

　　托幼机构的家长工作是保教人员同幼儿家长双向互动的过程,也是幼儿教育同家庭教育相互支持、相得益彰的过程。托幼机构进行家长工作有利于充分发挥幼儿教育的主导作用和实现家庭教育与幼儿教育的同步化。家园共育有利于幼儿获得更好的发展。对于幼儿自理能力的培养,更需要家长的大力配合,因此教师一定要在这一方面做出努力。针对幼儿的实际,合理开展家长工作,最大程度发挥家园共育的优势。

176. 小步迈了一大步

案例描述

　　场景一:

　　进餐开始后,老师发饭完毕,大部分幼儿都拿起手中的小勺子吃饭。只有小步还坐在那里,眼睛一会儿看看这,一会儿看看那,偶尔拿起小勺子放在嘴里玩,但就是不吃饭。老师轮流去提醒他:

"小步，快吃吧，小肚子都饿了。""小步，吃凉凉的菜肚子不舒服，快点趁热吃吧。""小步，食堂叔叔阿姨做的菜可好吃了，你快尝尝。"老师的劝说并没有起到太大作用，小步没有理睬老师们，还是坐在那里玩着，或者和老师说："你等会儿。"眼见饭就要凉了，老师开始拿起勺子喂小步吃饭，饭喂到小步嘴里他并没有拒绝，一会儿的工夫，一大碗饭就喂完了。

场景二：

过了一段时间，老师发现，在吃包子时，小步可以自己拿起包子慢慢吃，于是老师就借机鼓励小步："小步长大了，吃饭不用老师喂了，真有进步！"小步爱听表扬，于是就自己试着吃饭了。老师又发现，小步会突然间大哭，对老师说他不会穿衣服，但是他自己却在一点儿一点儿慢慢地穿着。平时来园时，他的家长也总是送他上楼，帮着洗手，可是他在园时会自己洗手。

场景三：

过了一段时间，一天中午吃白菜豆腐和鸡翅，老师分饭时说道："今天有鸡翅，老师看看哪个小朋友菜吃得好，就先给哪个小朋友发鸡翅。"老师没有想到，一向不会使用勺子自己进餐的小步也开始拿起勺子吃菜，不一会儿就吃下去很多。

？ 问题

从幼儿自理能力、自主性发展的角度，对案例中的三个场景进行分析，并提出相应的指导对策。

案例分析

对场景一的分析：小步的进餐习惯还是以成人喂饭为主，没有主动性。

针对场景一的策略：给家长投放问卷，从中了解小步在家吃饭的情况，家长对于他的进餐习惯方面的评价，以及造成小步吃饭习惯的原因。在此基础上，老师在幼儿园，除了对小步进餐这个环节进行观察之外，对其他环节做进一步的观察。

对场景二的分析：小步并不是自己不会吃，而是有些挑食；小步并不是不会自己穿衣服，不是自己不会洗手，而是对成人有所依赖。这说明小步并不是没有自理能力。从小步家长的行为中可以看出，小步不良习惯源于家长的溺爱、照顾过多，使他习惯于依赖成人而自己不去动手。

针对场景二的策略：（1）将小步在幼儿园的表现与家长沟通，为家长提供培养幼儿良好进餐习惯的策略，让家长选择出适合自己孩子的策略并实施。（2）请家长与幼儿园配合，在家里鼓励小步自己吃饭、自己穿衣、自己洗手，独立做力所能及事情，提升自己的自理能力。（3）和小步家长进行约谈，向他们讲述小步这些不良行为习惯对其生活其他方面所带来的负面影响，以及对他今后的危害。（4）在幼儿园一日生活各个环节，老师监督提醒小步自己事情自己做，并教给他正确的方法，只要他取得一点进步，就及时鼓励表扬，增强其自信心。

对场景三的分析：小步在自主性上有了很大的进步，同时也告诉我们，成人要给予孩子时间慢慢形成自理能力。他是能自己吃饭的，成人要给孩子一个过程。

针对场景三的策略：培养小步的自理能力和自主性、主动性，关键在于坚持，运用鼓励的方法帮助他树立自信，无论是家长还是老师，都不要包办代替，放手最为关键。家长与幼儿园一定要达成共识，形成家园合作的合力。

177. 学 跳 绳

　　幼儿进入大班,跳绳就成了日常体育活动的重要内容之一。大多数幼儿也对跳绳特别感兴趣,刘老师每天在户外活动时都会安排一定的时间进行跳绳活动。可是,妮妮对跳绳活动缺乏兴趣,在其他幼儿玩得开心时,她总是坐在一边静静地看着,或者到其他区域活动。有时组织集中形式的跳绳游戏,孩子们都积极参与,妮妮却因为不会跳急得哭鼻子。刘老师与妮妮的家长进行了沟通,发现由于家长怕出危险,平时不让妮妮蹦蹦跳跳,来幼儿园有车接送,回家坐电梯,运动的机会较少。所以,妮妮到大班了还不会双脚跳的动作,更别说跳绳了。

　　刘老师发现这一情况后,在班中开展了关于跳绳游戏的系列教学活动。首先,刘老师找来了各种各样跳绳方法和游戏的视频,激发孩子对于跳绳的兴趣,引导孩子们讨论"他们是怎样玩的";接着,在户外活动中加强妮妮对各种跳跃动作的练习,如双脚跳、单脚跳,利用器械进行跳圈、跳布袋、跳纸棒、跳台阶等;最后,在跳绳动作的指导上,通过简化动作步骤,强调动作要领,着重锻炼手脚协调性。刘老师还请跳绳跳得好的小朋友进行展示,并介绍自己的跳绳方法。

　　通过一段时间的练习,妮妮慢慢地喜欢上了跳绳,通过自己的努力逐渐能够完成跳绳动作了。

问题

　　1. 从幼儿经验的角度分析妮妮为什么不喜欢跳绳。
　　2. 分析案例中教师的教育方法是否适宜。为什么?

案例分析

　　跳绳是一项比较复杂的技巧动作,对于大班幼儿初学者来说比较困难。本案例中的妮妮就是跳跃能力发展比较落后的孩子。分析妮妮不喜欢跳绳的原因是:第一,妮妮的动作发展水平没有达到大班要求,腿部力量不足,动作协调性差,不能完成动作;第二,由于动作发展水平差,妮妮的心里对跳绳这项高于自身能力的活动产生抵触,缺乏自信心,从而失去了兴趣。

　　案例中的刘老师的教育策略是适宜的。首先,刘老师采取观看花样跳绳视频和集中讨论的方法,激发幼儿对于跳绳活动的兴趣,让幼儿觉得跳绳是件很好玩的事情,从心里产生要去尝试的冲动。接下来,刘老师由易到难引导幼儿进行跳跃动作的练习,通过各种辅助练习,提高幼儿的跳跃能力,逐步建立自信心。最后,老师在教授跳绳动作的过程中,将跳绳动作进行分解,比如摇绳、踩绳、一次过绳、连续过绳。分段练习,简化练习过程,逐步提高难度和动作连续性,使幼儿能够一步一步地完成动作。幼儿体验到了成功的乐趣,也为后面的练习做好了准备。

178. 我 换 牙 了

　　萌萌午睡起床后吃苹果,却惊讶地发现苹果上有血,原来萌萌到了换牙期。看到苹果上的血,萌萌吓坏了,"哇"的一声哭起来。

"我流血了,我要死了!"萌萌边哭边喊。

"胆小鬼,换牙有什么可怕,我都掉了两颗门牙了!"明明笑话萌萌。

"别害怕,妈妈告诉我女孩子长大了都要流血,死不了的!"兰兰劝慰萌萌。

"没关系,奶奶说,如果是下面的牙掉了,就扔到房顶上就没事了!"壮壮笑着说。

问题

如果你是老师,你将采取哪些教育指导策略?

案例分析

尽管换牙对于每个人都是必须要经历的成长,而对于没有经验的孩子们确实一件充满了好奇、恐惧、期待、猜想的新鲜事,这是因为幼儿缺乏对换牙知识的正确认识。针对上述现象,如果我是老师,我将会:(1)先安慰萌萌,然后引导幼儿开始讨论:换牙时你的心情怎样? 你有什么感觉? 在讨论过程中,关注孩子多种多样的体验和感受,如害怕、高兴、忧虑,并记录下来。(2)根据幼儿的讨论内容,及大班教材内容,在《纲要》中健康领域目标指导下,开展了"我换牙了"主题活动。围绕幼儿知道的、了解的、想知道的等内容,将主题分为"换牙的心情"、"哪些牙先掉落"、"换牙时我们应该注意什么"、"我们应该怎样做"等板块层层深入。(3)主题围绕幼儿日常生活关注的问题,通过交流探索、材料的收集、健康教育、分类等将教材预设与生成的活动有机整合起来。(4)"换牙"主题活动的完成之后,将此主题延伸为"我的身体"、"保护身体的办法"等活动。

179. 爱吃手的旺旺

案例描述

旺旺是新插班的孩子,他来园有不到一个月的时间,一天早上入园时,旺旺的爸爸走到范老师面前说:"范老师,旺旺最近在家里经常把手指放在嘴里。"范老师说:"可在幼儿园里我怎么没有发现过?"旺旺爸爸又说:"在幼儿园里他听你们老师的话,可在家里,他不听我们的,有吃手指的坏习惯。"

于是,范老师先悄悄地观察了一下旺旺,果然,旺旺刚想把手指放到嘴里,看到老师后立即又把手抽了回了。范老师意识到旺旺在幼儿园里看到老师时就控制自己,不让老师看到自己的不良行为,导致老师没有发现他吃手指的坏习惯。

范老师走到旺旺面前,拉起他的小手看了看说:"你的小手真干净,可你的小指甲被你的小嘴都要咬没了,这样不但不讲卫生,而且也不漂亮了,以后不管是在家里,还是在幼儿园里,都不要这样做了,好吗?"旺旺眨巴着眼睛看了看老师,然后又点了点头。

为了彻底改变旺旺的不良习惯,范老师特意设计了一个形象的小手宝宝,扮演着小手宝宝的语气痛苦得对小朋友说:"啊,疼死我了,救命啊! 救命啊! 小朋友们总是在吃我,我变成了又红又痛的坏手指了,我该怎么办啊,小朋友们快救救我吧!"小朋友们都被这小小的表演吸引住了,纷纷打开了他们的话匣子,有的说:"吃手指会把脏东西吸进肚子里,肚子会疼的。"有的说:"手指和指甲会变得很丑的。"范老师趁机问道:"你们想不想把脏东西吃到肚子里呀? 想不想让手指变成又红又痛的呀?"小朋友们连忙摇头说:"不想!""那怎么办呢?"小朋友们异口同声地对我说:"不吃手指头!"

放学时,范老师和旺旺的爸爸进行沟通,把小手宝宝的教育活动向家长做了介绍,也请家长回家多多观察孩子的变化,并及时跟老师进行沟通、反馈。过了一段时间,通过老师和家长的配合和努力,旺旺改变了吃手指的坏习惯。

问题

1. 请分析幼儿吃手指的原因及其对生长发育会的影响。
2. 面对有类似不良习惯的幼儿,教师应给与怎样的指导策略?

案例分析

因为旺旺是新插班幼儿,刚刚进入陌生的环境,生活环境、看护人更换后,他们有了心理压力,吃手指就成了他们的一种安慰自己的方式,他们通过吃手指来排遣内心的压力,其中多少有些无奈。虽然老师在平时给他们讲道理他们都能听懂,但是,他们养成了这样的坏习惯后,会不由自主地去做,常常是改了吃,吃了又改。常吃手指,小手浸泡在口水里,受到牙齿的压迫,时间一久容易出现手指蜕皮、肿胀、感染、变形;长时间的吃手指,手指对牙齿和上嘴唇的压力会逐渐导致上牙向外突出,从而影响上下牙的咬合咀嚼某些食物。

吃手指是幼儿不良习惯之一,针对幼儿的不良行为习惯,教师可以采取以下指导策略:(1)为了减轻新入园幼儿的压力,帮助他们克服紧张、恐惧心理,教师应该努力为幼儿创设轻松愉快的良好氛围,并同幼儿建立良好的、平等的师幼关系。还可以通过各种教育活动和游戏来吸引幼儿注意,减少幼儿吃手指现象。为了矫正幼儿吃手的不良行为,使他们健康成长,教师看到幼儿不吃手的时候应该马上进行表扬,并运用强化物。因为一个小小的强化物在大人眼里不算什么,可孩子却视它为宝,它能帮助幼儿矫正不良行为。实践证明:要帮助幼儿改掉吃手指的习惯,切记不能采取强硬措施,教师需要在日常活动中为幼儿创设和谐宽松的学习氛围,通过组织规则的集体活动和游戏,帮助幼儿意识到吃手对自己的危害,再通过强化物把幼儿这种意识转变成行动,这样才能帮助幼儿矫正不良的习惯,促进幼儿心理的健康成长。(2)通过家园合作矫正幼儿吃手的不良行为。《纲要》指出:"家庭是幼儿园重要的合作伙伴,应本着尊重、平等、合作的原则,争取家长的理解、支持和主动参与,并积极支持、帮助家长提高教育能力。"与家长建立起互相信赖、支持,互相合作的关系,激发家长积极投入纠正幼儿不良的吃手习惯合作中。家园合作可以采取多种措施,如举行家长会、家园联谊会、家教资料阅读、幼教园地等形式。为了使家园互动更为密切,可以专门建立幼儿成长档案,向家长发放问卷,了解孩子在家吃手的情况,同时让家长也了解孩子吃手指的原因和危害,转变了家长的教育观念。出现问题,教师主动与家长取得联系,取得家长的理解与支持,共同采取行动,消除幼儿的不良行为习惯。

180. 新来的小李老师

案例描述

小李老师是刚从医科大学毕业的一名年轻老师,因为特别喜欢孩子,毕业后应聘到一家幼儿园做保健老师。新学期开学了,小李老师走上了工作岗位,负责幼儿园小班的晨检和药品管理与膳食工作。幼儿园对保健老师的职责有一些明确要求:遵循"一摸二看三问四查"的原则,针对幼儿情况为家长提供相应的指导建议。为此,每天早晨小李老师都早早来到幼儿园等待孩子们入园晨检。晨检的时候,小李老师认真地为每一位幼儿检查,并总是会热心地与家长聊一些关于幼儿保健方面的知识。为此，小李老师所负责的小班保健室总是出现很多家长排队的情况。有一天，因为人多和工作繁忙，小李老师差点把家长带来的药品错装到另一个班的药箱里，险些造成"吃错药"的情况。小李老师因此受到了园长的批评，园长认为其工作方法不得当，希望其改进。小李老师听了以后非常不服气，觉得自己与家长没有聊无关内容，为什么就错了呢？

问题

1. 你认为小李老师错了吗？为什么？
2. 请你谈一谈保健老师在"晨检"时应注意的主要事项。

案例分析

小李老师的工作方法确实存在一些问题。根据案例中的描述，小李老师虽然遵循了幼儿园对于保教老师职责的规定，但是晨检环节是幼儿入园第一环节，也是幼儿园人员较多的时候，如果小李老师选择这个时候为家长普及一些保健知识并不是十分合适：一是影响了幼儿接下来的一日活动的开展；二是保健室聚集较多的家长和幼儿，会造成一定安全隐患；三是会因为工作中较为混乱的环境和过多接待任务而造成工作上的失误。

保健老师在晨检工作中：（1）首先要认真履行岗位职责，做好幼儿健康情况检查，主要要做到：一摸，有无发热现象；二看，精神状态、面色、咽部、皮肤创伤、疾病；三问，是否携带药物、饮食、睡眠、大小便等；四查，有无携带无关物品、危险物品。（2）其次，保健老师要做好药品管理工作，如遇幼儿生病带药到园时，药品必须是家长亲自带到或写纸条交代；请家长写好幼儿班级、姓名、药品名称、服用剂量、服用时间、服用方法，晨检时一并交到保健室，和其他保健老师做好交接并签字确认；服药时，保健老师应与班级老师确认幼儿无误后，再指导幼儿服药。（3）保健老师要根据晨检环节人员多少，合理安排与家长的交谈时机，保证晨检工作的顺利进行。

181. 慢条斯理的萱萱

案例描述

开学伊始，萱萱的家长就主动找到老师，向老师反映萱萱在家有吃饭慢的毛病，希望老师帮她改正。老师们于是便对萱萱开始了观察。一次吃早餐，萱萱用15分钟才吃了半个鹌鹑蛋，牛奶还没有喝就已经凉了；中饭时老师发现她每次用勺子只舀一点点菜，放到嘴里也是含着不嚼，眼睛看着别的小朋友。

通过与家长沟通，老师了解到，在家里萱萱的奶奶总是喂她吃饭，要是萱萱吃得慢，她就在饭里倒上水，让她喝下去。于是，老师采取了一系列的措施，渐渐地，萱萱能和其他小朋友一样，自己吃光整碗饭了，吃饭慢的毛病不见了！

问题

如果你是老师，你会怎样帮助萱萱呢？

案例分析

　　如果我是老师,我将:(1)首先要与萱萱的家长及时沟通,指出奶奶这样做会对萱萱的肠胃发育会造成的危害,希望奶奶配合,在家尽量让萱萱练习自己用勺子吃饭。(2)在幼儿园,老师要关注萱萱,一旦萱萱进餐方面有了很大进步,老师及时给予表扬,增强其自信心。(3)老师在盛饭时,先给萱萱盛,让她早吃一会儿,并采用了少盛多添的方法,减少幼儿的心理压力。

图书在版编目(CIP)数据

关爱与方法:幼儿行为观察案例分析/沈雪梅主编.—上海:
复旦大学出版社,2014.7(2023.2重印)
ISBN 978-7-309-10774-6

Ⅰ.关…　Ⅱ.沈…　Ⅲ.幼儿教育学-幼儿师范学校-教材　Ⅳ.G610

中国版本图书馆 CIP 数据核字(2014)第 133034 号

关爱与方法:幼儿行为观察案例分析
沈雪梅　主编
责任编辑/查　莉

复旦大学出版社有限公司出版发行
上海市国权路 579 号　邮编:200433
网址: fupnet@ fudanpress. com　http://www.fudanpress.com
门市零售: 86-21-65102580　团体订购: 86-21-65104505
出版部电话: 86-21-65642845
常熟市华顺印刷有限公司

开本 890×1240　1/16　印张 10.75　字数 330 千
2014 年 7 月第 1 版
2023 年 2 月第 1 版第 8 次印刷
印数 35 501—40 600

ISBN 978-7-309-10774-6/G · 1378
定价: 38.00 元